インド太平洋をめぐる国際関係

理論研究から地域・事例研究まで

永田伸吾・伊藤隆太 編著

墓田　桂
野口和彦　著
岡本　至
小田桐確

戦略研究学会
出版プロジェクト

芙蓉書房出版

インド太平洋をめぐる国際関係　目次

序　章　現象としての「インド太平洋」をどのように捉えるか

永田伸吾　*5*

はじめに …… *5*
第1節　本書の企図 …… *6*
第2節　本書の構成と概要 …… *8*
第3節　戦略研究学会編集図書としての本書の系譜 …… *10*
結びにかえて …… *11*

第1部　インド太平洋の政治力学

第1章　インド太平洋戦略の地平
——地理を超えて——

墓田　桂　*17*

はじめに …… *17*
第1節　戦略の系譜 …… *18*
（1）同時代的な展開 *19*
（2）ウクライナ戦争後の国際環境の変化 *21*
第2節　政策の多層的展開——「原則に基づく地域主義」を目指して …… *23*
（1）規範の定着 *24*
（2）経済面での連携 *27*
（3）軍事協力 *28*
第3節　新たな地平——「インド太平洋」の先に …… *30*
（1）ヨーロッパ *31*
（2）「グローバル・サウス」 *33*
（3）鍵を握る戦略的空間——地政学の空白地帯へ *35*
おわりに …… *39*

第2章　構造的リアリズムと米中安全保障競争

野口和彦　*51*

はじめに …… *51*
第1節　構造的リアリズム——国際システムと国家行動の因果理論 …… *53*
（1）アナーキー・安全の不足・パワー *54*

（2）安全保障のジレンマと抑止モデル　55
（3）バランシング行動　55
第2節　「単極の瞬間」におけるアメリカのリベラル覇権主義　……　57
（1）民主主義を広めるための戦争　59
（2）中国に対する関与政策の失敗　62
（3）NATO 拡大という愚行　63
第3節　二極システムの到来とインド太平洋における米中関係　……　69
（1）ウクライナ支援と中国の封じ込めのトレードオフ　70
（2）封じ込めとしての拒否戦略　72
（3）「全能の幻想」としての二重封じ込め戦略　73
おわりに　……　76

第2部　インド太平洋をめぐる理論研究

第3章　古典的リアリズムと中国の台頭

伊藤隆太　91

はじめに　……　91
第1節　ハイブリッド・バランシング
　　　　──古典的リアリズムの国政術としてのバランシング戦略　……　92
第2節　国際関係論におけるインド太平洋概念の所在　……　97
第3節　インド太平洋における中国のバランシング
　　　　──ハイブリッド・バランシングの視点から　……　99
（1）政治的バランシング──正統性の主張、秘密工作　99
（2）経済的バランシング──地経学　100
（3）情報バランシング──認知戦、情報戦、ディスインフォメーション　102
おわりに　……　105

第4章　インド太平洋の「地域的安全保障共同体」と
　　　　日本のアイデンティティ

岡本　至　117

はじめに　……　117
第1節　問題設定:新しい地域定義は国家をどう変えるか　……　118
（1）地域区分の恣意性　118
（2）言語行為としての地域定義　119
（3）地域と国家のアイデンティティ　120

（4）分析用具としての国際関係論理論 *121*

第2節　地域的安全保障複合体理論とFOIP …… *121*
（1）地域的安全保障複合体理論について *121*
（2）本章の分析におけるRSC理論の改変 *123*
（3）ブザン／ヴェーヴァのRSC分析における東アジア地域 *125*

第3節　戦後日本の安全保障化と東アジアRSC …… *126*
（1）ブザン／ヴェーヴァが描く日本 *126*
（2）自己安全保障化 *127*
（3）東アジア地域安全保障複合体と日本の地位 *128*
（4）「インド太平洋」における日本の自己認識の変化 *130*

第4節　地域定義とその中身 …… *131*
（1）地域定義の比較 *131*
（2）「自由で開かれた」という修飾語 *133*
（3）インド太平洋はどのような地域か *135*
（4）「自由で開かれたインド太平洋」の発話と受容 *139*

第5節　日本は地域をどう語って来たのか …… *142*
（1）自然言語処理について *142*
（2）政府文書における地域定義の出現数 *143*
（3）『外交青書』の分析 *144*
（4）『防衛白書』の分析 *147*
（5）総理大臣国会演説の分析 *147*
（6）小括 *149*

おわりに …… *150*

第3部　インド太平洋をめぐる地域・事例研究

第5章　NATOの対中戦略と「インド太平洋」のグローバル化

小田桐　確　157

はじめに …… *157*

第1節　NATOの対中認識 …… *158*
（1）2022年戦略概念 *158*
（2）対中認識の変遷と定着 *161*

第2節　中国をめぐる同盟内政治 …… *162*
（1）挑戦としての中国 *163*
（2）加盟国間の利害対立 *166*

第3節　中国の挑戦に対するNATOの挑戦 …… *170*

（1）NATO による対応 *170*
（2）域外諸国との協調 *173*
おわりに …… *176*

第6章　大戦略としての「インド太平洋」概念を支える防衛外交
——主体としての日・豪・欧の空軍種の役割——
永田伸吾　*189*

はじめに …… *189*
（1）背　景 *189*
（2）目　的 *193*
第1節　防衛外交の主体としての空軍種、接受国としての日豪 …… *194*
（1）防衛外交とその主体としての空軍種 *194*
（2）インド太平洋における空軍種の防衛外交と日豪の位置づけ *196*
第2節　空軍種によるインド太平洋防衛外交の始動 …… *198*
（1）日英安全保障協力と共同訓練「ガーディアン・ノース16」 *198*
（2）フランス空軍大規模戦力投射ミッション「ペガーズ2018」 *200*
（3）日豪準同盟と共同訓練「武士道ガーディアン2019」 *201*
第3節　空軍種によるインド太平洋防衛外交の常態化 …… *202*
（1）ドイツ空軍大規模展開ミッション「ラピッド・パシフィック2022」 *202*
（2）繰り返されるフランス航空宇宙軍の大規模戦略投射ミッション *206*
（3）イタリア空軍のアジア展開ミッション *209*
（4）日豪部隊間円滑化協定（RAA）と空軍種による防衛外交 *211*
第4節　空軍種によるインド太平洋防衛外交の展望と課題 …… *213*
（1）展　望 *213*
（2）課　題 *215*
おわりに …… *217*

終　章　インド太平洋研究の多層化
——地理、イシュー、理論——
伊藤隆太　*227*

第1節　本書の総括 …… *227*
第2節　本論文集のインプリケーション …… *235*
第3節　今後の研究課題と展望 …… *237*

執筆者紹介　*243*

序 章

現象としての「インド太平洋」をどのように捉えるか

永田 伸吾

はじめに

　米中大国間競争やグローバル・サウスの台頭などの国際システムの構造変動は、「インド太平洋」を現代国際システムにおける地経学的重心に浮上させた。ここでいう「インド太平洋」とは単なる2つの大洋を包摂した地理的範囲を指すものではない。それは、社会的・恣意的に構成された政治的価値と不可分な地域概念であり、それ故、その地理的・空間的範囲は可変的である。同時に、欧州大西洋から政治経済上の重心の移動という世界史的現象としても理解可能である。

　こうした多面性を持つ「インド太平洋」という政治的価値と不可分且つ可変的な地域概念は、錯綜する国際政治力学を反映したある種の現象として捉えることが可能であろう。本書はそのような現象としての「インド太平洋」を理論・事例研究のアプローチから洞察することを目的とした、6人の執筆者による共同研究の成果である。

　本序章では、まず、本書の企図を説明する。次に、本書の構成および各章の概要を簡潔に述べる。また、本書は「戦略研究学会出版プロジェクト」第4弾として出版された。後述するように、戦略研究学会（以下、本学会）は、2001年12月の設立とほぼ同時に編集図書出版事業に取り組んできた。このことは、本学会が隣接他学会と比較した場合の際立った特徴といえる。そのため、最後に、本学会編集図書出版事業の系譜における本書の位置づけを明らかにすることで、本書の出版意義を再確認する。

第1節　本書の企図

　「インド太平洋」とは、単なるインド洋と太平洋という2つの大洋を包摂した地理的範囲を指すものではない。第1章（墓田論文）や第4章（岡本論文）が指摘するように、「インド太平洋」とは錯綜する国際政治力学を反映することで社会的・恣意的に形成された地域概念といえる。さらに巨視的にみれば、これは、第5章（小田桐論文）が指摘するように、欧州大西洋からの政治経済の力の重心の移動という19世紀以来の世界史的な現象として理解される。

　このような背景から「インド太平洋」は、米中大国間競争がもたらすパワーシフトやグローバル・サウスの台頭に伴い、現代国際システムにおける「地経学的重心」と見做される。加えて、日本が提唱し米欧など自由主義諸国が唱和する「自由で開かれたインド太平洋（FOIP: Free and Open Indo-Pacific）」と結びつくことで、「ルールに基づく国際秩序（rules-based international order）」という価値と不可分な政治性を帯びた地域概念となった＊1。

　こうした政治的価値を帯びた地理的概念は、国際政治力学の変動を受け本来想定された地理的範囲を容易に超える。米中大国間競争という国際システム上の大状況において、FOIP は中国の一大勢力圏構想である「一帯一路」構想の対抗概念と位置づけられる傾向がある。その「一帯一路」構想も、元をたどれば2つの経済圏構想が収斂したもので、さらにその地理的範囲を拡大しつつある。

　それに加えて、「ルールに基づく国際秩序」へのロシアからの本格的な挑戦となった2022年2月のウクライナ戦争の勃発は、FOIP の地理的範囲の拡大を促すことになる。日本政府がかねてから唱導し、ウクライナ戦争以降とくに強調するようになった「法の支配に基づく自由で開かれた国際秩序」は FOIP の発展形といえるだろう。このようにみれば、「インド太平洋」とは、パワーの配分と政治的価値の相克をめぐる動態的国際政治現象の一形態と見做すことができよう。

　「インド太平洋戦略」をテーマとする先行研究は、このような「インド太平洋」概念の多面性に目を配りつつも、地政戦略上の舞台の側面に注目することで主権国家や地域機構など戦略主体の行動分析を主眼に置く傾向がみられる＊2。　こうした先行研究の成果を取り入れながら、本書は、動

態的国際政治現象としての「インド太平洋」概念の形成・拡大のダイナミ
ズについて理論・事例研究のアプローチから洞察することで、学術的含意
に重きを置いた研究成果として企画された。また、後述するように本書は
「戦略研究学会出版プロジェクト」の成果である。同プロジェクトが多分
に若手・中堅会員による先端的研究成果の発表媒体として企図されたもの
であることから、本書の執筆者も、これまで何らかの形で学会への貢献が
ある若手・中堅のアカデミアから構成された。

　このように、学術的含意に重きを置いた本書であるが、本学会の趣旨に
鑑み、政策的含意も当然視程に入れている。政策的含意については、防衛
省・自衛隊関係者など実務家会員が多いことも本学会の特徴であることに
鑑みれば、アカデミアで執筆陣を固めたことに対しての疑義が存在するか
もしれない。これについては、官僚機構の一員として FOIP 実現の直接的
立場にある実務家会員が学術論文を発表する場合、「本稿の内容は所属先
とは無関係」と付記することが通例であるとはいえ、その見解が政府の政
策から完全に自由なものであると見做すことは現実的ではない。本書は学
会出版プロジェクトである以上、多様な視点から考察した論文を掲載する
ことで、学問の多様性を担保する必要がある。一般的に、アカデミアは政
府の政策から自由な立場にあることから、批判的見解を述べることが可能
とされる。そのため、アカデミアによる執筆が、より活発な議論の喚起に
貢献するとの考えのもと、本書は企画されたことを改めて強調したい。

　もっとも、政策実務の現場を知らないアカデミアにとって、政策志向型
研究は必ずしも得意な領域ではない。そのため、実務家視点からは疑義を
呈したくなるような記述が散見されるであろうことは、執筆者一同十分承
知している。忌憚ない意見を賜れれば幸いである。

　こうした本書の企画意図から、執筆者が自由な議論を展開できるよう、
「『インド太平洋』という現象を多様な視点から考察する」というコンセ
ンサス以外に統一した執筆指針は設けなかった。そのため、「インド太平
洋」をテーマとする以上、「台頭する中国にどのように対峙すべきか」と
いう通奏低音が確かに存在するものの、掲載論文間で見解の相違が存在す
る個所も多々見受けられる。このことは、本学会が学問の多様性に基づく
活発な議論を歓迎していることの証左とご理解いただきたい。

第2節 本書の構成と概要

　本書は以下の通り序章・終章と3部6章で構成される（詳細は目次を参照されたい）。各章の標題から窺えるように、本書はアクター分析を一義的な目的としていない。ここでは各章の概要と相互関連について簡単に述べる。本文各章と全体の総括的評価は終章（伊藤論文）に譲る。

序章　現象としての「インド太平洋」をどのように捉えるか（永田伸吾）
第1部　インド太平洋の政治力学
　第1章　インド太平洋戦略の地平――地理を超えて（墓田桂）
　第2章　構造的リアリズムと米中安全保障競争（野口和彦）
第2部　インド太平洋をめぐる理論研究
　第3章　古典的リアリズムと中国の台頭（伊藤隆太）
　第4章　インド太平洋の「地域的安全保障共同体」と日本のアイデンティティ（岡本至）
第3部　インド太平洋をめぐる地域・事例研究
　第5章　NATO の対中戦略と「インド太平洋」のグローバル化（小田桐確）
　第6章　大戦略としての「インド太平洋」概念を支える防衛外交――主体としての日・豪・欧の空軍種の役割（永田伸吾）
終章　インド太平洋研究の多層化――地理、イシュー、理論（伊藤隆太）

　第1部は、インド太平洋という現象を俯瞰することで、その政治力学を大胆に議論することを目指す。第1章「インド太平洋戦略の地平」において、墓田桂は、まず、中国の台頭を受け形成された FOIP に代表されるインド太平洋戦略の系譜とその多層的構造（経済、安全保障等）を明らかにする。その上で中軸にある「ルールに基づく国際秩序」の維持のため、インド太平洋戦略も地理的概念を超えたより包括的な戦略に発展する必要性を説く。第2章「構造的リアリズムと米中安全保障競争」において、野口和彦は構造的リアリズムの視点から、「リベラル国際秩序」に基づく米国の大戦略を、現実の国際システムにおけるパワーの配分を無視した失策と断罪し、その具体例として「アフガニスタン・イラク戦争」「対中関与政策」「北大西洋条約機構（NATO: North Atlantic Treaty Organization）の東方拡大」の3点を挙げる。また、現状の国際システムにおけるパワーの配

分に鑑みれば、米国が欧州とインド太平洋の二正面作戦を遂行することは不可能であり、欧州における対ロ封じ込めは欧州の同盟諸国に任せ、米国はインド太平洋で日本などの同盟諸国と対中封じ込め政策に専念することが最適解であるとする。

　このように、墓田論文と野口論文では、インド太平洋の地理的範囲や現行国際秩序に対する認識は異なる。その一方で、対中戦略においてインド太平洋域内の同盟諸国間の連携強化が必要という点で共通する。

　第2部は、現象としてのインド太平洋を国際関係理論から説明することを試みる。第3章「古典的リアリズムと中国の台頭」において、伊藤隆太は「ハイブリッド・バランシング（hybrid balancing）」という古典的リアリズムを補完する人間の認知機能に基づいた新理論を提示することで、中国が日米豪などの FOIP 連合に用いる非軍事的横断領域（政治、経済、情報）でのバランシングの論理を説明する。同論文は、新理論の妥当性を検証する可能性調査であると同時に、中国の領域横断的攻勢への対抗手段構築への政策的含意を目指す。第4章「インド太平洋の『地域的安全保障共同体』と日本のアイデンティティ」において、岡本至は日本が提唱したFOIP が関係各国に受容されインド太平洋という地域概念が構成されたことが、日本の対外政策上のアイデンティティにどのような変化をもたらしたのかについて、コペンハーゲン学派の「安全保障化理論」や「地域安全保障複合体理論（RSC: Regional Security Complex）」を援用して検証する。その手法として、日本政府の文書や首脳演説の言説分析を実施する。

　このように、伊藤論文と岡本論文は分析において、それぞれ中国と日本を対象に人間の認知能力や言語行為に注目する。それによりインド太平洋をめぐる国際関係の中心的課題である軍事的対立の側面を相対化しつつ、現象としてのインド太平洋を新理論・既存理論を援用しながら考察する。

　第3部は、現象としてのインド太平洋をめぐるアクターの政策を事例に分析する。第5章「NATO の対中戦略と『インド太平洋』のグローバル化」において、小田桐確は、2010年代後期以降、NATO が、中国の「システミックな挑戦」に対応するためにインド太平洋戦略に着手したプロセスを明らかにする。その際、岡本論文同様「安全保障化理論」や RSC 理論を若干援用することで、NATO によるインド太平洋戦略は、インド太平洋における大国間競争の NATO への「浸透（penetration）」や「被覆（overlay）」の帰結と捉える方が実態に即した解釈であると結論する。第6

章「大戦略としての『インド太平洋』概念を支える防衛外交」において、永田伸吾は、欧州諸国がインド太平洋地域で防衛外交を展開する中で、「距離の専制」を克服する手段として即応性・機動性に優れる空軍種を活用し、これを受けて価値を共有し装備・教育面で高いレベルにある日豪が接受国の役割を果たしていることを明らかにする。そうした分析を踏まえ、インド太平洋をめぐる空軍種の防衛外交の展望と課題を検討する。

　このように、小田桐論文は岡本論文同様、「安全保障化理論」と RSC を援用しながら NATO のインド太平洋への関与を分析する。永田論文は、欧州諸国のインド太平洋関与の具体的手段として空軍種の防衛外交に注目することで、小田桐論文の内容を一部補完する。

　以上が、本書の構成と概要である。

第3節　戦略研究学会編集図書としての本書の系譜

　戦略研究学会（以下、本学会）は「軍事を根幹として、政治・経営など周辺分野の総合的研究集団として、過去・現在・未来にわたる全地球的な戦略課題を社会科学的に研究し、『戦略学』の確立、質的向上を図るとともに、危機・戦争といった不確実、不透明な異常事態への日本の抗堪力、対応力の向上に貢献すること」を目的に＊3、2001年12月に設立された。そして、2008年12月には日本学術会議協力学術研究団体に指定されるなど、戦略を媒介に政治・軍事分野と経営分野を中核とする学際的社会科学系学会としてユニークな地位を築いてきた。

　そうした活動の中で、会員の主な研究成果発表の媒体となっているのが機関誌『戦略研究』である。当初『年報　戦略研究』という名称のとおり毎年度1号を発行していたが、第7号以降年2号体制に移行したことで名称を『戦略研究』に改め、2023年10月現在で第33号まで発行されている。

　他方で、隣接他学会と比較した際の本学会の際立った特徴は、設立以来、学会編集図書の企画出版に精力的に取り組んできたことであろう。まず、設立と同じ2001年12月にはシリーズ『戦略論大系』（芙蓉書房出版、以下同じ）が刊行された。これは、戦略思想を戦略家ごとに体系的に考察したもので、2011年までに全13巻および別巻（『戦略・戦術用語事典』）が刊行された＊4。「戦略学」の確立を目指す本学会創成期において、その編纂は必須の事業であった。次に、2008年から『ストラテジー選書』の刊行が開始さ

れた。これは、政治・軍事分野にとどまらず経営学分野も網羅した、各巻が設定した具体的テーマについて論じるシリーズであり、2010年7月までに全13巻が刊行された*5。同時に、経営学分野の理論・方法・事例研究に特化した『叢書アカデミア』の刊行も開始され、2015年10月までに5巻が刊行された*6。またこの間、1冊だけではあるが『翻訳叢書』も出版されている*7。これらの取組みは「軍事を根幹として、政治・経営など周辺分野の総合的研究集団」を目指す本学会の具体的取り組みとして挙げることができる。

　以上の図書編集事業は、主に本学会創設に尽力された先輩会員によって担われた。その一方で、この約20年の間に会員数の拡大と世代交代も進んだ。また、社会状況の変化から、戦後長く大学で忌避されてきた軍事・安全保障に関する教育研究の重要性についても理解が広まったことで、戦略研究と国際政治学の相互浸透が著しい進展をみせた。そうしたことから、本学会においても最新の理論やアカデミックな方法論を習得した若手・中堅会員の活躍が目立つようになった。

　そうした趨勢を受け、学会としても若手・中堅会員による先端的研究成果発表を促進することを主眼に「戦略研究学会出版プロジェクト」が始動した。まず、2020年3月に第1弾となる伊藤隆太著『進化政治学と国際政治理論』が刊行され、さらに武田康裕編著『論究　日本の危機管理体制』（2020年4月）、伊藤潤編『米国の国内危機管理システム』（2022年3月）と続いた*8。そして、本書はこうした本学会図書編集事業の系譜上、「戦略研究学会出版プロジェクト」第4弾として企画された。このように、本書は20余年にわたる本学会の図書編集事業の現時点での帰結と位置づけられる。

結びにかえて

　以上、「本書の企図」「本書の構成と概要」「戦略研究学会編集図書としての本書の系譜」について述べた。編著者としては、読者諸氏には第1章から通読することで、本書の「『インド太平洋』という現象を多様な視点から考察する」という企図および「台頭する中国にどのように対峙すべきか」という通奏低音を汲み取って頂ければ幸いである。また、墓田論文、野口論文、永田論文には、各論文の著者がこれまで国内外のウェブメディアで発信してきた内容も反映されている。そうした意味で、専門家に限ら

ずテーマに関心のある多くの方に紐解いて頂ければ幸いである。

　とはいえ、「インド太平洋」は現在進行形のダイナミックな現象であることから、本書の内容が早晩加筆修正を要することは避けられない。これについては、執筆者一同、機会を見つけ新たな成果を発表することで対応していくことになろう。

　本書は企画から出版まで多くの方に支えられた。編著者として、まず執筆者である墓田桂氏、野口和彦氏、岡本至氏、小田桐確氏に感謝したい。本書は2023年度の戦略研究学会出版事業として企画されたため、執筆者諸氏にはタイトなスケジュールを前提に依頼することになった。本書がスケジュールどおり年度内に出版に漕ぎつけることができたのは、多忙を極める中でも執筆者諸氏が事業の趣旨に賛同し、締め切りに間に合う形で原稿を完成させてくれたおかげである。また、草稿段階の各論文に助言を寄せて頂いた専門家の皆さまにも感謝を申し上げたい。このように、改めて、本書は多くの方々の協働の産物であることを強調したい。

　そして何より、本書は、本学会理事で芙蓉書房出版社長の平澤公裕氏の尽力がなければ日の目を見ることはなかった。企画から編集作業に至るまで、平澤氏からは常に有益・的確な助言を頂いた。この場を借りて、改めて謝意を表する次第である。

註
1 東南アジア諸国連合（ASEAN: Association of Southeast Asian Nations）は、2019年6月の34回首脳会議で独自のインド太平洋構想「インド太平洋に関するASEAN アウトルック（AOIP: ASEAN Outlook on the Indo- Pacific)」を採択した。当初、AOIP は連結性などを強調したことから、FOIP よりも「一帯一路」構想との親和性が指摘された。しかし、中ロにとって「インド太平洋」という地域概念は、「ルールに基づく国際秩序」など FOIP が掲げる政治的価値を彷彿させるものであり、それ故、AOIP も峻拒すべき対象となっている。例えば、2020年の東アジア首脳会議（EAS: East Asia Summit）の成果文書をまとめる際に、中国とロシアが議長国ヴェトナムに AOIP に関する文言を削除するようにもとめ、ヴェトナムがそれに応じた経緯がある。「中ロ『インド太平洋』に反対 東アジア首脳会議の文書」『日本経済新聞（電子版）』2020年11月24日、https://www.nikkei.com/article/DGXMZO66572940U0A121C2910M00/（2023年11月24日閲覧）。
2 例えば、多面的・包括的に検討した文献として、ローリー・メドカーフ（奥山

真司・平山茂敏［監訳］）『インド太平洋戦略の地政学──中国はなぜ覇権を取れないのか』芙蓉書房出版、2022年を参照。また、アクター分析を中心とした文献として、ブレンドン・J・キャノン、墓田桂編著（墓田桂［監訳］）『インド太平洋戦略──大国間競争の地政学』中央公論新社、2022年；竹中治堅編著『「強国」中国と対峙するインド太平洋諸国』千倉書房、2022年を挙げることができる。

3　戦略研究学会「設立趣旨」　http://j-sss.org/seturitu（2023年11月2日閲覧）。

4　シリーズの詳細は以下を参照。戦略研究学会「学会編集図書」http://j-sss.org/books（2023年11月15日閲覧）。

5　同上。

6　同上。

7　以下の書籍が該当する。ブライアン・ボンド（川村康之［訳］・石津朋之［解題］）『イギリスと第一次世界大戦──歴史論争をめぐる考察』芙蓉書房出版、2006年。

8　戦略研究学会「学会編集図書」。

第 1 部

✤

インド太平洋の政治力学

第1章

インド太平洋戦略の地平
── 地理を超えて ──

はじめに

　地理的概念が戦略的な色彩を帯びることがある。「インド太平洋」はその好例だろう。「ユーラシア」や「北大西洋」と比較しても、「インド太平洋」には特別な含意が読み取れる。中国の台頭と軌を一にして顕在化したインド太平洋概念は、今やルールに基づく国際秩序（rules-based international order）を強圧的な専制国家から守るための標識ともなった。日本政府が提唱し、アメリカを含めた諸外国も言及する「自由で開かれたインド太平洋（FOIP: free and open Indo-Pacific）」はその典型である。政策概念たる FOIP は言説（discourse）を伴う＊1。提唱国は FOIP を通じて自由や法の支配という理念を唱えつつ、自由と開放性に導かれる地理的空間を描き出してきた。そうした言説ゆえに、インド太平洋は単なる地理的概念以上のものとして姿を現している。

　インド太平洋は大国間競争の舞台であり、世界の重心が集まる地理的空間である。そこでの帰趨は今世紀前半の歴史さえも左右しかねない。言わば「主戦場」であるインド太平洋が喧しく議論されるのは不思議なことではなかろう。インド太平洋には様々なアクターの戦略が投影されており、その意味において「戦略の地理（geography of strategies）」＊2を醸し出す。クアッド（Quad）を構成する日本、アメリカ、オーストラリア、インドの4か国は、それぞれにインド太平洋戦略を持つ＊3。「戦略」の語を用いることなく大戦略を展開する日本も然りである。しかし、日米豪印の4か国に留まらず、ヨーロッパ諸国やカナダなどもインド太平洋戦略を導入した。もちろん「インド太平洋」に与えられる意味も、対中認識もそれぞれに異なる。それでも共通しているのは、中国の非平和的な台頭、そして新

興国の勃興とともにパワーバランスが変容するなか、どの国も生存を図っているということである。分極化が進む世界にあって各々の戦略が促されたと言えるだろう。

　本章は中国の覇権主義、そして現在進行中の大国間競争の現実を踏まえ、日本などの民主主義諸国が推進するインド太平洋戦略の地平を探るものである。まず第1節ではインド太平洋に関した戦略の系譜を振り返り、続く第2節では多層的に展開する政策を分析する。第3節ではインド太平洋以外の地域、さらには非地理的領域に触れつつ、戦略の新たな地平を考察する。空間軸を広く設定しながら、インド太平洋という地理、そして地理的な思考そのものを相対化することの意義を考えたい。

第 1 節　戦略の系譜

　二つの大洋を融合する「インド太平洋」の考えは今に始まったものではないが＊4、新たな需要に応えて浮上し、国際政治の用語として浸透した。その経緯に着目すれば、インド太平洋は「地理化された政治的現実（geographized political reality）」＊5に他ならない。従来の「アジア太平洋」も20世紀後半の政治力学を描写したものだったが、その概念ではインド洋世界が抜け落ちてしまい、二つの大洋の新たな関係性を描き切れない。21世紀に入り「拡大アジア（broader Asia）」が意識されるなか、競争的環境の到来に伴い、戦略性が企図されるインド太平洋概念が普及したのは順当な結果だろう。

　その「インド太平洋」を照準に定めた各国の戦略には同時代的な展開が見て取れる。そこには秩序変動への対応という世界史的な意味も見出せよう。インド太平洋戦略は端的に言えば、ルールに基づく国際秩序を守り、広域な地域の繁栄を支えるための大戦略であり＊6、協調の立場であれ、牽制の立場であれ、台頭した中国を念頭に置いたものである。クアッド諸国が共同でまたは個別に提示し、実践している最中である。しかし、これは日米豪印の4か国に限ったことではない。インド洋と太平洋に海外領を有するフランスは早々にインド太平洋に関心を持ち始めたし、2020年代に入るとオランダ、ドイツ、チェコ、カナダ、さらにはリトアニアといった国々がインド太平洋を対象にした政策を打ち出した。中国の台頭とそれによる国際秩序の動揺に対応した同時代的な動きだが、時流に乗り遅れまい

とする衝動も見え隠れする。

　2010年代をインド太平洋戦略の導入期とするなら、2020年代は成長期であり、転換期である。2020年に始まった新型コロナ危機、そして2022年のウクライナ戦争を経て、インド太平洋戦略の背景は変容した。「歴史的転換点」と言われる時期にあって国際秩序をいかにして守るかという難題は残るものの、各国の立ち位置が明確になったことで展望は開けた。中国の覇権主義は止まないが、対抗的な戦略はそれゆえ策定しやすい。確実に言えるのはインド太平洋戦略が新たな段階に入ったということだろう＊7。インド太平洋をめぐる歴史的なうねりを意識しつつ、以下、戦略の歩みを確認しておきたい。

（1）同時代的な展開

　インド太平洋は21世紀初頭の政治的現象である。これに関連した議論や政策が広がっていったのは2010年代のことだが、2000年代には萌芽的な動きが見られた。2005年12月に東アジア首脳会議（EAS: East Asia Summit）がインドを含めて発足するなど＊8、二つの大洋の繋がりがさらに具現化した。クアッドの重要軸である日印関係が深まったのもこの頃である。

　2006年には日米豪印の枠組みが安倍晋三首相によって提唱され、2007年5月には4か国の高級事務レベルの会合がマニラで開かれている。インド太平洋概念、そして戦略の系譜で特筆すべきは、同年8月の安倍によるインドでの演説「二つの海の交わり（Confluence of the Two Seas）」だろう。インド議会で演説を行った安倍は、「太平洋とインド洋は、今や自由の海、繁栄の海として、一つのダイナミックな結合をもたらしています。従来の地理的境界を突き破る『拡大アジア』が、明瞭な形を現しつつあります」と説き、インド洋と太平洋に跨る交流の展望を示した＊9。「インド太平洋」という言葉こそ用いていないが、日本による実質的なインド太平洋構想の表明であり＊10、世界的に見ても先駆けとなる試みだった。

　2010年代にはインド洋と太平洋に面するオーストラリアがインド太平洋概念を自らのものとした。2012年10月に発表された白書『アジアの世紀におけるオーストラリア（Australia in the Asian Century）』でこの概念に触れたものの、深掘りしたのは2013年5月の『国防白書（Defence White Paper）』だった。同書は「単一の戦略的弧（a single strategic arc）」＊11としてのインド太平洋の台頭を指摘しつつ、この地域への一層の関与を訴えた。

インド太平洋概念を唱えた背景には、自らの潜在的役割を踏まえたオーストラリアの統合的な地域戦略があったと見るべきだろう＊12。

　アメリカは2010年にバラク・オバマ（Barack Obama）政権がリバランス政策を打ち出し、アジア重視の方針を示したものの、インド洋は明示的には含まれていなかった＊13。政府レベルで最初に「インド太平洋」の語を用いたのはオバマ大統領ではなく、ヒラリー・クリントン（Hilary Clinton）国務長官だった。2010年10月にハワイで行った演説でインド太平洋に触れた後、2011年10月に『フォーリン・ポリシー』に発表した論考で「我が国とオーストラリアの同盟を太平洋での連携からインド太平洋での連携へと拡大させる」と述べている＊14。こうした論及があるものの、オバマ政権でインド太平洋が強く意識された形跡は見当たらない。

　インドでは2014年に発足したナレンドラ・モディ（Narendra Modi）政権によってインド太平洋戦略が本格化する。インド政府は従前の「ルック・イースト」を「アクト・イースト」政策に発展させるとともに、2015年3月には「地域のすべての人のための安全保障と成長（SAGAR: Security and Growth for All in the Region）」を、2019年11月には「インド太平洋海洋イニシアティブ（IPOI: Indo-Pacific Oceans Initiative）」を立ち上げた＊15。そのモディ政権が説くのが「自由で開かれた包摂的なインド太平洋（free, open, and inclusive Indo-Pacific）」である。2018年6月のアジア安全保障会議（シャングリラ・ダイアログ）で提示して以来、モディ政権は一貫してインド太平洋の包摂性を強調してきた。

　2016年8月には日本の安倍首相がケニアのナイロビで開かれた第6回アフリカ開発会議で基調講演を行い＊16、「自由で開かれたインド太平洋戦略」を提唱した。演説のなかに「インド太平洋」やFOIPの語は現れないものの、FOIPの基礎となる概念が明示されている。周知のようにFOIPは日本外交の主要概念となっていくが、外務省はこの安倍演説によってFOIPが打ち出されたという旨の説明を行なっている＊17。

　安倍政権の示したインド太平洋構想に触発される形で、アメリカのドナルド・トランプ（Donald Trump）政権はインド太平洋を自らの政策に取り込んでいく。トランプ大統領は2017年11月にベトナムで開催されたアジア太平洋経済協力（APEC: Asia-Pacific Economic Cooperation）の会合で演説し、「インド太平洋」ばかりかFOIPに触れた＊18。トランプ自身がインド太平洋地域との協力を重視したかについての見解は分かれるだろう。ただ、

10年ぶりのクアッド会合が2017年11月に開かれ、2018年6月には統合軍の一つである「太平洋軍（Pacific　Command）」の名称が「インド太平洋軍（INDOPACOM: Indo-Pacific Command）」に変更されるなど、同政権下でインド太平洋に関連した政策が進んだことは否定できない。

　その反面、インド太平洋国家を体現するはずのインドネシアは主導的な役割を果たせなかった。同国のマルティ・ナタレガワ（Marty Natalegawa）外務大臣が2013年5月に「インド太平洋友好協力条約（Indo-Pacific　Treaty of Friendship and Cooperation）」を提唱したものの、インド太平洋に関するインドネシアの一連の構想の効果は薄かった＊19。他方で、インドネシアが牽引する東南アジア諸国連合（ASEAN: Association of Southeast Asian Nations）は2019年6月に「インド太平洋アウトルック（ASEAN Outlook on the Indo-Pacific）」を発表するが、戦略色は薄く、ASEAN らしい協調姿勢が際立った＊20。

　インド太平洋への関心は域外にあるヨーロッパでも高まった。2010年代に限って言えば、フランスが逸早くインド太平洋に着目し、2018年前半にはエマニュエル・マクロン（Emmanuel Macron）大統領がこの地域を重視する方針を示している＊21。2010年代末のヨーロッパでの関心の高まりは、2020年以降、ドイツ、オランダ、欧州連合（EU: European Union）、チェコ、リトアニアによるインド太平洋戦略の発表に繋がっていく。

（2）ウクライナ戦争後の国際環境の変化

　「ポスト・コロナ」を上書きした「ポスト・ウクライナ」の国際情勢はインド太平洋戦略との文脈でも注視に値する。法の支配という国家間関係の根幹たるべき原則が揺らぐなか、2022年2月に始まったウクライナ戦争は世界の行方を占う出来事となった。ウクライナ戦争がもたらした「転換（Zeitenwende）」は国際秩序の転覆を意味しかねず、その影響は中国が位置する東アジアにおいて特に大きい。転換点という意味では、2023年10月に起きた武装組織ハマスによるイスラエルに対するテロ攻撃とその後の軍事衝突も然りである。イスラエル・ガザ情勢は、アメリカの中東政策や地域の連結性計画ばかりか、米中対立、ウクライナ戦争、法の支配、さらにはイスラム圏を含むグローバル・サウスの動向にも影響を及ぼしうる。こうした流動的な情勢を背景に各国の外交戦略を見る必要があるのは言うまでもない。

ウクライナ戦争後の国際環境の変化はインド太平洋戦略にとって必ずしも有利に働くわけではないが、今後の方向性を考える上で有益である。ウクライナ戦争と東アジア情勢の連動性は特に留意すべき点だろう。それは端的に言えば、中国が中華民国/台湾に対する侵略を企てるか、あるいは関係諸国はこれを阻止できるかを意味する。3期目に入った習体制は台湾への野心を隠さない。ウクライナ戦争を経て、ロシアと密接な関係を有するインドの特性も明白となった。さらにはウクライナ戦争を通じて国家間における分極化傾向が深まり、「グローバル・サウス」と称されるようになる新興国・途上国のブロックが先進国への対抗勢力として姿を現した。各国の立ち位置が明瞭となり、外交戦略の方向性や取るべき手法が定まったという意味において、視界は晴れたと言って良い。

　習近平の率いる中国は、ウクライナを侵略したロシアのヴラジーミル・プーチン（Vladimir Putin）政権に対して陰に陽に支持する姿勢を示してきた。ウクライナ和平に乗り出す一方で、時にはプーチン政権と距離を取りつつ、秩序形成を目指す大国として振る舞っている。覇権主義的な姿勢は変わらないものの、かつての勢いには陰りも見られる。2010年代に推し進めた「一帯一路」計画の難渋や国内経済の失速、さらには少子高齢化など、大国外交の土台は揺らいでいる。ただ、様々な問題を抱えつつも、中国は混沌とした世界のなかで影響力を保っている。中国が無秩序な世界を最大限に利用しているのは確かだろう＊22。一帯一路を通じて世界を主導するよりも、多極化を望む「有志国」との連携に力点を移したようにも映る。その傾向はグローバル・サウスとの関係において著しい。

　ウクライナ戦争を経てヨーロッパを取り巻く状況にも変化が生じた。「脳死状態」と評された北大西洋条約機構（NATO: North Atlantic Treaty Organization）は見事に復活する。ロシアへの毅然とした姿勢とともに、欧州諸国は中国に対する脅威認識も深めた。そうした傾向は EU にも見て取れる。中立的な対中姿勢が顕著だった EU だが＊23、コロナ危機、そしてウクライナ戦争を経て、中国には一段と厳しい姿勢を取りつつある。もっとも加盟27か国の対中姿勢の差は激しい。ただ、そのなかでもチェコ、ポーランド、バルト三国などの旧東側陣営のいくつかの国々は注目に値する。ハンガリーなどを除けば、これらの国々はコロナ危機以降、中国に対する姿勢を硬化させている。EU 加盟国ではもはやないが、イギリスはロシアと中国に対してひときわ厳しい姿勢を示す。後述するように、こうし

た欧州諸国はインド太平洋諸国の外交戦略において貴重な役割を果たしうる＊24。

　他方で、ウクライナ戦争は世界の分断を露にし、中立的な非同盟の国々の存在感を際立たせた。その象徴であるグローバル・サウスの台頭はウクライナ戦争の置き土産と言えよう。それと同時に、この戦争は西側の先進工業国からなる「グローバル・ノース」の孤高も明らかにした＊25。グローバル・サウスの国々が BRICS（Brazil, Russia, India, China and South Africa）や上海協力機構への参加に関心を示し、中国が先導する枠組みの求心力が浮き彫りになるなか、先進国はかつての威信を失いつつある。インド太平洋戦略においては連合構築（coalition building）、平たく言えば「仲間作り」が不可欠である。それは大国間競争にも当てはまることだが、中立を好むグローバル・サウスの国々を取り込むのは容易ではない。

　失速する中国とは対照的に、政治大国として台頭したのがグローバル・サウスの盟主を自認するインドである。2023年に G20 議長国を務めたこともインドの重みを認知させる効果があった。ウクライナ戦争で示したロシア寄りの姿勢が不信を抱かせるものであったとしても、国際環境に影響を与えうる大国としてインドは各国の寵愛を受けている。同年3月、岸田文雄首相が「自由で開かれたインド太平洋（FOIP）のための新たなプラン」（以下、「FOIP 新プラン」）＊26を発表した際、舞台に選んだのもニューデリーだった。その演説は「必要不可欠なパートナーであるインドと共に」と題された。日本を含めた西側諸国に言い寄られるインドだが、カナダとの外交関係の悪化に見られるように、インドが難問となる可能性は排除できない＊27。日米豪の3か国にとってはインドに対する戦略的自律を確保することも重要となるだろう。それはすなわち、「インドとともに、インドを抜きに（with and without India）」インド太平洋戦略を進めることを意味する。

第2節　政策の多層的展開─「原則に基づく地域主義」を目指して

　インド太平洋は新たな政策の「ショーウィンドー」と言っても過言ではない。積極外交を展開する中国に対し、日米豪印の4か国も積極的な政策で競い合う。様々な要素から成り立つという意味で、これらの政策は多層的である。特にクアッド諸国は、規範の定着に向けた取り組みに加え、経

済や軍事など様々な領域での協力を加速度的に進めてきた。ルールに基づく国際秩序を維持することを目的としたものだが、自国に有利な国際環境を醸成しつつ、中国に対して勢力均衡を図ることも企図されている。中国による威圧やこの国が招く有事を背景に、戦略が急速かつ特徴的な進化を遂げているのも事実である。

インド太平洋戦略の主導的な役割を果たしているのが、クアッドを構成する日米豪印の4か国である。ミニラテラルを形成する4つの国は、インド太平洋の「基軸国（lynchpin states）」と位置付けられよう。日米豪印は2017年11月に協議を再開して以降、外務大臣や首脳レベルで会合を開くに至った。その四者が描くインド太平洋の姿は「原則に基づく地域主義（principled regionalism）」[28]を体現するものである。中国の覇権主義を完全に抑えられていない段階では願望的なものに過ぎない。ただ、クアッド協力、さらには G7 を通じた連携は、一帯一路に替わる選択肢を提案しつつ、確実に中国の大国外交の障害となってきた。

強国を目指す中国の外交はスピード感には溢れるが、「強者」ゆえにその戦略は洗練さを欠く。インド太平洋戦略は周到に練られた政策を通じて中国外交の陥穽を突く。本節で見るように、インド太平洋戦略は国際法の正当性に裏打ちされた「弱者」の論理を実践するものである。たしかに日米豪印の4か国の連携には「米＋日豪印」の側面がある。法の支配が貫徹したインド太平洋秩序、すなわち「パクス・インドパシフィカ（Pax Indo-Pacifica）」[29]はアメリカの支えがなくては実現できない。ただ、アメリカが中心となる一極的な秩序とは異なり、地域の諸国が「法に基づき、共に守る」という意味で持続的な秩序となりうる。実際のところ、日本のようなミドルパワーが中国に対峙するとき、国際法の規範を掲げ、自由と開放性の言説を広めながら、仲間の輪を拡大していくしかない。

なお、西インド洋地域においては、インド、イスラエル、アラブ首長国連邦（UAE: United Arab Emirates）、アメリカによる連携（いわゆる「I2U2」）が試みられた[30]。この4か国の枠組みは2020年8月のアブラハム合意と軌を一にする画期的な連携ではあるが、ここでは日米豪印のクアッドに焦点を当て、インド太平洋で展開する多層的な政策を見ていきたい。

（1）規範の定着
連合の構築が「手段」だとすれば、規範の定着は「目的」である。覇権

主義的な野心を抱く権威主義国家を眼前にして、いかにルールに基づく国際秩序を守り抜くかがインド太平洋戦略の根底にある。ここで言う「ルール」は国際法の規範を意味する。中国の修正主義に対抗する上では、主権尊重、領土一体性、航行の自由などの規範を堅持していくことが要となる。国際法は脆いからこそ、国家間における法の支配を唱え続けなければならない。FOIP の「自由で開かれた」という文言、すなわち「自由と開放性」に明確な定義が与えられているわけではないが、この語が意味するのは威圧（coercion）と略奪（predation）の拒否であり＊31、それは国際法の規範に基づいた主張に他ならない。その意味では岸田首相がインドで述べたように、「国際関係のパラダイムが変わり、次の時代の基調となる考え方が何かという点についてまとまりがない今の状況において、FOIP は実は妥当性を増している」と言えよう＊32。

　日本の主張は一貫している。2016年8月に安倍首相がナイロビで行った演説では「世界に安定、繁栄を与えるのは，自由で開かれた2つの大洋、2つの大陸の結合が生む、偉大な躍動にほかなりません。日本は、太平洋とインド洋、アジアとアフリカの交わりを、力や威圧と無縁で、自由と、法の支配、市場経済を重んじる場として育て、豊かにする責任をにないます」と述べている＊33。FOIP を打ち上げた演説において、安倍は力や威圧を拒否し、法の支配を明示した。この原則はその後の日本のインド太平洋戦略に反映されていく。

　2021年3月にはクアッド初の首脳会合が開かれ、共同声明「日米豪印の精神（The Spirit of the Quad）」が発表された。この文書も法やルールの重要性を説く。声明は「我々は、インド太平洋及びそれを超える地域の双方において、安全と繁栄を促進し、脅威に対処するために、国際法に根差した、自由で開かれ、ルールに基づく秩序を推進することに共にコミットする。我々は、法の支配、航行及び上空飛行の自由、紛争の平和的解決、民主的価値、そして領土の一体性を支持する」と宣言している＊34。2021年9月、2022年5月、次いで2023年5月に開かれたクアッド首脳会合も、異なる文言ながら共同声明で法とルールを強調した。

　特筆すべきは、ニューデリーで FOIP 新プランを発表した際に示した日本の立場である。岸田首相は FOIP の多様性・包摂性・開放性の理念に触れるとともに、「法は弱者を守るためにある」と述べ、次のように法の支配を訴えた＊35。

今の転換期においても、FOIP の基本的な考え方は変わりません。インド太平洋地域の連結性を高め、力や威圧とは無縁で、自由と、法の支配等を重んじる場として育て、豊かにしていくというシンプルなものです。その上で、我々が再確認し、共有していくべき点は、FOIPの考え方の根底には、「自由」と「法の支配」の擁護があるということ。つまり、脆弱な国にこそ「法の支配」が必要であり、主権や領土一体性の尊重、紛争の平和的な解決、武力の不行使など、国連憲章上の原則が守られていることが、国際社会で「自由」が享受される重要な前提といえるということです。（傍点は筆者にて付記）

　これに関連して指摘すべきは、近年、日本が FOIP に加えて「自由で開かれた国際秩序（FOIO: free and open international order）」を強調するようになったことである。「法の支配に基づく自由で開かれた国際秩序」という形で用いられることが多い。民主党政権時の2010年12月に公表された「防衛計画の大綱」に「自由で開かれた国際秩序」の用例が見られるが、その後、2017年頃に安倍政権によって使われ始め、2022年2月のウクライナ戦争を経て定式化された理念である。G7 議長国を務めた2023年を通じ、日本政府は積極的に FOIO を唱導した＊36。その過程で「国家間の法の支配（the rule of law among nations）」という論点も明示されるようになった＊37。
　FOIO は「国際秩序」を展望するという点において、特定の地理的範囲を超える概念である。「インド太平洋」は相対化された格好だが、それでも価値を表す「自由で開かれた」の言葉は残っている。その意味は小さくない。例えば、相澤輝昭は海洋ガバナンスに関連して「FOIP の最も重要な意義はインド太平洋地域を越えて、世界の海を『自由で開かれた（Free and Open）』状態とすることを目指す理念という点にある」と指摘した＊38。安倍も FOIP に関して「『自由で開かれた』の部分が重要」であるとし、「安全な」や「繁栄した」といった他の形容詞では表せない価値の存在を筆者に語っていた＊39。自由と開放性、そして法の支配に裏打ちされたFOIO は FOIP の中核にあり続けてきたものであり、FOIP の発展形であると見て良いだろう。もっとも発展形と捉えた場合、FOIO を唱える大戦略を「インド太平洋戦略」と呼ぶべきか否かといった問いが生じるが、少なくとも国際法の規範を堅持する際、FOIO と FOIP は相乗効果をもたら

すものと考えられる。

（2）経済面での連携

　インド太平洋戦略の一つをなすのが経済面での連携である。インフラや連結性の協力はもとより、サプライチェーンや経済的枠組みの構築など、幅広い政策メニューが実施されてきた。性質や目的は異なれども、いずれも中国との差別化を図るものである。

　習体制が華々しく進めた一帯一路が負の側面を露呈していくなか、インド太平洋協力は堅実かつ持続可能な「質の高いインフラ（quality infrastructure）」を掲げ、代替案を提示してきた。クアッドや G7 によるものを含めて様々に展開されている。2019年には日米豪の3か国によって質の高いインフラを認証する「ブルードット・ネットワーク」が発足した[40]。2021年9月のクアッド首脳会合は「日米豪印インフラ・パートナーシップ」を立ち上げ[41]、2022年5月には500億ドル以上のインフラ支援を表明した[42]。2023年5月、クアッドによるインフラ協力には「海底ケーブルの連結性と強靭性のためのパートナーシップ」と「日米豪印インフラ・フェローシッププログラム」が加わった[43]。G7 も2022年6月に「グローバル・インフラ投資パートナーシップ（PGII: Partnership for Global Infrastructure and Investment）」を打ち上げた。6,000億ドルの投資を予定する PGII は、中国の一帯一路に対抗するものと広く受け止められている[44]。

　さらに、2023年9月、ニューデリーで開催された G20 サミットにおいて、アメリカの主導する「インド・中東・欧州経済回廊（IMEC: India-Middle East-Europe Corridor）」の設立が決まった[45]。インドやサウジアラビア、EU を巻き込んだ連結性計画である。通過点であるイスラエルを取り巻く情勢が不透明だが、IMEC は実現すれば中国の一帯一路に対抗する軸となる。日本もインフラ協力に一層積極的な姿勢を見せている。2023年3月に FOIP 新プランを発表した際、岸田首相は2030年までに官民合わせて750億ドルの資金をインド太平洋地域に動員すると述べた[46]。同年9月には ASEAN インド太平洋フォーラムの場で「日 ASEAN 包括的連結性イニシアティブ」を提示している[47]。

　活発な連結性協力が展開し、エネルギーを通じた相互依存が存在するインド太平洋地域だが、この地域を包括する経済協定は現在のところ存在し

ない。主要国の保護主義は強く、自由貿易の交渉を地域的に拡大する機運は見受けられない。現にアメリカは「環太平洋パートナーシップ（TPP: Trans-Pacific Partnership）協定」から離脱し、インドは「地域的な包括的経済連携（RCEP: Regional Comprehensive Economic Partnership）」への加入を見送っている。こうした自由貿易の取り組みに取って代わって浮上したのが経済安全保障やフレンドショアリングの視点である。実際のところ、中国による経済的威圧（economic coercion）は深刻さを増しており、その中国から基幹インフラやサプライチェーン、先端技術を保護することは国際的な連携を必要とする。言うなれば「自由だが安全な貿易（free but secure trade）」*48は時宜を得た流れと言えよう。

　2022年5月にはアメリカ主導で「インド太平洋経済枠組み（IPEF: Indo-Pacific Economic Framework）」が東京で立ち上がった。インドの参加が限定的とはいえ、クアッド諸国を含めた13か国の体制で IPEF はインド太平洋地域をカバーする。サプライチェーンを含めた協議が進行中だが、通常の EPA や FTA とは異なり、IPEF は経済安全保障、特にデリスキングのための連携という色合いが強い。同様の趣旨で2023年1月、アメリカ主導で「経済繁栄のための米州パートナーシップ（APEP: Americas Partnership for Economic Prosperity）」が発足した*49。2023年5月には G7 で「経済的威圧に対する調整プラットフォーム」が創設されたが、これも中国を意識したものである*50。

（3）軍事協力

　強圧的な中国を牽制し、ルールに基づく国際秩序を維持するための軍事協力もインド太平洋協力の柱である。特に海軍種の協力は海洋安全保障の礎石である。「法の支配」という題目を唱えても、裏付けとなる力がなおも必要となる。アメリカが独自に運用する航行の自由作戦（FONOPs: freedom of navigation operations）はまさにその発想に基づく。国際連合（以下、国連）が中国の拡張主義を抑えられず、平和維持の機能も果たせずにいるなか、アメリカを含めた有志国（like-minded states）が中国を抑止しつつ、秩序維持の役割を担っている。防衛当局者の協議や相互運用性の確保、物品・役務の相互提供を含めた様々な協力が進むなか、目立つ形で実施されているのが軍事演習である。注視すべきは、日米などの二国間に加え、複数国間の多種多様な組み合わせで展開している点だろう。不安

定な時代だからこそ、有志国間のミニラテラルの協調は運用しやすく、存
在感も見せやすい。

　アメリカとインドの二国間の海上演習として1992年に始まった「マラバ
ール（Malabar）」は、現在は日米豪印の4か国が参加して実施されている。
厳密にはクアッドとは切り離された形となっており、首脳会合の共同声明
などでも言及は控えられてきた。日本は2007年に参加し、2015年には常駐
メンバーとなった。オーストラリアは2020年にマラバール演習に復帰した。
毎年場所を変えて演習を行なっているが、2022年は日本の関東南方の太平
洋で、2023年はシドニー湾を含むオーストラリアの東海岸で実施された。
2023年はオーストラリアが主催する最初のマラバール演習となった＊51。

　その他の複数国間の軍事演習も多々行われている。その一例はアメリカ
とオーストラリアが共同で実施する「タリスマン・セイバー（Talisman
Sabre）」である。2005年から隔年で実施されており、2023年は7月から8月
にかけてオーストラリアで最大規模の演習が行われた。米豪に加え、カナ
ダ、フィジー、フランス、ドイツ、インドネシア、日本、ニュージーラン
ド、パプアニューギニア、韓国、トンガ、イギリスの計13か国から34,000
人の要員が参加し、横断型の領域（海・陸・空・サイバー・宇宙）で実施さ
れた＊52。

　軍事協力に関して特筆すべきはヨーロッパの積極的な関与である。上述
のタリスマン・セイバー演習のように、欧州諸国がインド太平洋地域で軍
事演習に参加する機会が増えている。東アジアの有事の際に実戦部隊とし
て期待できる存在ではないとしても、民主主義諸国の連携を知らしめるの
に一役買っている。一例に過ぎないが、2022年9月には日独の空軍演習が
日本の百里基地を拠点に実施された。ヨーロッパとの間にある地理的な距
離を乗り越えるべく、空軍種の連携が優先されたことも意義深い＊53。

　台湾、さらには東アジアでの有事を念頭に置いた日米豪の軍事協力も注
目に値する。日米豪印4か国によるマラバール演習が平時の牽制策であっ
たとしても、有事の際にインドの参加が可能となる保証はない。戦略的自
律を掲げるインドの外交方針と相俟って、遠く離れたインドの関与は不透
明である。それゆえ「クアッド・マイナス（Quad　Minus）」＊54、すなわち
日米豪の3か国の枠組みが重要度を増す。日米豪の連携は2000年代より進
んできたが、近年は加速している。米豪の軍事演習「サザン・ジャッカル
ー（Southern　Jackaroo）」に日本は2015年から参加し、日米豪3か国の防衛

担当の閣僚・高級事務レベルの会合も定期的に開かれている。

　バシー海峡を挟んで台湾に近接するフィリピンも鍵を握る。2022年6月に就任したフェルディナンド・マルコス・ジュニア（Ferdinand Marcos, Jr.）大統領はアメリカと協力する姿勢を明確にしている。この関連で指摘すべきは日米豪比の協調体制である。この4か国は2023年6月に初の防衛大臣会談を行い、同年8月にはマニラ周辺で共同訓練を行っている。日本からはインド太平洋方面派遣部隊として護衛艦「いずも」と「さみだれ」が参加した*55。台湾有事の際には日米同盟が基本的な役割を果たすものと考えられるが、日米豪印のクアッドからインドを抜き、その代わりにフィリピンを加えた「アジア太平洋クアッド（Asia-Pacific Quad）」は、東アジアでの有事を見越した布陣に他ならない*56。有事のシナリオ設定に関しては、インド太平洋からアジア太平洋への回帰が起きていると言えよう。

第3節　新たな地平―「インド太平洋」の先に

　クアッド諸国の取り組みが中国の攻勢を押し戻し、勢力均衡を保つことには奏功したとはいえ、インド太平洋戦略は引き続き多くの課題に直面している。分極化する世界のなかで、アメリカ、中国のいずれも支配的な地位を占めていない。米中のどちらも仲間探しに奔走する傍らで、ヘッジング戦略をとり、等距離外交を進める国は少なくない。結局のところ、アメリカをはじめとしたクアッド諸国は中国を牽制する連合を作り切れておらず、中国の野心を止めるには程遠い状態にある。中国を一位の貿易相手とする国が120を超えるなかで、あからさまな中国牽制を進めるのは簡単なことではない。

　加えて、戦略の地平をいかに広げていくかという課題もある。当然ながら、世界はインド太平洋よりも広い。インド太平洋は限定された地理的概念ゆえに、それ以外の地理や空間が戦略の射程から漏れてしまう。事実、ユーラシア大陸や南米大陸、アフリカ大陸において、インド太平洋と接していない場所には多くの国が存在する。問題はそれだけではない。認知領域や国連などの非地理的な空間もインド太平洋概念では拾いきれない。さらに地政戦略として用いられたとき、この概念は外に向かう力学（outward dynamism）を伴う。「灯台下暗し」のごとく、インド太平洋概念は自国の情勢を曇らせてしまう。さらに言えば、戦略の地平は外交上の

制約を乗り越えたところにもある。地理的にはインド太平洋の中央にあるものの、「一つの中国政策」によって不可視化された台湾もまさに新たな地平に該当するだろう。台湾はインド太平洋戦略の中心的な課題であるとともに、本来ならば、価値と利益を共有する国として戦略的なパートナーともなりうる存在である＊57。

　インド太平洋概念には功罪がある。二つの大洋から中国を捉えるという点では、的確な視座を提供する。東アジアでの有事を考えた場合も、影響を受けうるベンガル湾やインド洋を包摂するインド太平洋概念は有効である。そもそもインド太平洋戦略が地域的な外交政策である以上、対象地域が限定されるのは自明の理である。しかし、ルールに基づく国際秩序を維持するには地理の呪縛を超えなければならない。中国を牽制すべくインド太平洋地域を舞台中央に捉えたとしても、舞台の袖や裏での趨勢は疎かにできない。むしろ後者が前者を決定しかねない。その意味では「インド太平洋プラス」の視点や、地政学を進化させた「空間の戦略（strategy of spaces）」のアイディアが有益と考えられるが＊58、日本が提唱する FOIO はまさに地理を相対化するものとして注目に値しよう。

　台湾の重要性は認識しつつも、本節ではヨーロッパ、グローバル・サウス、そして鍵を握るいくつかの空間に焦点を絞り、インド太平洋戦略の新たな地平を論じてみたい。

（1）ヨーロッパ

　インド太平洋から遠く離れたヨーロッパだが、「自由で開かれた」という価値を介してインド太平洋には心理的に近い。インド太平洋地域の民主主義諸国と価値と利益を共有する国も多く、インド太平洋戦略において一翼を担いうる地域である。ウクライナ戦争以降、ヨーロッパとインド太平洋の安全保障の一体性が語られ、NATO と「IP4（Indo-Pacific Four）」（日本・韓国・オーストラリア・ニュージーランド）との接近に見られるように、その可能性は高まりつつある。EU も対中姿勢を厳しくしており、クアッド諸国と共通の理解が得られる土壌がある。多極化を軸に中国と共闘しようとしていた EU が中国と不和になりつつあるのは歓迎すべき展開だろう。もっとも対中姿勢における温度差や、フランスのように反米指向の強い国の存在は、言うまでもなく連合構築にあたっての障壁となる。

　EU は近年まで中国に対立的な姿勢をとることには慎重で、インド太平

洋概念を採用することにも躊躇していた＊59。2020年12月に至っても中国と投資協定を締結するなど、EU の協調姿勢が目立ったが、それは次第に変わっていく。2021年9月、EU は『インド太平洋における協力のためのEU 戦略（*EU Strategy for Cooperation in the Indo-Pacific*）』と題した文書を発表する＊60。この文書は「ルールに基づく国際秩序を堅固なものにし、擁護する」と述べ、インド太平洋への原則に基づく長期的な関与を謳う＊61。ただ、この時点ではロシアに近い中国を牽制するという戦略的な発想は薄い。

　他方で、NATO は2022年6月に発表した『戦略概念（Strategic Concept）』文書を通じて中国に対して厳しい視線を投げかけた＊62。中国が欧州・大西洋の安全保障に「体系的な挑戦（systemic challenges）」をもたらしているとし、「中国とロシア連邦の間の深まる戦略的パートナーシップ、ならびにルールに基づく国際秩序を弱体化させる相互に補強し合う試みは、我々の価値と利益に反する」と明言した。「同盟を分断しようとする中国の威圧的な戦術と活動から保護する」ことも示した。

　EU や NATO の対中姿勢を複雑にしているのが、影響力の大きいフランスとドイツの動向である。フランスのマクロン大統領は「台湾に関してアメリカに追従すべきではない」との姿勢を示し、さらに東京に NATO連絡事務所を開設する案にも反対した＊63。ドイツも中国を警戒するものの＊64、経済的繋がりもあり、中国に対して強硬な姿勢をとってはいない。ヨーロッパは一枚岩ではなく、民主主義国が集まっているからといって自動的に対中牽制で協力が得られるわけではない。そこで注目されるのが中東欧（Central and Eastern Europe）や北東欧（Northeastern Europe）の国々＊65、そしてイギリスとイタリアである。

　中東欧や北東欧には地域特有の地政学が働いている。ロシアの脅威の最前線にあり、安全保障への意識はひときわ高い。特に旧ソ連による弾圧を経験した旧東側陣営の国々は自由を強く希求する。EU 内でウクライナ支援に積極的なのもこれらの国々である。中立政策を採用していたフィンランドやスウェーデンもウクライナ戦争後に NATO 加盟を表明するなど、厳しい安全保障環境を反映した防衛政策に転じつつある。セルビアやハンガリーという例外はあるものの、権威主義と覇権主義への警戒という点において、この地域には価値を共にする国々がいくつも存在する。チェコ、ポーランド、リトアニアはその好例である。「台湾代表処」を設置するな

ど台北政府と深い絆を紡ぐリトアニアを筆頭に、いずれも台湾との関係を深めてきた＊66。チェコおよびリトアニアはそれぞれ2022年10月と2023年7月に独自のインド太平洋戦略を発表している。これらはいずれもインド太平洋地域からは離れているが、価値と利益を共有する有望なパートナーとなるかもしれない。

　たしかに、西ヨーロッパ諸国の対中意識は切迫したものとは言い難い。フランスやドイツの姿勢はその象徴だろう。ただ、着目すべきはイギリスとイタリアの動向である。中国との蜜月から脱したイギリスは対中牽制の急先鋒と言えるが、ジョルジャ・メローニ（Giorgia Meloni）首相率いるイタリアも中国と距離を置く姿勢を明確にした。一帯一路からの離脱を模索し、2022年からは日本とイギリスとの次期戦闘機の開発に乗り出している＊67。原子力潜水艦の提供を軸とする豪英米の AUKUS（Australia-United Kingdom-United States）にも似て、戦闘機の開発が日英伊の3か国を結び付けている。この3か国協調が分野を拡大するかは未定だが、日本がイギリスおよびイタリアとの戦略的パートナーシップを深めていくことは、インド太平洋戦略にとって確実にプラスに働くだろう。

（2）「グローバル・サウス」

　大国間競争の行方はもとより、ルールに基づく国際秩序の維持においてキャスティングボートを握るのは、新興国や途上国からなるグローバル・サウスの一群である。「南」は南半球という地理的な意味合い以上に、西側先進国、あるいは G7 に代表される「北」への対義語の性質が強い。ブラジルのルイス・イナシウ・ルーラ・ダ・シウヴァ（Luiz Inácio Lula da Silva）大統領の言葉を借りるなら、地政学的変化のなかで途上国が「組織化」している＊68。ウクライナ戦争で可視化された存在だが、米中対立のなかで進む分極化現象の一端であり、パワーバランスの変化の象徴である。現時点ではグローバル化された抵抗と解放の運動として存在するに過ぎないが、交渉力をもった勢力として台頭していることは否定できない＊69。BRICS の拡大に見られるように有形化している部分もある。中国の仲間作りの土壌でもあり、今後、一つの勢力として定着していく可能性は高い。

　力の源泉は圧倒的な数に加え、共通した利益である。国の数を特定するのは難しいが、グローバル・サウスと重なる国連の「G77 プラス中国」参加国には中国の他に134か国が名を連ねる。また、ウクライナ侵略をめ

ぐる対ロシア制裁に加わらなかった国は140あまりに上る。そうした国々が集団でかつ個別に行動し*70、グローバルな潮流を醸成している。多数ある新興国や途上国の動きは一般化できない。中立的または等距離的な姿勢が著しいとはいえ、アメリカ、中国といった大国との距離の取り方はそれぞれ違う。中国やロシアとの物理的な距離もアフリカや中南米、アジアなどで大きく異なる。ただ確実に言えるのは、これら多数の国は世界の多極化を好機と受け止めているということである。米中対立を嫌う素振りを見せ、「どちらにもつきたくない（do not want to take sides）」と嘯きながら、漁夫の利を得ているのが実相である*71。

　グローバル・サウスの動向は BRICS と上海協力機構をめぐる状況にも表れている。これらの映し出すものが野合であったとしても、求心力を得ていることは否めない。上海協力機構がユーラシア大陸を覆うように展開するなか、BRICS は世界的に拡張している。中国とロシア、インド、パキスタン、中央アジア諸国からなる上海協力機構は2023年7月の首脳会合でイランの加盟を承認し、10か国の体制となった*72。他方で、BRICS への加盟には40余りの国が関心を示していると伝えられる*73。2023年8月、南アフリカのヨハネスブルグで開かれた BRICS 首脳会合でアルゼンチン、エジプト、エチオピア、イラン、サウジアラビア、UAE の6か国の新規加入を認め*74、11か国の体制となった。

　こうした動きはインド太平洋戦略に多くの課題をもたらしている。グローバル・サウスの国々はインド太平洋地域にも存在するが、これ以外の地域にも多く存在する。インド洋や太平洋と接していない地域は、ユーラシア大陸や南米大陸、アフリカ大陸において極めて広い。インド太平洋戦略で焦点化されない中央アジアもその一端である*75。南大西洋に面したブラジルを含め、グローバル・サウスの国々はインド太平洋概念だけでは把握しきれない。文字どおり世界的な視点で捉える必要がある。加えて、中国とロシアという強権主義国家に対し、これらの国々は必ずしも批判的ではない。自由と開放性の原則を自由主義陣営が訴えたところで、グローバル・サウスの国々が強権主義の陣営に近寄ることをやめるわけではない。資源を有する国や将来の市場となる国がグローバル・サウスに多く存在していることも扱いを複雑にする。

　様々な問題が横たわるとはいえ、インドを除くクアッド諸国が手を打てないわけではない。最も基本的な策は日米豪の3か国がインドをクアッド

の枠組みに引き留めることであり、インド太平洋地域以外の国々への働きかけを強めることである。弱者のための法の支配を掲げた日本のように＊76、最大公約数的な言説を唱えることも有効な対応策となる。他の先進国が人権や民主主義を訴えるなか、日本は独自の立ち位置を築くことにもなる。

　ただ、南の主張を丸のみするのは賢明ではない。グローバル・サウスを一つの勢力として捉えながらも、機会主義的な抵抗運動という側面に着目し、各々のアクターの特性に応じるのが合理的な戦術だろう。グローバル・サウスの語るナラティブが多極化や反米欧の論理で支えられるとしても、その立場性には濃淡がある。反米欧というよりは、米中対立のなかでヘッジング戦略を採用したり、外交関係を多角化したりしている国も多い。集団内で主導権争いが生じる可能性も否定できない。とすれば、一枚岩ではないグローバル・サウスを切り崩すかのように、それぞれの地域、準地域、国と関係を築いていくのが望ましい。利益の不一致や不和の種（特に中印の間）も細やかに観察する必要がある。

（3）鍵を握る戦略的空間—地政学の空白地帯へ

　地政学のレンズは中国の脅威に対処するのに有効たりえるか——。インド太平洋戦略を考える上で、この本質的な問いは避けては通れない。インド太平洋が「戦略の地理」であるとするなら、地理名を冠した政策は限定された地理的空間に呪縛されかねない。「戦略の地理」を体現し、ニコラス・J・スパイクマン（Nicholas J. Spykman）のリムランド理論＊77を想起させるインド太平洋概念は有益な視角を提供してきたが、万能ではない。限られた地理に特化し続けたなら、インド太平洋戦略はそれ以外の地域や空間をカバーできなくなる。狭義の地理に基づく戦略立案の本質的な陥穽と言えるだろう。

　すでに見たように、インド太平洋以外の地域がインド太平洋の趨勢を左右しうる。さらに言えば、非地理的な空間での動向も国際秩序の行方に影響を与える。地政学は対中戦略にとって有益ではあるが、限界もある。となれば、地政学的な発想を残しつつも、地理に囚われることのない「空間の戦略」を考えなければならない。もっとも、非地理的に考えると言っても、意識される対象は物理的な国境線で区切られた国家である。地理的な思考が消え失せるわけではない。

　地政戦略の優れた概念であっても、地理以外の空間や領域が漏れる危険

性もある。ただ、近年のインド太平洋戦略には、域外の国々への働きかけや、空やサイバーといった要素の取り込みなど、柔軟な発展が見受けられる。国際環境の変化が新たな地平を生み出しつつあるが、それでも課題は残っている。ここでは「自国」「認知領域」「グローバル・ガバナンス」の3点を重要な戦略的空間と捉え、インド太平洋戦略の空白を考える。なお、インド太平洋戦略の射程をどこまで広げるか、あるいは国家安全保障戦略などの別の枠組みで対処すべきか否かといった論点が生じうるが、ここでは一先ず問題点を提起しておきたい。

①自国

　古典地政学さながらに、インド太平洋戦略は対外政策の一環として展開してきた。外向きの姿勢の死角と言えるのが、足元の自国における対応である。スパイクマンがアメリカの防衛に関心を寄せたように、自国の防衛にこそ地政学の視点は必要だが、インド太平洋を見据える地政戦略において自国の状況は後景化されやすい。外交政策の特性を多分に反映したものだろう。防衛政策と外交政策を扱う組織が異なることも、戦略面でのセクショナリズムを招きやすい。しかし、自国防衛の観点が伴わなければインド太平洋戦略は盤石ではない。防衛態勢の脆い日本は忘れずに特に考慮すべき側面である＊78。

　自国防衛には国内社会の強靱化が欠かせない。2010年代にシャープパワーや外国影響力（foreign　influence）をめぐる議論が進んだものの＊79、中国の影響力に対する危機感が遍く共有されているとは言い難い。日本においても政界や経済界、地方自治体、報道、学術・教育における警戒度は決して高くない。その一方で、西側先進国の開放性と純朴さを利用しつつ、中国は着実に対外工作を進めている＊80。中国による海外での警察活動はその一例である。外国による干渉（foreign interference）から自国社会を守ることは民主主義国家にとっての難題だが、経済安全保障の取り組みと並んで、国内の強靱化に向けた取り組みが一層求められるだろう。

　インド太平洋戦略は有志国との防衛協力や遠洋のシーレーンの強化を促すものだとしても、必ずしも自国周辺の防衛に直結するものではない。例えば、インド太平洋戦略において日本海は空白地帯をなしている。中国、ロシア、北朝鮮の各々が日本にとって脅威となるなか、中露朝の連携が進んだなら、さらなる圧力が生じかねない。竹島を占拠し続ける韓国とは価

値や利益を完全には共有できず、同国には反日の火種も燻っている。在韓
米軍を除けば、日本海側における米軍の存在は希薄である。南西諸島の脆
弱性とは異なる形だが、日本海沿岸地域は外敵から脆弱な状態にある。20
23年8月には日米韓の「キャンプ・デービッド原則」が打ち出されたが、
韓国との連携には制約も多い。石川県の小松基地における有志国の展開は
あるものの＊81、日本海の安全保障をインド太平洋戦略に結び付けられる
かは課題として残っている。なお、その際、FOIP の延長線で「自由で開
かれた日本海（free and open Sea of Japan）」を唱えるべきか否かは戦略的
な視点で要検討だろう。

②認知領域

　インド太平洋戦略に関して非地理的空間として考慮すべきは認知領域
（cognitive domain）である。前述の自国という問題とも密接に関わる。覇
権と影響力をめぐる米中間の競争は、言説やナラティブの戦いを伴って展
開している。米中の競争から派生したインド太平洋戦略も「語り」の優位
性をめぐる争いと無縁ではない。むしろこの闘争こそが戦略の成否を決定
しうる。現在の競争的環境を踏まえれば、言説やナラティブを含めた認知
領域を戦略空間の一つと認識して、有効な対策を講じていく必要がある。
　民主主義諸国が進めるインド太平洋戦略は、自由と開放性の名の下に国
際法の規範の重要性を唱導する。インド太平洋戦略自体が言説やナラティ
ブの塊であり、クアッド諸国はその発信に努めてきた。ルールに基づく国
際秩序を重んじる日本は事あるごとに FOIP、そして FOIO の言説を伝え
ている。アメリカやオーストラリア、インドもそれぞれに理念を発信して
きた。認知領域のインフラも存在する。米国グローバルメディア局
（USAGM: U.S. Agency for Global Media）＊82や INDOPACOM による「イン
ド太平洋防衛フォーラム（Indo-Pacific Defense Forum）」＊83はその一例であ
る。
　中国も自らの秩序観を伝える「話語（discourse）」を持つ＊84。ウクライ
ナ戦争でロシアが繰り広げる戦争目的や戦争の原因をめぐる喧伝を「戦時
のナラティブ」と呼ぶとするなら、中国のナラティブは平時と戦時が融合
したハイブリッド型に近い。「中国の夢」「一帯一路」「人類運命共同体」
などの言葉がどこまで世界に訴求するかは分からない。ただ、共産党体制
が掲げるナラティブを支え、伝えるインフラが中国には整っている。「智

能化戦争」の議論も活発に行われており、スローガンやプロパガンダでは一日の長がある中国共産党は認知戦への備えを進めてきた＊85。権威主義体制ならではの優位性だろう。ナラティブを含めた認知領域での競争において、クアッド諸国、特に日本は中国の後塵を拝している。

　一例に過ぎないが、すでに海外メディアとの連携を通じて、中国共産党のプロパガンダを広める試みが進んでいる。中国中央電視台（CGTN: China Global Television Network）はフランス通信社（AFP: Agence France Presse）と提携しており、中国のプロパガンダがフランスの大手通信社によって浄化されて伝えられている。ジャーナリズム倫理の観点からも深刻な問題だが、既存メディアを使った「情報ロンダリング」はSNSを通じたあからさまな偽情報の流布よりも悩ましい。2023年8月に日本が放出を決定したALPS処理水をめぐる件についても、CGTNの記事、すなわち中国政府の見解がAFP経由で流され続けた＊86。

　もっとも処理水の一件では、非合理的な主張を繰り返す中国が早々に自壊した。日本国内の嫌中感情も自国防衛を助けたが、同時に認知戦における日本側の弱点も明らかになった。インド太平洋戦略における課題としても、東アジアにおける有事の想定としても、認知領域での展開と防衛は急務と言えよう。

③グローバル・ガバナンス

　国連や国際機関によって構成されるグローバル・ガバナンスの空間にも中国の影響力は及んでいる＊87。古典地政学の発想では論及が難しい空間だが、無視しえない戦略的空間である。グローバル・ガバナンスが地理的な空間ではないとしても、国家という地理的単位の集合体であることに変わりない。地政学がそうであるように、国際政治の動向を空間的に映し出すものである。グローバル・ガバナンスは前述のグローバル・サウスの動向とも連動する。中国が新興国や途上国を国際場裡で味方につけ、国際的な存在感を増幅させているからである。ロシアの手法もこれに近い。言うまでもなく、両者は国連の安全保障理事会の常任理事国として絶大な権限を有する。国連憲章に基づく正統性＊88、さらには国連を基軸とする国際秩序も最大限に利用している。

　中国はグローバル・サウスの協力を仰ぎつつ、自らの国際秩序観とともにグローバル・ガバナンスを感化しようと試みてきた。先述の「G77 プ

ラス中国」は格好の手段である。中国は国連機関の幹部人事のみならず、自国の掲げるスローガンやアジェンダの挿入を通じて国連での影響力を強めつつある＊89。国連平和維持活動（PKO: peacekeeping operations）においても2,000人規模の人民解放軍の兵士を派遣しており、PKO 政策における存在感は小さくない。その国連においては、中国の修正主義的な振る舞いが何事もなかったかのように希薄化される。平和維持の構想も立てようがなく、南シナ海や東シナ海における中国の挑発行為に対して国連はなす術もない。

　中国が影響力を強める一方で、インド太平洋戦略はグローバル・ガバナンスの課題に十分に対応できていない。クアッドに代表されるミニラテラルの網は「第二国連」を形成するようなものである。そのミニラテラルの活用が元来の国連を遠ざけてきた側面は否めない。国連を迂回するかのように進められるインド太平洋戦略にとって、この空間が手薄の状態となるのは当然だろう。では日本やアメリカはグローバル・ガバナンスでの劣勢を挽回できるのか。新興国や途上国が多数を構成する形勢を変えることは容易ではない。国連は外交戦略のサンクコストとなりかねないが、「損切り」することは現実的に難しい。機関ごとに関与の濃淡を付けながら、中国やロシアとの勢力均衡を目指して国連での外交活動を続けるしかないだろう。

おわりに

　本章ではインド太平洋戦略の系譜と政策の多層的展開を考察するとともに、戦略の新たな地平を見渡した。直前で論じたように、「インド太平洋」という地理的範囲、そして地理的な思考を超える視角は戦略の成否を左右しうる。中国の覇権主義的な行動が続く限り、日本が提唱してきたFOIP の考えは妥当性を有していくだろう。ただ、インド太平洋地域が引き続き焦点になるとしても、様々な地域や空間に目配りをしなければ戦略は万全なものとはなり得ない。自国、認知領域、そしてグローバル・ガバナンスのいずれも、中国との関わりで軽視できない空間である。優先順位を考え、外交資源を適切に配分しながら、広域な挑戦に多くのパートナーと対応していかなければならない。ルールに基づく国際秩序を維持するには、地理を超えることは必然となる。その点において日本が提唱する

FOIO は極めて有効な政策概念となる可能性を秘めている。各国の大戦略はインド太平洋という地理的指標を保ちつつも、焦点とする地域や空間を絞り込んだり、広げたりしていくことだろう。

インド太平洋をめぐる国際関係は、米中の大国間競争に加え、中国を警戒する国々の連携を伴って複雑に展開している。しかし、これを上回るかのように米欧諸国に対する抵抗勢力が台頭してきた。グローバル・サウスをめぐる国際関係を抜きにインド太平洋の秩序構築を語ることは難しい。法の支配の貫徹よりも中立が正義と考える国は少なくない。米中対立にあって実益を優先する国々に中国牽制の意義を説き、中立からの脱却を促すのは難題である。もっとも、ロシアによるウクライナへの侵略を受けて対露制裁に加わった国が少なかったとしても、国連特別総会で採択されたロシア非難決議には140あまりの国が賛同している。この事実は救いである。中国が引き起こす有事の際にグローバル・サウスの国々がどのように反応するかは分からないが、これらの国々にも国家間における法の支配への憧憬は残っている。

現在の国際関係に見出せるのは、国家の存立を懸けて苦闘する各々の姿である。群雄割拠の世界を乗り切るべく、多くの国が生存戦略を図っている。中立を保つ中小国も然りである。既存の秩序が動揺するなかで生じるごく自然な動きだろう。しかし、無秩序世界は「無関心世界」に等しい。威圧や略奪を誰もが気にせず、咎めないとしたなら、グローバル・サウスの国々こそが不利益を被る。ルールに基づく国際秩序はまさに不条理を防ぐ価値体系であり、国の大小を問わず世界に広く裨益する。漂流する世界に対してインド太平洋戦略のもつ意味は決して小さくない。

註
1 本章では discourse の訳語に「言説」を用い、narrative には「ナラティブ」を当てた。認知領域の議論において narrative は虚偽性や作為性のあるものを含めて用いられている。本章でもそうした用法を意識した。
2 墓田桂・ブレンドン・J・キャノン「インド太平洋の誕生――『戦略の地理』が意味するもの」ブレンドン・J・キャノン、墓田桂［編著］（墓田桂［監訳］）『インド太平洋戦略――大国間競争の地政学』中央公論新社、2022年、第1章、9頁。
3 ただし、クアッド4か国のなかで「インド太平洋戦略」と名の付く文書を発表したのはアメリカのみである。The Department of Defense, *Indo-Pacific Strategy*

Report: Preparedness, Partnerships, and Promoting a Networked Region, June 2019; The White House, Indo-Pacific Strategy of the United States, February 2022.

4　記録に残る範囲では、ジェイムズ・リチャードソン・ローガン（James Richardson Logan）がこの言葉を用いた1850年に遡る。ローリー・メドカーフ（奥山真司・平山茂敏［監訳］）『インド太平洋戦略の地政学——なぜ中国は覇権をとれないのか』芙蓉書房出版、2022年、94頁。

5　墓田・キャノン「インド太平洋の誕生」『インド太平洋戦略』10頁。

6　本章での「戦略」の語法もそれに準じた。文脈に応じて「政策」や「構想」を用いることもある。

7　Kei Hakata and Brendon J. Cannon, "How Indo-Pacific Strategies Are Entering a New Stage", *National Interest*, 1 March 2023, https://nationalinter est.org/feature/how-indo-pacific-strategies-are-entering-new-stage-206260 (accessed, 26 October 2023).

8　2005年12月、EAS は ASEAN 諸国、日本、韓国、中国、オーストラリア、ニュージーランド、そしてインドの16か国で発足し、2010年にはアメリカとロシアを加えた。

9　外務省「二つの海の交わり—— Confluence of the Two Seas　インド国会における安倍総理大臣演説」2007年8月22日、https://www.mofa.go.jp/mofaj/press/en zetsu/19/eabe_0822.html（2023年10月26日閲覧）。

10　墓田桂「日本——『自由で開かれた』の価値」『インド太平洋戦略』第3章、85頁。なお、安倍は「図らずも、『インド太平洋』という新たな地理概念を世に出し、それまで存在しなかった海洋アイデンティティを造形することとなった」と振り返る。安倍晋三「一読者として感謝したい——序文にかえて」『インド太平洋戦略』3頁。

11　Australian Department of Defence. *Defence White Paper 2013. Defending Australia and Its National Interest*, May 2013, p. 2.

12　デイヴィッド・ブルースター「オーストラリア——同盟国と地域の秩序」『インド太平洋戦略』第5章、162～165頁。

13　デイヴィッド・スコット「アメリカ——大国の立ち位置」『インド太平洋戦略』第4章、120～121頁。

14　Hillary Clinton, "America's Pacific Century", *Foreign Policy*, 11 October 2011, https://foreignpolicy.com/2011/10/11/americas-pacific-century/ （accessed, 26 October 2023).

15　ジャガンナート・P・パンダ「インド——戦略的自律の可能性」『インド太平洋戦略』第6章、178頁；溜和敏「インドの『インド太平洋海洋イニシアティ

ヴ』」（研究レポート）日本国際問題研究所、2022年3月18日、https://www.jiia.
or.jp/research-report/indo-pacific-fy2021-05.html （2023年10月26日閲覧）。

16 外務省「TICAD VI 開会に当たって・安倍晋三日本国総理大臣基調演説」2016
年8月27日（以下、「安倍総理基調講演」）、https://www.mofa.go.jp/mofaj/afr/af
2/page4_002268.html（2023年10月26日閲覧）。

17 ナイロビでの FOIP の発表については、墓田「日本」『インド太平洋戦略』104
～105頁を参照のこと。なお、発表当時、日本の大手新聞は「戦略」の語を付け
て報じている。

18 The White House (archives), "Remarks by President Trump at APEC CEO
Summit. Da Nang, Vietnam", 10 November 2017, https://trumpwhitehouse.ar
chives.gov/briefings-statements/remarks-president-trump-apec-ceo-summit-da-
nang-vietnam/ (accessed, 26 October 2023).

19 David Scott, "Indonesia Grapples with the Indo-Pacific: Outreach, Strategic
Discourse, and Diplomacy", *Journal of Current Southeast Asian Affairs*, Vol.
38, Issue 2 (2019), pp. 194-217. ジョコ・ウィドド（Joko Widodo）政権は自国
を「グローバルな海洋支点（Global Maritime Fulcrum）」と位置付けたが、そ
の構想も短命に終わった。

20 石川幸一『ASEAN のインド太平洋構想（AOIP）：求められる構想の具体化と
FOIP との連携』（ITI 調査シリーズ No.101）国際貿易投資研究所、2020年3月、
https://www.iti.or.jp/report_101.pdf（2023年10月26日閲覧）。

21 同年3月にはインド、5月にオーストラリアを訪れ、インド太平洋を重視する方
針を示した。République française, "Déclaration de M. Emmanuel Macron,
Président de la République, sur les relations entre la France et l'Australie, à
Sydney", le 2 mai 2018,https://www.vie-publique.fr/discours/206113-declarati
on-de-m-emmanuel-macron-president-de-la-republique-sur-les-r (accessed, 26
October 2023).

22 Mark Leonard, "China Is Ready for a World of Disorder: America Is Not",
Foreign Affairs, July/August 2023.

23 エヴァ・ペイショヴァ「EU ──独立した外交政策の模索」『インド太平洋戦略』
第10章、295頁。

24 この点に関しては安倍も「『自由で開かれたインド太平洋』構想において日米
豪印は極めて重要な枠組みであるが、欧州各国を含め価値観を共有する諸国と
一層連携を深めていくことが重要である」と指摘していた。安倍晋三「自由で
開かれたインド太平洋構想について──日本語版読者へのメッセージ」『インド
太平洋戦略』、vi 頁。

25 細谷雄一は西側の国々が「マイノリティ」になりつつあると指摘した。2023年

　4月23日、戦略研究学会第21回大会での特別講演「ウクライナ戦争と国際秩序の行方」。

26　外務省「岸田総理大臣のインド世界問題評議会（ICWA）における総理政策スピーチ（令和5年3月20日）インド太平洋の未来〜「自由で開かれたインド太平洋」のための日本の新たなプラン〜" 必要不可欠なパートナーであるインドと共に "」（以下、「岸田総理の政策スピーチ」）2023年3月20日、https://www.mofa.go.jp/files/100477738.pdf（2023年10月26日閲覧）。Kei Hakata and Brendon J. Cannon, "Japan's new Indo-Pacific: A guiding perspective to shape worldviews", Raisina Debates, 3 May 2023, https://www.orfonline.org/expert-speak/japans-new-indo-pacific-a-guiding-perspective-to-shape-worldviews/ (accessed, 26 October 2023).

27　すでにそのような論調は西側メディアで生まれている。Financial Times, "The west's Modi problem", 23 September 2023, https://www.ft.com/content/aa4317 179-5d8-45d2-9b90-dfd326895339 (accessed, 26 October 2023).

28　墓田・キャノン「インド太平洋の誕生」『インド太平洋戦略』、10〜11頁。

29　U.S. Department of State, "Remarks by Deputy Secretary Stephen E. Biegun",Ananta Centre India-U.S. Forum, 12 October 2020, https://2017-2021.state.gov/remarks-by-deputy-secretary-stephen-e-biegun/ (accessed, 26 October 2023).

30　提唱者のモハメッド・ソリマン（Mohammed Soliman）は、I2U2 を西アジアにおける望ましい勢力均衡を作り出すものと位置付けた。Mohammed Soliman, "West Asia Is Now a Geopolitical Reality", The National Interest, 3 July 2022, https://nationalinterest.org/feature/west-asia-now-geopolitical-reality-203310 (accessed, 26 October 2023).

31　同上、18頁。

32　「岸田総理の政策スピーチ」。

33　「安倍総理基調講演」。

34　外務省「日米豪印首脳共同声明：日米豪印の精神」2021年3月13日（注：文書に日付はないため、日本時間での発表日）、https://www.mofa.go.jp/mofaj/files/100159229.pdf（2023年10月26日閲覧）。

35　「岸田総理の政策スピーチ」。

36　例えば、2023年1月の施政方針演説で岸田首相は「力による一方的な現状変更の試みは、世界のいかなる地域においても許されない。広島サミットの機会に、こうした原則を擁護する、法の支配に基づく自由で開かれた国際秩序を堅持するとの強い意志を、改めて世界に発信します」と述べている。首相官邸「第211回国会における岸田内閣総理大臣施政方針演説」2023年1月23日、https://www.

kantei.go.jp/jp/101_kishida/statement/2023/0123shiseihoshin.html（2023年10月
26日閲覧）。

37　外務省「『国家間の法の支配』に関する国連安全保障理事会公開討論における
　　林芳正外務大臣ステートメント　『法の支配のための結集』」2023年1月12日、
　　https://www.mofa.go.jp/mofaj/files/100451931.pdf（2023年10月26日閲覧）。

38　相澤輝昭「インド太平洋における海洋ガバナンス：FOIP の視点から」『海洋
　　安全保障情報特報』笹川平和財団海洋政策研究所、2022年3月31日、https://www.
　　spf.org/oceans/global-data/commentary-20220413.pdf（2023年10月26日閲覧）。

39　筆者との面談での指摘。2021年2月25日、衆議院第一議員会館の安倍晋三事務
　　所にて。

40　現在、経済協力開発機構（OECD: Organisation for Economic Co-operation
　　and　Development）が技術的な支援を行っている。イギリスとスペインが運営
　　委員会に加わり、今後は事務局の設立が検討されている。関係者からの情報提
　　供、2023年9月8日。

41　外務省「日米豪印首脳共同声明」2021年9月24日、https://www.mofa.go.jp/file
　　s/100238176.pdf（2023年10月26日閲覧）。

42　外務省「日米豪印首脳会合共同声明」2022年5月24日、https://www.mofa.go.jp/
　　mofaj/fp/nsp/page1_001188.html（2023年10月26日閲覧）。

43　外務省「日米豪印首脳会合共同声明」2023年5月20日、https://www.mofa.go.jp/
　　mofaj/files/100506953.pdf（2023年10月26日閲覧）。

44　BBC, "G7 summit: Leaders detail $600bn plan to rival China's Belt and Road
　　initiative", 27 June 2022, https://www.bbc.com/news/world-asia-61947325
　　(accessed, 26 October 2023).

45　The White House, "FACT SHEET: World Leaders Launch a Landmark
　　India-Middle East-Europe Economic Corridor", 9 September 2023, https://www.
　　whitehouse.gov/briefing-room/statements-releases/2023/09/09/fact-sheet-world-
　　leaders-launch-a-landmark-india-middle-east-europe-economic-corridor/
　　(accessed, 26 October 2023).

46　「岸田総理の政策スピーチ」。

47　外務省「AIPF（ASEAN インド太平洋フォーラム）での岸田総理大臣　スピー
　　チ」2023年9月6日、https://www.mofa.go.jp/mofaj/files/100548764.pdf（2023年
　　10月26日閲覧）。

48　Franklin D. Kramer, Free but secure trade: Priorities in support of national
　　security, Atlantic Council, June 2022, https://www.atlanticcouncil.org/in-depth
　　-research-reports/report/free-but-secure-trade-priorities-in-support-of-national-

security/ (accessed, 26 October 2023).

49　結果的にアメリカは IPEF と APEP を通じて環太平洋パートナーシップに関する包括的及び先進的な協定（CPTPP: Comprehensive and Progressive Agreement for Trans-Pacific Partnership）の参加国を取り込んだ。岩田伸人「米国が進める新たな経済安全保障・地域統合…… IPEF と APEP の動向から」（コラム）国際貿易投資研究所、2023年3月20日、https://iti.or.jp/column/110（2023年10月26日閲覧）。

50　木内登英「G7 広島サミット：経済安全保障と経済的威圧への対応」（コラム）野村総合研究所、2023年5月22日、https://www.nri.com/jp/knowledge/blog/lst/2023/fis/kiuchi/0522_2（2023年10月26日閲覧）。

51　Australian Government (Defence), "Australia to host Exercise Malabar for the first time", 11 August 2023, https://www.minister.defence.gov.au/media-releases/2023-08-11/australia-host-exercise-malabar-first-time (accessed, 26 October 2023).

52　Australian Government (Defence), "Talisman Sabre wraps up", 8 August 2023, https://www.defence.gov.au/news-events/news/2023-08-08/talisman-sabre-wraps (accessed, 26 October 2023).

53　永田伸吾「欧州『対インド太平洋防衛外交』を支える『空の連携』」『フォーサイト』2022年11月8日、https://www.fsight.jp/articles/-/49299（2023年10月26日閲覧）。

54　墓田「大国間競争の地政学―『インド太平洋プラスの展望』」『インド太平洋戦略』補章、405頁。

55　海上幕僚監部「日米豪比共同訓練について」2023年8月25日、https://www.mod.go.jp/msdf/release/202308/20230825_02.pdf（2023年10月26日閲覧）。

56　台湾有事の戦域をアジア太平洋（および若干の範囲でベンガル湾）と想定すれば、アジア太平洋を舞台に有志国が連携するのは妥当だろう。インドの立ち位置を考えれば、有事のオペレーションで日米豪印の「インド太平洋クアッド」が機能するとは考え難い。日米豪比の枠組みはインドがもたらす不確実性を減らしつつ、東アジアでの危機を抑止し、これに対処するための有効な代替案と言える。

57　Kei Hakata, "Taiwan as an Indo-Pacific Partner: Envisioning a Coalition of Shared Values and Interests", 國防安全研究院編『國防情勢特刊』第27期（2023年5月）、42〜60頁。

58　墓田「大国間競争の地政学」『インド太平洋戦略』376〜377頁。

59　ペイショヴァ「EU」『インド太平洋戦略』294〜295頁。

60　European Commission/High Representative of the Union for Foreign Affairs and Security Policy, *The EU strategy for cooperation in the Indo-Pacific*, Joint Communication to the European Parliament and the Council, September 2021.

61 *Ibid.*, pp. 2-3.

62 North Atlantic Treaty Organization, *NATO 2022 Strategic Concept*, Adopted by Heads of State and Government at the NATO Summit in Madrid, 29 June 2022, paras. 13-14.

63 "Europe must resist pressure to become 'America's followers,' says Macron", *Politico*, 9 April 2023, https://www.politico.eu/article/emmanuel-macron-china-america-pressure-interview/ (accessed, 26 October 2023); "La France contre un bureau de l'Otan au Japon", *Le Figaro*, le 6 juin 2023, https://www.lefigaro.fr/international/la-france-contre-un-bureau-de-l-otan-au-japon-20230606 (accessed, 26 October 2023).

64 2023年に発表された連邦政府の『中国に関する戦略』は中国を「体系的ライバル（systemic rival）」と位置付ける。The Federal Government, *Strategy on China of the Government of the Federal Republic of Germany*, July 2023, p. 8.

65 Kei Hakata, "Will There Be a "Free and Open Baltic Sea?" Japan and Northeastern Europe in a Strategic Tandem", *ISDP Voices*, 11 April 2023, https://www.isdp.eu/will-there-be-a-free-and-open-baltic-sea/ (accessed, 26 October 2023).

66 Kei Hakata, "Distancing from China and Approaching Taiwan: Central and Eastern Europe's Values-based Engagement with the Indo-Pacific", *Choice*, 31 January 2023, https://chinaobservers.eu/distancing-from-china-and-approaching-taiwan-central-and-eastern-europes-values-based-engagement-with-the-indo-pacific/ (accessed, 26 October 2023).

67 永田伸吾「日本の『戦略資産』となる日英伊共同開発『第6世代戦闘機』」『フォーサイト』2022年12月28日、https://www.fsight.jp/articles/-/49433 (2023年10月26日閲覧)。

68 Lula [@LulaOficial], "Éramos chamados de terceiro mundo. Agora somos Sul Global. […]" (X, antigo Twitter), 24 de agosto de 2023, https://twitter.com/LulaOficial/status/1694750216283459983 (accessed, 26 October 2023). 原文は「地政学が変化し始め、私たちは発展途上国が組織化する必要性を認識するようになった」。

69 Kei Hakata, "Will Japan Succeed in Its 'Global South' Diplomacy?" *The Diplomat*, 15 February 2023, https://thediplomat.com/2023/02/will-japan-succeed-in-its-global-south-diplomacy/ (accessed, 26 October 2023).

70 Sarang Shidore, "The Return of the Global South: Realism, Not Moralism,

Drives a New Critique of Western Power", *Foreign Affairs*, 31 August 2023, https://www.foreignaffairs.com/world/return-global-south-critique-western-power (accessed, 26 October 2023).

71 「中立を維持することが経済的メリットにつながる」という構造的側面も指摘されている。磯野生茂「グローバルサウスの経済的影響力——世界経済の『第三の極』をどうとらえるか」『IDE スクエア』アジア経済研究所、2023年8月、5頁、https://www.ide.go.jp/Japanese/IDEsquare/Eyes/2023/ISQ202320_023.html（2023年10月26日閲覧）。

72 加盟国は中国とロシア、中央アジア5か国（カザフスタン、キルギス、タジキスタン、トルクメニスタン、ウズベキスタン）、インド、パキスタン、そしてイランである。これに加えてアフガニスタン、ベラルーシ、モンゴルの3か国がオブザーバー資格を有している。対話パートナーは14か国に上る（アゼルバイジャン、アルメニア、バーレーン、エジプト、カンボジア、カタール、クウェート、モルディブ、ミャンマー、ネパール、UAE、サウジアラビア、トルコ、スリランカ）。なお、上海協力機構は ASEAN などの地域機関や国連機関ともパートナーシップを築いている。上海協力機構のウェブサイト（http://eng.sectsco.org/）の General Information より（2023年10月26日閲覧）。

73 "More than 40 nations interested in joining BRICS, South Africa says", Reuters, 27 July 2023, https://www.reuters.com/world/more-than-40-nations-interested-joining-brics-south-africa-2023-07-20/ (accessed, 26 October 2023). 南アフリカの BRICS 担当大使は、正式に加盟を要請した22か国以外にも、BRICS の加盟に非公式に関心を示している国が同数あると記者会見で述べた。

74 BRICS, "XV BRICS Summit Johannesburg II Declaration. BRICS and Africa: Partnership for Mutually Accelerated Growth, Sustainable Development and Inclusive Multilateralism", 23 August 2023, https://brics2023.gov.za/wp-content/uploads/2023/08/Jhb-II-Declaration-24-August-2023-1.pdf (accessed, 26 October 2023).

75 Kei Hakata and Brendon J. Cannon, "Where Does Central Asia Fit in the Quad's Indo-Pacific Plans?" *The Diplomat*, 25 May 2022, https://thediplomat.com/2022/05/where-does-central-asia-fit-in-the-quads-indo-pacific-plans/ (accessed, 26 October 2023).

76 「岸田総理の政策スピーチ」。

77 ニコラス・スパイクマン（奥山真司［訳]）『平和の地政学——アメリカ世界戦略の原点』芙蓉書房出版、2008年、97〜98頁。

78 インド太平洋戦略の範囲を国内に延伸することも重要だが、原則として自国防衛は国家安全保障戦略で扱われるべきである。日本について言えば、2022年12

月に防衛三文書（国家安全保障戦略、国家防衛戦略、防衛力整備計画）が閣議決定され、防衛態勢の強化が図られた。ただし、課題は残る。新たな国家防衛戦略は南西方面の防衛強化を正しく定めるが、日本海への着眼は希薄である。認知領域への対応も緒に就いたばかりである。

79 Christopher Walker and Jessica Ludwig, "From 'Soft Power' to 'Sharp Power': *Rising Authoritarian Influence in the Democratic World", Sharp Power: Rising Authoritarian Influence*, National Endowment for Democracy, December 2017, pp. 6-25, https://www.ned.org/wp-content/uploads/2017/12/Sharp-Power-Rising-Authoritarian-Influence-Full-Report.pdf （accessed, 26 October 2023）.

80 クライブ・ハミルトン、マレイケ・オールバーグ（奥山真司［監訳］）『見えない手──中国共産党は世界をどう作り変えるか』飛鳥新社、2020年。

81 日本海側の石川県にある小松基地は現在、有志国（アメリカに加えてオーストラリア、イタリア、インド）との共同訓練の場となっている。永田伸吾が指摘するように、同基地に対中牽制の前線を見出すことも不可能ではない。Shingo Nagata, "Japan at the Center of Airpower Defense Diplomacy in the Indo-Pacific", *The Diplomat*, 18 August 2023, https://thediplomat.com/2023/08/japan-at-the-center-of-airpower-defense-diplomacy-in-the-indo-pacific/ (accessed, 26 October 2023).

82 現在の名称になったのは2018年のことだが、第二次世界大戦中から Voice of America （VOA）を運用するなど、今でいう認知戦を展開してきた。

83 ウェブサイト（https://ipdefenseforum.com/）や SNS での発信のほかに、紙媒体の雑誌も発行している。中国語（簡体字および繁体字）、インドネシア語、タイ語、韓国語、日本語、ベトナム語、ヒンディ語、ロシア語、クメール語で運用している。

84 山本吉宣『言説の対抗と米中関係──歴史、理論、現状』（PHP 総研特別レポート）PHP 総研、2021年3月、https://thinktank.php.co.jp/wp-content/uploads/2021/03/pdf_policy_20210308_2.pdf （2023年10月26日閲覧）。

85 飯田将史「中国が目指す認知領域における戦いの姿」『NIDS コメンタリー』防衛研究所、第177号（2021年6月）、http://www.nids.mod.go.jp/publication/commentary/pdf/commentary177.pdf （2023年10月26日閲覧）。山口信治・門間理良「活発化する 中国の影響力工作」山口信治・八塚正晃・門間理良『認知領域とグレーゾーン事態の掌握を目指す中国』（中国安全保障レポート2023）防衛研究所、2022年11月、第2章、25～47頁、http://www.nids.mod.go.jp/publication/chinareport/pdf/china_report_JP_web_2023_A01.pdf （2023年10月26日閲覧）。

86 例えば、CGTN/AFPBB「福島大の林薫平准教授『放射能汚染水の海洋放出は

国民の利益を犠牲にする』」2023年8月31日、https://www.afpbb.com/articles/-/3479455（2023年10月26日閲覧）。

87　墓田「大国間競争の地政学」『インド太平洋戦略』387〜392頁。

88　もっとも国連憲章に記載されているのは「中華民国」と「ソビエト社会主義共和国連邦」であり、完全な状態で正当性を主張できるわけではない。

89　例えば、「人類運命共同体」は人権理事会を含めた国連機関の決議に盛り込まれるようになった。墓田「大国間競争の地政学」『インド太平洋戦略』390頁。

第2章

構造的リアリズムと米中安全保障競争

野口 和彦

はじめに

　本章の目的は、構造的リアリズムの視点から米中関係を分析するととも
に、アメリカと同盟国がとるべき対中戦略を示すことである。ここでいう
構造的リアリズムとは、アナーキー（無政府状態）とパワー分布が国家の
行動を方向づけると説明する、政治学の1つの学派である＊1。国際システ
ムにおける大国であるアメリカと中国は、現在、安全保障をめぐり激しく
競争している。これは国際システムにおけるパワー分布が、冷戦後の単極
構造から二極構造に移行しつつあることを反映している＊2。国際政治の
標準的リアリスト理論によれば、衰退する大国は既得権益を守ろうとする
一方で、台頭する大国は自らの生き残りを最大化するために、ライバル大
国を押しのけて新しい地域覇権を構築しようとするものである＊3。

　このような大国間政治のパターンが、現在の世界でも繰り返されている。
国際システムにおけるパワー配分の占有率を徐々に低下させているアメリ
カは、自らが作り上げた「リベラル国際秩序（LIO: Liberal International
Order)」を死守しようとしている。他方、興隆する中国はアメリカの利益
を犠牲にしてでも、それを打破しようとしている。米中に配分された相対
的パワーの変化が、ワシントンと北京を激しい政治的競争へと駆り立てて
いるということである＊4。したがって、移行期にある現在の国際システ
ムは概して不安定になる＊5。

　アメリカと中国は衝突する道を歩んでいるのだろうか。米中対立が深刻
になることは避けられないだろう。古代ギリシャ世界において、台頭する
アテネとそれに恐怖を感じたスパルタはペロポネソス戦争に至ってしまっ
た＊6。現代世界において、このような悲劇がアメリカと中国の間で繰り
返されるだろうと警告する研究者もいる＊7。確かに、われわれはそのよ

うな危険を無視できないが、米中戦争が不可避であると悲観する必要はない。アメリカと中国が保有している核の第二撃能力は、両国の全面戦争を抑止するであろうと期待できるからである*8。

　核革命論が正しければ、核兵器で武装した国家は他の核兵器保有国との間で危機に陥った際には、それが全面核戦争にエスカレートすることで共倒れになるのを避けるために、対立を緩和する方向に進むはずである*9。しかしながら、相互核抑止は、通常兵器による戦争までは防げない。政治学でよく知られている「安定・不安定のパラドックス」が示唆するように*10、国家が核抑止により究極の生き残りに自信を持つと、通常戦力による既成事実化（fait accompli）といった政治的利益の獲得に動くことを厭わなくなる恐れがある*11。とりわけ中国は有利に進むパワーシフトの機会を利用して、台湾を武力で併合しようとすることが懸念されている。そこでアメリカが、中国の台湾侵攻を抑止するために核兵器に頼ってもうまくいかないだろう。そもそも、アメリカが公式の同盟国ではない台湾に「核の傘」を提供するのは現実的ではないのみならず、仮に拡大核抑止を試みても、「決意のバランス」において中国に優位性があるために効きにくい*12。インド太平洋地域において、最も懸念される不安定要因である台湾有事を防ぐには、中国の現状打破行動による膨張を拒否する封じ込め戦略が必要であろう。

　現在の米中対立を本格的に分析するためには、冷戦終結から現在に至る過程において、国際システムのパワー配分がどのように変化してきたのかを確認することが重要である。冷戦に勝利したアメリカは*13、ソ連の崩壊により国際システムにおける単独の大国となった。単極世界が到来したのである。「単極の瞬間（unipolar moment）」において*14、アメリカはリベラル覇権主義を追求することができた*15。アメリカは対等な競争相手国が存在しない世界において、外部勢力に制約されることなくリベラル国際秩序の構築にまい進したのである。単極構造において、煩わしい大国間政治は存在しない*16。ワシントンは外交エリートである「ブロブ」を中心に、世界をアメリカのイメージ通りに変革しようとした*17。

　アメリカがとったリベラル覇権主義にもとづく単独行動は、権威主義国や独裁国を戦争に訴えても民主主義国に体制転換すること、軍事同盟である北大西洋条約機構（NATO: North Atlantic Treaty Organization）を中東欧に拡大することで新興の民主主義国を支えること、包括的関与政策により

中国を既存の国際秩序に取り込むことで、同国をリベラルな国家に変革することなどを柱とするものであった＊18。しかしながら、この大胆な戦略は失敗に終わった。NATO が中東欧諸国を次々に加盟させたことは、ロシアの安全保障を必然的に低下させた。その結果、モスクワはウクライナを西側の防波堤にされることを阻止するために予防戦争を開始したのである。中国もアメリカの思惑通りには動かなかった。北京は、開放的な国際経済体制に参入したことにより、急速に向上させた経済力を軍事力の強化に投入したのである。さらに、中国はアメリカの期待に反して、共産党一党独裁体制を強靱化するとともに、習近平国家主席にますます政治権力が集中する政治体制になっている。要するに、アメリカのリベラル覇権主義は、その目的を達成できなかったのである。

　二極化する世界において、残念ながら、アメリカは「単極の瞬間」に採用したリベラル覇権主義を引きずっている。これは変化する国際システムからの圧力に対して、アメリカが適切に対応していないことを意味する。アメリカはロシアの脅威を過大評価して「過剰バランシング（overbalancing）」をしているために、中国の封じ込めに投入できる資源をヨーロッパで浪費している。その結果、アメリカの中国に対するバランシング行動は不十分なものになっている。国際構造からの要請に正しく対応していないアメリカは、おそらく懲罰をうけることになるであろう。ここでいう「懲罰」とは、主権や独立と言った核心的な国益を危うくすることや資源を不必要に浪費して相対的国力を低下させる結果、中国などのライバル国とのバーゲニングで不利な立場に追い込まれることである。こうした破滅的結末を避けるための構造的リアリストの処方箋は、ウクライナに侵攻したロシアへの対応はヨーロッパの同盟国が担い、アメリカはインド太平洋地域における中国の封じ込めに集中するということである。

第 1 節　構造的リアリズム——国際システムと国家行動の因果理論

　構造的リアリズムとは、政治学や国際関係論における主要な研究プログラムの1つである＊19。構造的リアリズムは、国家間におけるパワーをめぐる競争原理を解明する説明的な理論であると同時に、国際システムからの圧力に対して、国家はどのように対応すべきかを説く規範的な理論でもある。　そもそもリアリズムにはさまざまなバージョンがあるが、説明的な

理論としてのリアリズムは、どれも国際政治のパターンや国家の行動を客観的に説明することを目指している。規範理論としてのリアリズムもバージョンを問わず、国際構造からの圧力に対する最適な選択を国家の指導者に示すものである。国際システムは国家に一定の行動をとるよう奨励する。そして特に大国は自助努力により武器を整備することで、生き残りを確実にしようとする。しかしながら、何が最適な政策であるのかについては、国際構造からは、一般的にバランシングが合理的であることしか分からない。そこで、どのリアリストも為政者への助言者として、何が適正なバランシング行動なのかを説くのである＊20。

（1）アナーキー・安全の不足・パワー

　構造的リアリストは、世界には安全が不足していると考えている。なぜならば、国際システムには安全保障という国際公共財を提供する、国家に上位する世界政府が存在しないからである。これは世界がアナーキーであることに他ならない。主権をもつ国家は、究極的には公的な保護を受けられない。国家は他国から生き残りを脅かされた場合、自国を守ってくれる世界警察など存在しないので、110番通報をして助けを求めることができない。アナーキーは国家に自分で自分の面倒をみる自力救済を強いるということである。国際政治における国家の行動原理は、自助（self-help）に他ならない。

　アナーキーにおいて国家に課せられた至上命題は、生き残るために必要なパワーを追求することである。国家というのは、誰が弱者であり強者であるのか、パワーの勢いがどちらの方向に流れているのか、そのトレンドについて敏感である＊21。すなわち、国家は自分の相対的なパワー・ポジションがどうなっているのか、台頭する国家は誰なのか、どの国家が衰退しているのか、といったことを常に気にしながら行動するものなのである。そして、あらゆる国家は相対的パワーの優位性を追求する。なぜならば、国家は強くなれば「死滅」しにくいからである。強国の地位に近づけば、その独立と主権を守ることが相対的に容易になるということである＊22。つまり、国家はより大きなパワーを獲得しようとして、他国と激しく競争するのである。

（2）安全保障のジレンマと抑止モデル

　国家同士が生存を最大化するためにパワー、とりわけ軍事力を強化し合うことは、ほとんど不可避であり、時には悲劇的な結果にさえなる。これを説明する1つのモデルが「安全保障のジレンマ」である。不確実性の高いアナーキーにおいて、国家の指導者は他国の意図を完全に把握できないので、相手国が侵略目的で武力を行使する悪意を持っていたとしても、それに対して十分に対抗できる物質的能力を持つよう強いられる*23。換言すれば、ある国家が安全保障を高めようとして軍事力を強化することは、同時に、ライバル国を劣勢に立たせることになり、その安全保障を必然的に低下させてしまうために、後者は損なわれた安全保障を回復する軍備増強に走らざるを得ないということである。その結果、最初に軍事力を強化した国家の安全保障は、相手国の対抗措置を招くことにより、皮肉にも高まらないのである*24。それどころか、この安全保障のジレンマの政治力学は、脆弱になった国家が戦争に訴えることで生き残ろうとする動機を高めると、バランス・オブ・パワーの悪化を食い止める予防攻撃の原因にもなる*25。

　ここで読者に注意していただきたいのは、安全保障のジレンマが作用する状況では、現状維持を志向する防御的な国家同士であっても敵対関係に陥り、戦争さえ引き起こすことである。後述するように、このダイナミズムは、ロシアのウクライナ侵攻を説明できる。すなわち、NATO拡大は、たとえ、その意図が防御的であったとしても、ロシアの安全を低下させた結果、同国を予防戦争へと駆り立ててしまったということである*26。しかし、このモデルは現在の中国とアメリカには当てはまらない。興隆する現状打破国家には安全保障のジレンマは適用できない。ここでは「抑止モデル」が適切な分析枠組みになる。このモデルにしたがえば、台頭国への対抗措置は、同国の予防戦争への動機を高めることにはつながらず、むしろ、その膨張行動や機会主義的な戦争を抑止することになる*27。

（3）バランシング行動

　多くのリアリストは、国家が深刻な脅威に直面した場合、バランス・オブ・パワーの理論にしたがって行動するべきであると考えている。バランス・オブ・パワーを実現するための「現実政治（realpolitik）」は、安全保障が不足している危険な世界において、国家の重要な利益、特に存立を

追求することなのである。すべてのリアリストは、国家が合理的なバランシング行動をとるか、少なくとも国際システムの構造によって、そのような行動をとるように強く動機づけられていると考えている。しかし、ブライアン・ラスバン（Brian Rathbun）によれば、リアリストが理想とする現実政治は、国家の指導者が合理的に思考できるアクターであることを前提とするものであり、それが当然であると考えるべきではない。ある国家の指導者が他の指導者よりも合理的に行動する場合もあれば、そうしない場合もある*28。

　国家は国際システムからの圧力に対して、さまざまなバランシング行動をとる。これを国内政治の要因も組み込んで説明しようとする理論が、新古典派リアリズムである。この理論は、国家が同じようなシステムからの圧力に対して、国内政治の要因に左右されながらバランシング行動をとることを明らかにしようとしている。国家のバランシング行動は、ランドール・シュウェラー（Randall L. Schweller）によれば、3つのタイプに分けることができる。第1のタイプは「適正なバランシング（appropriate balancing）」である。これは、宥和できない危険な新興国のパワーに対抗する行動であり、あらゆるリアリストが期待する合理的戦略である*29。ただし、構造的リアリストは、それが何を意味するのかを必ずしも明確に定義できていない。

　構造的リアリストにとっては、外国の勢力による国家の領土征服や政治的・軍事的支配を阻止したり抑止したりするために、国家の内部で必要な資源を動員する「内的バランシング（internal balancing）」が国家のデフォルトの行動である。なぜならば、それが最も自助に合致するからである*30。他方、国家が同盟の締結を通じて軍事力を創出・集約する「外的バランシング（external balancing）」は、「見捨てられの危険（abandonment）」や「巻き込まれの危険（entrapment）」をともなう*31。したがって、強国であれば、自助努力により対抗措置に必要なパワーの資源を投入しやすいので、こうしたリスクを避けようとする。ジョセフ・ペアレント（Joseph M. Parent）とセバスチャン・ロザート（Sebastian Rosato）の研究によれば、大国は軍備を整えることにより、ライバル国との軍事バランスで差をつけたり、縮めたりすることを目指す傾向にある*32。攻撃側がどの程度の軍事的な優位性を持っていれば、相手に対して勝利を収められるのかについては議論が分かれるが、1：1から2：1程度であれば、それは難しいと言わ

れている＊33。近代国際政治史において、安全保障をめぐり競争する大国は、概ね、このようなバランシング行動をとっている＊34。ただし、敵対国の侵略行動を抑止するには、戦争が想定される地域での戦力比率についても、この範囲内に収めるべきである。他方、外的バランシングは内的バランシングほど頻繁に行われるわけではない。なぜならば、同盟国が相互主義にもとづき助けてくれるとは限らないからである。国家は適正な内的バランシングをとれない条件下において、同盟国を信頼できる場合にのみ、それに頼るのが合理的な外的バランシングである。

　第2のタイプが「過剰バランシング」である。これは危険な軍備競争を誘発するものであり、相手国の指導者に予防戦争の動機を与えてしまうと、戦争を誘発することにもなりかねない。第3のタイプが「過少バランシング」である。これは国家が危険で宥和できない侵略者に対してバランスをとらなかったり、非効率なバランスしかとらなかったりすることである。このように新古典派リアリズムは、国家がとる最適以下（suboptimal）のバランシング行動を説明できる「錯誤（mistakes）の理論」でもある＊35。

　要約すると、「真の平和もしくは国家がパワーをめぐって競争しない世界など、国家から成るシステムがアナーキーである限り、あり得ないだろう」というのが、すべてのリアリストの議論の前提である＊36。そして、このような危険な世界において、国家がとるべき合理的行動が適正バランシングということである＊37。

第2節　「単極の瞬間」におけるアメリカのリベラル覇権主義

　冷戦の終焉とソ連の崩壊は、アメリカに国際システムにおける唯一の比類なきパワーを持った単独の大国の地位を与えることになった。近代国際政治史上、世界で初めて単極システムが誕生したのである。単極世界において、アメリカは大国間政治から解放された。アメリカをけん制できる別の大国が国際システムに存在しないという、例外的な状況が生まれたのである。これによりワシントンは自らの政治的価値を世界に広める機会を得た。単極世界は、アメリカが誰にも制約されずに、リベラル覇権主義を追求することを可能にしたのである＊38。

　単極システムにおいて、アメリカは世界の権威主義や独裁体制の国々を民主主義国へと体制変換することによる「リベラル国際秩序」の確立をめ

ざした。このリベラル覇権主義の戦略は、主に3つの柱から成り立っていた＊39。第1に、アメリカは権威主義国や独裁国を民主国に体制転換するために、それらの国々に軍事介入していった。単極期におけるアメリカの海外での軍事介入の回数は異常に多い。アメリカは建国以来、約400回も他国に軍事介入しているが、そのおよそ4分の1にあたる100回は、冷戦後の単極期に集中しているのである＊40。そして、その結果は、アフガニスタン戦争やイラク戦争に代表される、多くの犠牲を強いる不毛な戦争であった。

　第2に、アメリカは中国に対して「包括的関与（エンゲージメント）政策」を採用した。ワシントンは、中国をリベラル国際秩序に取り込むことで、北京がそれに従い現状維持行動をとるだけでなく、将来には民主的な国家に変わっていくであろうという願望を抱いていた。しかしながら、開放的な国際経済体制の恩恵を受けた中国は、その経済力を伸長させるとともに、軍事力を強化していった。その結果、中国はアメリカと対等な競争相手として台頭した。そして、力をつけた中国は、構造的リアリズムのテキスト通り、アジアでの地域覇権を目指して、アメリカのリベラル国際秩序に挑戦するようになったのである＊41。

　第3に、アメリカは軍事同盟である NATO を拡大した。その狙いの1つは、中東欧で誕生した新興の民主主義国を下支えすることであった。そもそも冷戦が終わり、ソ連が崩壊する過程において、ワシントンはモスクワに「NATO は1インチも拡大しない」と約束していた。このことについては、そのような約束は存在しないとの異論もあるが、当時のジェームズ・ベーカー国務長官がソ連の高官に対して「NATO は管轄地域、あるいは戦力が東方へと拡大することはない」と明確な保証を与えていたのは事実である。この意味では NATO を東方に拡大させないという約束は明らかに存在した＊42。にもかかわらず、アメリカが NATO を拡大したのは、それを止めるものが存在しなかったからだと説明できるであろう。そして、この同盟の拡大はロシアのウクライナに対する予防戦争の引き金になってしまった＊43。

　なぜアメリカはこうした自己破滅的な愚行を重ねたのだろうか＊44。その主な理由としては、冷戦後に世界で唯一の大国になったアメリカが、誰にも邪魔をされることなく自由にリベラル覇権主義を追求できたことにある。国際システムに複数の大国が存在すれば、ある大国がとった行動は他

の大国による対抗措置により制約されるので、好き勝手にふるまうことなどできない。ところが、単極構造では、唯一の大国が「暴走」したとしても、それを制約したり止めたりできるだけの力をもったライバル大国は存在しない。つまり、「単極の瞬間」はアメリカが誰にも邪魔をされずに、自らのイメージにそって世界を変革する絶好の機会になったのである。

　冷戦後、アメリカの対外政策を突き動かしていたのは、ジョン・ミアシャイマー（John J. Mearsheimer）によれば、アメリカ政治に深く根付いている「リベラリズム」というイデオロギーであった。リベラリズムは、個人が持つ不可侵の権利（自由権、財産権など）を重視する政治的信条である。とりわけ「進歩的なリベラリスト（progressive liberals）」は、国内の権利のみならず、世界に暮らす全ての人々の不可侵の権利を実現することに、強い使命感を持っている。

　リベラリズムの衝動に突き動かされたアメリカの政策決定者やエリートたちは、国際政治におけるナショナリズムやバランス・オブ・パワーを時代遅れの遺物だとみなして、人権を尊ぶ政治体制である自由民主主義を世界に広げようとした。東欧において「カラー革命」という「民主化の波」が独裁国を次々と民主化したことは、この一定の成果かもしれない[45]。しかしながら、民主主義への体制転換という「社会改造（social engineering）」の試みは、各国に根強く定着している民族自決を旨とするナショナリズムの激しい抵抗にあったり、アメリカに対抗するバランシング行動や予防戦争を招いたりした結果、しばしば悲惨な失敗に終わったのである[46]。

（1）民主主義を広めるための戦争

　アメリカは、民主主義と自由を世界に広げることが安全な世界を築くことになるとの前提にもとづき、権威主義国や独裁国に対して「先制主義」による戦争を次々と仕掛けて、それらの政治体制を民主主義に転換しようと試みた。2001年10月、ジョージ・W. ブッシュ政権は、9.11同時多発テロを実行したアルカイダをかくまったとされるタリバン政権を倒すためにアフガニスタンに侵攻した。これがアメリカ史上最長のアフガニスタン戦争の開始であった。アメリカ軍やイギリス軍などから構成される有志連合は、航空戦力による空爆と地上軍の投入により、アフガニスタンの首都カブールを瞬く間に制圧した。その後、アメリカは各地に分散したタリバン

を掃討するとともに、さまざまな民主化支援を続けた。

　それにもかかわらず、アメリカはタリバンを壊滅することもアフガニスタンに民主主義を根づかせることもできなかった。その最大の1つの要因がナショナリズムである。アフガニスタンの現地の人々は、アメリカによる「解放戦争」を次第に武力による占領として認識し始めた。その結果、アフガニスタンでは反米感情が急激に高まったのである。2005年の時点でアメリカ軍の撤退を望んでいたアフガニスタン人はわずか17％だった。ところが、2009年には53％に急増した。このことについて、歴史家のシュロモ・ベンアミ（Shlomo Ben-Ami）は、次の的を射た指摘をしている。すなわち、社会の一体感も政治的な多元主義の伝統もない国で民主化を推し進めるのは、相当に厳しい仕事であり、部族社会のアフガニスタンで民主国家を建設するのは、それをゼロから造ることに等しい。その作業の性質と範囲からして、いくら大国のアメリカといえども、これを成し遂げるのは無理であろうということである＊47。

　このように国家を民主主義に転換するという途方もない政治目標を掲げて始めたアフガニスタン戦争が、次第に泥沼化していくのは必然であった。そして、アフガニスタンでの対テロ戦争と民主化は、アメリカにとって大きな負担となっていった。その結果、戦争開始から20年経った2021年8月、アメリカはアフガニスタンから遂に撤退した。

　アメリカがアフガニスタンで払ったツケは甚大であった。ブラウン大学の「戦争のコスト・プロジェクト」によれば、アメリカは2001年のアフガニスタン侵攻以来、アフガニスタンと隣国のパキスタンの両方での作戦を含めると、何と2兆3130億ドル（約320兆円）を費やしたのである。くわえて人的な犠牲も大きかった。アメリカ軍の死者は約2,300人であるが、アフガニスタン民間人の死者は46,000人に達している。その他、アフガニスタンの国家建設に携わった人などの死亡も少なくない。それらを合計すると、この戦争で命を落とした人は推計で約24万人に上っている＊48。要するに、アメリカはアフガニスタン戦争でタリバンの打倒や同国の民主化に失敗したのみならず、とてつもない高い代償を払ったということである。

　アメリカはイラクを民主化することにも失敗した。2003年3月、ブッシュ政権はイラクに侵攻した。その主な目的はイラクの大量破壊兵器の製造計画を阻止すること、サダム・フセイン政権を倒して、同国を民主化することであった。「イラクの自由作戦」と名づけられたアメリカの軍事侵攻

は、首都バグダッドを迅速に制圧するとともに、サダム・フセイン大統領を拘束して同政権を崩壊させた。イラク侵攻の大義名分は、フセインが大量破壊兵器を所持しており、これが国際社会の平和と安定を脅かすというものであった。しかしながら、後にイラクは大量破壊兵器を保有していないことが明らかになった。

　なぜアメリカはイラクが大量破壊兵器を取得していると誤認したのだろうか。当時のコリン・パウエル国務長官は「サダム・フセインとその政権は、水面下でさらに多くの大量破壊兵器の製造に取り組んでいる」と断言していた。さらに彼は「イラクとアルカイダが持つテロリストのネットワークとの間には邪悪な結びつきがある」とも指摘した。CIA のジョージ・テネット長官も、パウエルの発言内容を是認していた[49]。つまり、ブッシュ政権はイラクが大量破壊兵器の製造を進めていると間違って確信していたのである。これはインテリジェンスの失敗に他ならない。ロバート・ジャーヴィス（Robert Jervis）によれば、当時のホワイトハウスの主要な閣僚たちが、こうした誤った判断をしてしまったのは、イラクの大量破壊兵器計画に関する情報の収集と解釈の仕方に対する注意が不十分であったこと、判断に至った要因についての自己認識の欠如、弱点を探ったり代替案を探ったりすることを怠ったことなどが原因だった[50]。

　アメリカが進めたイラクの民主化も上手くいかなかった。アメリカは約17万人の兵力を投入してイラクを統治しようとした。しかし、アメリカの軍事力はイラクが内戦状態に陥ることを防げなかった。イラクの内戦に終止符を打てなかったアメリカは、ついに同国の民主化から手を引く決断に至った。ブッシュ政権を継いだバラク・オバマ政権は2011年に任務が終了したとして、イラクに展開していたアメリカ軍を撤退させたのである。

　アフガニスタン戦争と同様に、アメリカはイラク戦争において、同国の民主化という政治目標を達成できなかった[51]。それだけではなく、この戦争もワシントンにとって高くついた。この戦争には1兆7000億ドル（約240兆円）もの費用がかかった。人的犠牲も大きかった。イラクの民間人、治安部隊、ジャーナリスト、人道支援活動家の死者は18万9000人に達すると推定されている[52]。イラクに侵攻したアメリカを中心とする有志連合軍の死者は、約4,800人を数えた[53]。そもそも構造的リアリストはイラク戦争に反対していた。彼らは有志の政治学者とともに「イラクとの戦争はアメリカの国益ではない」と題する意見広告を2002年9月26日付『ニューヨ

ーク・タイムズ』紙に掲載した＊54。さらにミアシャイマーとスティーブン・ウォルト（Stephen M. Walt）は、サダム・フセインのイラクは封じ込めることが可能であるのだから、イラクへの軍事侵攻は「不必要な戦争」であるとして、ワシントンに翻意を促していた＊55。こうした批判や反対が寄せられたにもかかわらず、ブッシュ政権はイラクに軍事侵攻したのである。このようにイラク戦争は、構造的リアリストからすれば、アメリカが愚策に走った末の失敗であった。

（２）中国に対する関与政策の失敗

　アメリカの中国に対する包括的関与政策も、その目的を達成できなかった。冷戦後のクリントン政権やブッシュ政権は、中国が民主化するだろうと期待して関与政策をとってきた。ワシントンは北京に最恵国待遇を与えたり、世界貿易機関（WTO: World Trade Organization）への加盟を後押ししたりすることにより、中国が「責任ある利害関係者」になり、ひいては民主国家へと歩むことになると期待した。しかしながら、アメリカの目論見は外れた。アメリカは中国を優遇することにより、自らの安全保障を脅かす巨大なライバルにしてしまったのである。これは戦略的な愚行であり、アメリカは中国の経済成長を遅らせるとともに、軍事バランスでの優位を保つ努力をすべきだったと構造的リアリストは判断している＊56。

　冷戦後のアメリカの対中政策は、何が間違っていたのだろうか。中国に対する関与政策が失敗したのは、ワシントンが、中国共産党の強靱性、機敏な能力、冷酷さを過小評価していたからである。あまりにも長い間、アメリカとその同盟国は、反対勢力を粉砕し、国力を増強し、イデオロギー的・地政学的野心を実現しようとする中国共産党の揺るぎない決意を真剣に受け止めることができなかった。このことについてアーロン・フリードバーグ（Aaron L. Friedberg）は以下のように述べている。

　　中国は、自由で協力的なパートナーになる代わりに、ますます豊かで強力な競争相手となり、国内では抑圧的になり、海外では攻撃的になってきた……アメリカの歴代政権は、中国と商業的、外交的、科学的、教育的、文化的なつながりを深める「関与」の促進を追求した……北京がアメリカの支配する冷戦後の国際システムに入ることを歓迎することで、アメリカの政策立案者は、中国の指導者が既存の秩序を維持

することに利益を見出すよう促せると期待した……最終的に、北京は、
国際的現状維持に満足する支持者になるどころか、今やあからさまな
現状打破目的を追求している……関与は失敗したのだ。なぜならば、
そのアーキテクチャーや擁護者が中国を取り違えたからだ＊57。

　単極から二極に移行する国際システムにおいて、アメリカが採用するべ
き最適な対中政策は、次節で詳しく論じるように、関与ではなく「封じ込
め（containment）」であった。構造的リアリズムが正しければ、アナーキ
ーにおいて、台頭する国家である中国は、アメリカが作り上げたリベラル
国際秩序を犠牲にしてでも、アジアに地域覇権を確立しようとすると予測
できる。こうした中国のパワーの拡大を阻止する合理的な政策こそが封じ
込め戦略なのである。封じ込めという用語は、一般的には攻撃的な印象を
人々に与えるが、これは防御的なものである。すなわち、封じ込め政策と
は、その対象となる国家が現状維持に挑戦することを阻止することに他な
らない＊58。現在のアメリカと同盟国の戦略家が直面する喫緊の任務は、
インド太平洋地域の軍事バランスにテコ入れをして、抑止を強化し、たと
え危機になっても、中国の指導者が武力行使による利得のために立ち上が
ると合理的に結論づけられる可能性を減らすということなのである＊59。
　要するに、構造的リアリストからすれば、アメリカが実行してきた対中
関与政策は、中国を強大な現状打破国に成長させることを助けてしまった
大失敗だった。これはアメリカが台頭する中国への適正なバランシング行
動を怠ったということである。言い換えれば、アメリカは中国に対してバ
ランシング行動をとるべき時に、間違って「関与」という「宥和政策」を
採用してしまったのである。この間違いを訂正して、今後、中国を正しく
扱うには、台頭する中国を封じ込める戦略をとらなければならない。

（3）NATO拡大という愚行
　単極世界において、アメリカは軍事同盟である NATO を拡大した。こ
れは構造的リアリズムが教えることに反する大国の行動である。アナーキ
ーにおける大国のデフォルト行動は内的バランシングであり、外的バラン
シングは補助的なものにすぎない。大国はその生き残りを脅かすライバル
国からの攻撃を防ぐのに必要な軍備を整えるということである。単極シス
テムにおいて、アメリカの安全保障を根底から崩す能力のある大国は存在

しない。したがって、バランス・オブ・パワー政治から解放されたアメリカには、リスク含みの同盟強化など必要ないはずであり、ましてや、それを拡大する要請を国際システムから受けていない。にもかかわらず、アメリカは NATO に中東欧諸国を次々と加盟させて、その軍事同盟を拡大したのである。これは国際システムの要請に反する過剰バランシング行動であるため、構造的リアリズムが正しければ、アメリカは懲罰を受けることになる。

　アメリカによる NATO 拡大は、単なる軍事同盟の強化ではなく、民主主義の伝播と深く関係していた。冷戦の終焉とソ連解体の過程において、権威主義国であった中東欧諸国では、社会主義・共産主義政権が次々と崩壊していった。そして、ポーランドやチェコ、ハンガリーなどの旧ソ連圏の国々には民主主義が芽生えていた。クリントン政権は、マドレーン・オルブライト国務長官を中心として、これを NATO の東方拡大により積極的に支援した。NATO の東方拡大は、中東欧における新興の民主主義国をアメリカの同盟に加えることにより、それを下支えする狙いがあった*60。

　NATO の東方拡大は数次にわたって行われた。冷戦後の最初の拡大は、1999年3月に、チェコ、ハンガリー、ポーランドが NATO に加盟したことであった。そして、2004年4月には、ルーマニア、ブルガリア、スロバキア、スロベニア、エストニア、ラトビア、リトアニアが正式に NATO に加盟した。それらの国家にとって、NATO への加盟は自国の独立と民主主義の保障につながるものであった*61。なお、NATO は、その後も拡大を続けた。2009年にはアルバニアとクロアチア、2017年にはモンテネグロ、2020年には北マケドニアが NATO に加盟した。

　この NATO 拡大はヨーロッパにおけるバランス・オブ・パワーを大きく変化させた。アメリカは NATO に中東欧の国々を加盟させることで勢力を格段に強化する一方で、ロシアは著しく相対的パワーを失ったのである。ヨーロッパにおけるパワーシフトは、経済指標である国内総生産（GDP: Gross Domestic Product）、軍事力を生み出す軍事支出と総兵力人数、国力の基盤となる人口を見れば明らかである。それぞれの指標におけるNATO とロシアの差は、GDP では約12倍、軍事費では約5倍、現役兵力では約2倍、人口では約4倍になる*62。これは、NATO 拡大がロシアを急激に衰退させたということである。もっとも、ロシアは核戦力では依然として優位性を保っていたが、「安定・不安定のパラドックス」が示唆する

ように、その第二撃能力で通常戦力による戦争までは抑止できない。したがって、たとえロシアと西側の間で相互核抑止が成立していたとしても、このような急激なパワー分布の変化は危険なのである。なぜならば、衰退する国家は、後に説明するように予防戦争の動機を強めるからである。

　NATO 拡大が危険なフェーズに入ったのは、2008年4月にブカレストで開催されたサミットで、ジョージア（グルジア）とウクライナの NATO 加盟を検討した時である。ジョージ・W. ブッシュ政権は両国の NATO 加盟を支持したが、フランスとドイツはロシアと過度に対立することを恐れて反対した。結局、アメリカとフランス、ドイツは相互に妥協して、ジョージアとウクライナの NATO 加盟に向けた正式なプロセスを開始しなかったが、両国の加盟の希望を支持する声明を発表したのである*63。

　ロシアはウクライナやジョージアの NATO 加盟もしくは西側の軍事拠点化を「レッドライン」とみなしていた。とりわけ、アメリカの同盟国とロシアの間に巨大な「緩衝国」として存在するウクライナは、モスクワにとって絶対に譲れない一線であった。ロシアにとって、ウクライナの戦略的重要性は、国土の広さから言っても、バルト三国とは比較にならない。プーチン政権は、アメリカやその同盟国がウクライナを自らの影響圏に組み込むことは、ロシアの安全保障を決定的に脅かすので、見過ごすことはできないと考えていた。

　このロシアのシグナルは、アメリカやイギリスに届いていた。イギリスの元駐露大使のロデリック・レイン（Sir Roderic Lyne）は、「西側がNATO をウクライナに押し込むのを試みることは、いかなる戦略的意味もなかった。何の利益もなく甚大な不利益である。ロシアと戦争を始めたければ、それは最良の方法だ」と最大限の警告を発していた*64。アメリカの駐露大使だったウィリアム・バーンス（William Burns）も「ウクライナの NATO 加盟はプーチンだけでなくロシアのエリートにとって最も明白なレッドラインである」として*65、2008年にコンドリーザ・ライス国務長官に送った機密文書で、NATO がロシア国境まで拡大することは、戦争の可能性を高めると以下のように注意を促した。

　　ウクライナとジョージアの NATO への熱望は、ロシアの神経を逆なでするだけでなく、この地域の安定への影響について深刻な懸念を引き起こしている。ロシアは、自国への包囲網や、この地域におけるロ

シアの影響力を弱めようとする動きを察知しているだけでなく、ロシアの安全保障上の利益に深刻な影響を及ぼすような、予測不能で制御不能な結果を恐れている。専門家によれば、ロシアは特に、NATO加盟をめぐるウクライナの強い分裂を懸念しており、民族的なロシア系住民の多くが加盟に反対している*66。

　NATO の拡大が不用意にロシアを刺激するので危険であると忠告したのは、レインやバーンズだけではない。少なからぬアメリカの外交官、将軍、政治家、学者たちは、NATO をロシアの国境まで拡大し、ロシアの勢力圏に干渉することの危険性を指摘していた。こうした人物は、元政府高官のウィリアム・ペリー（William Perry）や元外交官ジョージ・ケナン（George Kennan）、ジャック・マトロック（Jack Matlock）、ヘンリー・キッシンジャー（Henry Kissinger）たちであった*67。さらに、1997年にはアメリカの外交政策の専門家 50 人がビル・クリントン大統領に公開書簡を送り、NATO を拡大しないよう進言した*68。特筆すべきは、防御的リアリストのチャールズ・グレーザー（Charles L. Glaser）が、1990年代後半に発表した論文「安全保障のジレンマ再訪」において、「NATO 拡大をめぐる議論では、中欧の拡張は NATO の軍事力を高めることになるが、同時にロシアの不安感を高め、その結果、ロシアの周辺国への侵攻がより起こりやすくなる」と正確に予測していたことであろう*69。それにもかかわらず、クリントン政権とブッシュ政権はこれらの警告を無視することを選んだ。これを愚策といわずして、何といえばよいであろうか。

　これだけの優越的パワーを持つ NATO が東方に拡大してロシア国境にじわじわと迫ってきたら、いくら冷酷な独裁者プーチンといえど、不安を感じても不思議ではない。実際に、プーチンは、かなり前から NATO の東方への拡大を脅威とみなしていた。2007年のミュンヘン安全保障会議で、彼は「NATO の拡大が『相互信頼のレベルを低下させる深刻な挑発行為』である」と痛烈に訴えた。ロシアのドミトリー・ロゴジン（Dmitry Rogozin）駐 NATO 大使も「グルジアを NATO に押し込もうとする試みは、流血につながりかねない挑発行為だ」と反発していた*70。これらは、ロシアのエリートたちが、NATO 拡大をロシア周辺へのアメリカ軍配備を進めるための手段であると考える傾向を示すものであった。ロシアの不満は、ロシアが南オセチアの分離独立派を支援するためにジョージアに侵攻

した際に、より明確になった。侵攻の当面の目的は、南オセチアのジョージアへの再編入を武力で阻止することだったが、ロシアの戦略目的は、「NATO の東方拡大に対するロシアの拒否権について西側に教訓を与えること」であった*71。

　ウクライナがアメリカの同盟に組み込まれることも、ロシアにとっては、戦争をしても防がなければならない「レッドライン」であった。国務省の高官だったアンジェラ・ステント（Angela Stent）によれば、プーチンはロシアの政権を掌握して以来、「ウクライナを含む近隣諸国はロシアの勢力圏」であることをアメリカやヨーロッパ諸国に認めさせようとしてきた。「ロシアという国家の安全保障を支えるのも、危うくするのも、その鍵を握るのはウクライナだ」とプーチンはみていたということである*72。ところが、アメリカはロシアが設定したレッドラインを踏み越えてしまった。アメリカはロシアの警告に反して、ウクライナとの戦略的、軍事的な関係を強化したのである。とりわけ、2021年9月に発表された「アメリカ・ウクライナ戦略的パートナーシップ」は*73、ウクライナを事実上、アメリカ主導の軍事同盟に組み入れるも同然の動きであった。

　これはロシアにとって黙認できない、アメリカによる過剰バランシング行動であった。アメリカや NATO 諸国がウクライナを「事実上の」NATO のメンバーにすれば、ロシアの侵攻を誘発しかねないことは既に指摘されていた。マイケル・キメージ（Michael C. Kimmage）とマイケル・コフマン（Michael Kofman）は、ウクライナ危機について以下のように的確に分析していた。

　　ウクライナは、米英などの NATO メンバーとのパートナーシップを拡大している。アメリカは殺傷兵器を含む軍事支援をキエフに提供し、NATO はウクライナ軍の訓練を助けている……これまでウクライナの NATO 加盟をレッドラインとみなしてきたモスクワは、いまや欧米とウクライナの防衛協力を看過できないとみなし始めている……2021年10月、プーチンは……「ウクライナの軍事的整備がすでに進められており」、これが「ロシアにとって大きな脅威を作り出している」と述べている。これは空虚な発言には思えない。ロシアの指導者たちは外交的解決の先行きはみえず、「ウクライナはアメリカの安全保障軌道に組み込まれつつある」とみている。このため、戦争は避けられ

ないと考えているかもしれない＊74。

　このような予測は不幸にも当たってしまった。2022年2月、ロシアはウ
クライナに対して全面的な軍事侵攻を開始したのである。これは典型的な
「予防戦争」であった。NATO がウクライナに近づくことは、ロシアに
とって、国境付近に強力な外国の軍隊が展開される前触れであることを意
味する。ウクライナが NATO に近づくと、ロシアの安全保障は低下する
とともに、モスクワはより不安になるということである。プーチン大統領
は、この戦略的苦境から逃れるために、ジュネーブでのバイデン大統領と
の2021年6月の首脳会談において、ウクライナを NATO に加盟させない約
束を求めたが拒否された。バイデンは、「2年前、私が初めてプーチンと
ジュネーブで会談（2021年6月）したとき、プーチンは NATO にウクライ
ナを参加させないことを約束してほしいと言った。それは門戸開放政策だ
から、そんなことはしないと私は言った」と証言している＊75。
　そこでプーチンは強制外交に訴えた＊76。2021年秋になると、ロシアは
ウクライナ国境沿いに部隊を展開して、再度、アメリカにウクライナの
NATO 非加盟を約束するよう迫ったのである。しかしながら、これもワ
シントンやブリュッセルから拒否された。ロシアに残された選択肢は、振
り上げた拳を収めるか、それをふるうかのどちらかになった。プーチンが
選んだのは後者の戦争であった＊77。このようなアメリカとロシアのスパ
イラルが上昇して戦争にいたるプロセスについて、ウォルトは、「ウクラ
イナが急速に西欧圏に滑り込んでいく恐怖は、ロシアの不安を高めて、プ
ーチンを不法で高くつく、今や長引く予防戦争へと導いた……モスクワに
安心供与をせずにそうすることは、戦争の可能性を高めてしまったのだ」
と説明している＊78。
　要するに、ロシアはウクライナが正式に NATO の同盟国になることを
阻止するために、戦争に訴えたということである。構造的リアリストから
すれば、ウクライナをめぐるアメリカとロシア関係は、典型的な「安全保
障のジレンマ」であった。こうした状況下では、相対的パワーを低下させ
ているロシアは、時間が経てば、戦略的に著しく不利になると恐れる。欧
米のウクライナへの軍事支援が、たとえ防御的なものであったとしても、
ロシアの指導者はアナーキーにおいて、彼らの意図を確実に知ることがで
きないため、それを攻撃的なものとみなしてしまうのである＊79。

　プーチンは NATO が拡大すればするほど、ロシアの生き残りが危うくなっていくと認識した。そしてウクライナはロシアにとって、西側には譲れない最後の国家であった。ロシアによる予防戦争は、その安全保障にとって死活的に重要な「緩衝国」をアメリカに渡さないことだったと説明できるのである。そして、この戦争はアメリカがロシアに過剰バランシングすることに拍車をかける一方で、中国に対する過少バランシングを招くことになった。すなわち、アメリカはロシアの侵略を撃退するためにウクライナへの大量の軍事支援を実施することにより、アジアへの軸足移動を遅らせている。

第3節　二極システムの到来とインド太平洋における米中関係

　国際システムが単極から米中の二極構造に移行している現在において、アメリカはどのような戦略をとればよいのだろうか。それはアメリカがリベラル覇権国として振る舞うことからキッパリと決別して、構造的リアリズムにもとづく「抑制戦略（restraint strategy）」をとり、台頭する中国を封じ込めることに集中することである。ここで推奨される抑制的な戦略は、アメリカをかつての「孤立主義」に回帰させるものではない。アメリカは、大事な国益がかかわる地域で覇権国が台頭しないよう注意しながら、バランス・オブ・パワー原理にもとづき行動すればよいということである。この点について、ミアシャイマーは以下のように指摘している。

　　アメリカにとって西半球以外では、今日において、3つの地域が死活的な戦略的重要性をもつ。すなわち、他の大国が位置するヨーロッパと東アジアだ。ペルシャ湾岸地域もそうだ。なぜなら、そこは例外的に重要な資源である石油の主要な源泉だからだ。このことは、アメリカはアフリカや中央アジア、ペルシャ湾岸外の中東地域で、戦争に従事すべきではないという意味である＊80。

　国際システムの構造変化は、アメリカにとって、これらの3つの重要な地域の優先順位を示唆している。最優先すべきは東アジアである。なぜならば、中国が対等な競争相手として台頭しているからである。ヨーロッパは次に優先すべき地域に過ぎない。ロシアは世界第一位の核武装国である

が、この地域ではアメリカが NATO という強力すぎる同盟ネットワークを形成している。これは過剰バランシング状態を意味する＊81。アメリカにとって中東地域は、最後に対応すべきところである。ここでイランが核兵器の開発をすすめていることは懸念材料であるが、地域覇権を実現できそうな敵対勢力は存在しないからである。

それにもかかわらず、アメリカはアジアへの軸足移動に失敗している。これは、アメリカのパワーがグローバルで普遍的だとするワシントンの継続的な信念に根本的な原因がある。ワシントンの「ブロブ」は、単極時代に追求したリベラル覇権主義の幻想を引きずっているのであろう。この信念を断ち切るのは容易ではないかもしれない。なぜならば、政策決定者は自らの信念に反する情報を拒否したり否定したりする認知バイアスから逃れられないからである＊82。したがって、ワシントンが国際システムの要請に従わないのは、心理的には無理もない。しかしながら、国際システムが奨励する行動をとらない国家は懲罰を受ける。これはアメリカも例外ではない。アメリカの意思決定者がその戦略的優先順位を本当に求めるのなら、国家の利益と義務の明確な階層が必要である＊83。つまり、アメリカはアジア・リバランスを実行するべきだということである。

（１）ウクライナ支援と中国の封じ込めのトレードオフ

到来する米中の二極システムは、アメリカが中国に対して適正なバランシング行動をとるよう奨励している。二極システムにおいて、アメリカの安全保障を脅かすのは、対等な競争相手国となりつつある中国である。中国は軍事力でアメリカに迫っている。購買力平価で換算すると、北京の軍事予算はアメリカの87％になると報告されている＊84。中国の GDP はアメリカの約7割である。これは冷戦期においてソ連が最も経済力を高めていた時のアメリカとの比率を上回っている＊85。つまり、国際システムはアメリカの単極から急速に米中の二極体制へと変わっているのである。

バランス・オブ・パワーのロジックは、最も強力なライバルである中国が、新しく地域覇権を打ち立てるのを阻止するようアメリカに求めている。ミアシャイマーは、中国を封じ込める戦略の有用性を以下のように指摘している。「台頭する中国を扱う最適な戦略は封じ込めだ。これは北京が軍事力を使ってアジアで領土を征服したり、より普遍的には影響力を拡大したりするのを防ぐことにアメリカが集中することを要請する。この目的に

向かって、アメリカの政策立案者は、出来る限り多くの中国の隣国に対抗連合を形成するよう求めることになるだろう……封じ込めは本質的に防御戦略である。なぜならば、それは中国と戦争を始めることを要請していないからだ。実際、封じ込めは台頭する中国との戦争に代替するものなのである」＊86。要するに、これは中国の膨張を阻止することで、インド太平洋地域の平和と安定を維持するための受け身の戦略なのである。

　残念ながら、現在のアメリカは中国を封じ込めることに十分な戦略的資源を投入していない。ワシントンはロシアに過剰バランシング行動をとることで、中国に過少バランシングをしている。第1に、アメリカがウクライナをめぐりロシアと「代理戦争」を行うのは、バランス・オブ・パワーの原則に反する。アメリカにとっての最大の脅威は衰退するロシアではなく、台頭する中国である。アメリカは本来ならばロシアを味方につけて、中国をけん制しなければならない。しかしながら、アメリカは、ロシア研究の泰斗であるスティーブン・コーエン（Stephen F. Cohen）が言う「ロシア恐怖症（Russophobia）」に苛まれて、中国よりはるかに格下のロシアを弱体化することに熱心である。このことをミアシャイマーは、以下のように批判している。

　　ウクライナ戦争は、中国を封じ込めようとするアメリカの努力を妨げている。中国は対等な競争相手であり、ロシアはそうではない。これはアメリカの安全保障にとって最も重要なことである。実際、バランス・オブ・パワーの論理によれば、アメリカはロシアと同盟を組んで中国に対抗し、東アジアに全力を傾けるべきである。その代わりに、ウクライナでの戦争は北京とモスクワを接近させ、中国にはロシアが敗北しないようにする強力なインセンティブを与え、アメリカは欧州に縛られたままで、東アジアに軸足を移す努力を妨げている＊87。

　つまり、台頭する中国に対抗するための資源をロシアとの代理戦争に投入することは、構造的リアリストからすれば、戦略の論理に反することなのである。

　インド太平洋地域において、アメリカがとるべき封じ込め戦略は、反中国連合を組み、中国の地域覇権を防ぐことである。そのために必要なことは、アメリカがインド太平洋地域に戦力を前方展開するバランシング行動

である。このアメリカの軍事力による「防波堤」は、中国が外に向かって膨張することを止める役割をする。このことについて、ウォルトは次のように説明している。「アメリカはアジアで大規模な軍事プレゼンスを維持し、現在のアジアにある同盟国と引き続き安全保障面での相互関係を継続しなければならない……中国が大発展して東アジアで覇権的な位置を狙い始めた際に、アジアでのプレゼンスはアメリカが中国を封じ込めるための『足場』になる……アメリカは……他国により（アジアを）支配されるのを防げばよい」*88。このように封じ込め戦略の核心は、あくまでも中国の現状打破行動による地域覇権の成立を拒否することにほかならない。

　封じ込め戦略が実効性を持つためには、中国がアジアでの領土征服の既成事実化を防ぐものでなければならない。その際、アメリカは中国の内政に干渉して、共産党政権の転覆や民主化を目指す必要はない。この点こそが、封じ込め戦略をリベラル覇権主義と区別する重要なところである。封じ込め戦略の本質は、中国が既成事実化を積み重ねることにより、地域覇権を打ち立てて、アメリカの安全保障を脅かすことがないようにすることにある。エルブリッジ・コルビー（Elbridge Colby）の見立てによれば、中国が台湾を併合すれば、次にフィリピンを支配下に入れるのが容易になり、日本を孤立させることもできる。そうなると中国は一気に西太平洋に勢力を拡大してアメリカの安全保障を脅かすことになるので、その踏み台となる台湾侵攻を阻止しなければならない。そのためにアメリカと日本、オーストラリア等は、台湾防衛へのコミットメントを明確に発信するとともに、アメリカは台湾の拒否的抑止力を武器供与などにより強化すべきだろう。こうした拒否戦略は、中国に台湾侵攻が高くつくと悟らせることになり、したがって戦争を思いとどまらせると期待できる*89。

（2）封じ込めとしての拒否戦略

　中国を封じ込める拒否戦略とは、アメリカとヨーロッパ同盟国間の安全保障分業に立脚したものである。すなわち、アメリカは中国、NATO 同盟国はロシアに、それぞれ対処するということである。アメリカが拒否戦略に投入できる資源は限られている。二極システムにおけるアメリカには、世界の警察官を務めるほどの国力はない。このことはワシントンに戦略の優先順位を要求することになる。「アメリカは世界中のあらゆる潜在的紛争に対処できないし、同時には確実に無理である。アメリカはアジアとり

わけ中国の覇権阻止と台湾の防衛に集中すべきで、ロシアからの脅威へは、欧州が自らの防衛を強化できるようにすべきであり、ここで中心的役割を果たすのはドイツになる」というのが、コルビーの答えである*90。現在、アメリカはウクライナをめぐりロシアと代理戦争に従事している。しかしながら、アメリカの存立を脅かす強力な国家は、ロシアではなく中国である。したがって、拒否戦略は中国を封じ込めるものでなければならない。

　拒否的な抑止戦略の問題は、コストがかさむことである。第1に、中国が国外、特に台湾への侵攻に走ることを防ぐには、戦争で勝利するには犠牲が大きくて割に合わないと北京に明確に納得させるだけの大規模な通常戦力を、アメリカや日本といった同盟国は展開しなければならない。台湾をめぐる紛争では、中国はおそらく、数日の内に台湾占領の既成事実を作ろうとするだろう。これを阻止するには、アメリカは抑止を強化して、台湾征服を成功させる能力への北京の自信を掘り崩す必要がある。しかしながら、ミッシェル・フロノイ（Michèle Flournoy）とマイケル・ブラウン（Michael Brown）が指摘するように、「台湾防衛のための時間は切れ始めている」*91。こういった危機感は、ワシントンでもある程度は共有されつつある。アメリカ軍のトップであるマーク・ミリー統合参謀本部議長は、アメリカとその同盟国は今後数年間で台湾への武器供与を加速させる必要があり、台湾には防空システムや陸上から艦船を攻撃できる兵器が必要だと指摘するとともに、「台湾の軍隊とその防衛能力を向上させることが重要だ」と語っている*92。

　中国の想定される台湾侵攻を拒否戦略により抑止するためには、アメリカの同盟国である日本の果たす役割は大きい。コルビーは、そのために日本は GDP 比で3％の防衛費を支出して軍備を強化する必要があると主張している*93。実際に、我が国の戦力不足は深刻である。ある自衛隊幹部は「南西諸島で有事があれば（現有戦力では）数日も持たない」と明言している*94。中国を封じ込める拒否戦略には、アメリカの同盟国である日本は相当な覚悟をもって協力しなければならない。そうしなければ、拒否戦略を有効に機能させることはできないであろう。

（3）「全能の幻想」としての二重封じ込め戦略

　アメリカにとって、中国は対等な競争相手として台頭するライバルであると同時に、ロシアもヨーロッパの平和と安全を脅かしかねない。アメリ

カは、これら二つの国家を同時に封じ込めることはできないのであろうか。構造的リアリストの答えは「ノー」である。なぜならば、二極システムは、アメリカの行動に制約と拘束を与えるからである。アメリカが中国とロシアの両国に対して同時に適正なバランシング行動をとれるというのは、永井陽之助が言う「全能の幻想」であろう＊95。

　確かに、アメリカの軍事費は購買力平価換算において、中国とロシアの国防支出額を合わせたのとほぼ同額である＊96。しかしながら、軍事力をスペース比で計算すると、アメリカは台湾に対する中国の侵攻を十分に抑止できるだけの軍事力をアジアで必ずしも展開できていない。中国が継続的に高い水準で国防費を増加させる一方、2022年度の台湾の国防費は約3,676億台湾ドルと約20年間でほぼ横ばいである。同年度の中国の公表国防費は約1兆4,504億元であり、台湾中央銀行が発表した為替レートで米ドル換算して比較した場合、台湾の約17倍となっている＊97。この両岸関係における著しい軍事的不均衡を是正するために、アメリカは台湾関係法にもとづき軍事支援を行っているが、ウクライナへの武器供与のあおりを受けて、台湾への軍事支援は遅れ気味である＊98。たとえば2023年5月にアメリカから台湾に到着したスティンガーミサイルは、ロシア・ウクライナ戦争とCOVID-19パンデミックに関連したサプライチェーンの問題により、納入が遅れている。台湾の防衛アナリストである舒孝煌によれば、台湾の防空はアメリカ製のパトリオットと国産のミサイルで構成されているが、低空飛行する航空機等に有効なスティンガーといった兵器は不足しており、アメリカ軍の在庫状況からすると、今後、その不足分を埋めるのは、相当に厳しいということである＊99。

　台湾軍や在日米軍、自衛隊を合わせても、中国人民解放軍に対して劣勢なのは明らかであろう。台湾をめぐるアメリカと中国の軍事バランスを正確に測定することは難しいが、台湾有事に投入できる航空戦力や海軍艦艇などのプラットフォームは、中国がアメリカや台湾、日本に対して急速に優勢になっている＊100。ただし、中国は人民解放軍の全部隊を台湾侵攻に投入できない。15カ国近くの国家と国境を接している大陸国家である中国は、国境の防衛にかなりの戦力を展開しなければならないからである。それを差し引いたとしても、中国は台湾有事に対して着実に優位性を持つ方向に進んでいる。戦略問題国際研究所（CSIS: Center for Strategic and International Studies）が、2023年1月に行った台湾有事のシミュレーショ

ンでは、ほとんどのシナリオで、アメリカ・台湾・日本は、中国による通常の水陸両用侵攻を破り、台湾の自治を維持することができた。しかし、この防衛にはかなりの損失を払っている。この結果を受けて、同研究所の報告書は、アメリカが直ちに台湾への中国の侵攻を抑止する対策を強化するべきだと提言している＊101。

　戦略家として名高いハル・ブランズ（Hal Blands）と気鋭の政治学者のマイケル・ベックリー（Michael Beckley）は、リアリストとは異なる中国観にもとづき、構造的リアリストと同じような封じ込め戦略を提唱している。中国のパワーは今がピークであり、今後は人口動態の変化などにより衰退していく。たそがれの大国は「予防戦争」の動機を高めるので、この10年くらいが「危険」であり、アメリカと同盟国は、巧みな戦略で中国が台湾に対して戦争を始めるのを阻止するべきだということである＊102。その目的のために、アメリカと日本といった民主主義国は結束して、中国の台湾侵攻を阻止しなければならない。また、彼らは、世界の民主主義勢力の結束が長期的に続けば、中国は最終的に瓦解して屈することに期待している。これが彼らの言う「危険地帯戦略」である＊103。

　危険地帯戦略が封じ込め戦略と決定的に違うのは、アジア方面で中国、ヨーロッパ方面でロシアを二重に封じ込めることを提言している点である。こうした結論は、ブランズの対ソ封じ込め戦略の成功を分析した研究成果とベックリーのアメリカのパワーの特異性を明らかにしたユニークな考察のハイブリッドといえる。ブランズは冷戦期におけるアメリカの歴代政権の戦略を評価した著書『大戦略の何が良いのか』で、トルーマン政権が始めた封じ込め戦略とレーガン政権の対ソ強硬戦略を高く評価していた。ベックリーは前著『無敵』において、アメリカのパワーが他国に対して独自の優位性を持っているので、それは今後も継続すると分析していた＊104。つまり、彼らは、アメリカが中国とロシアを同時に相手にするだけのパワーをいまだに保持しているので、二重封じ込めは可能であると判断しているのである。

　しかしながら、ロシアと中国の二重封じ込めは、アメリカのパワーを過大評価する過ちを冒している。現在のアメリカにはロシアと中国と同時に戦う二正面作戦の能力がない。アメリカ軍の弾薬不足は、このことを裏づけている。マーク・カンシアン（Mark F. Cancian）は、「アメリカは何種類もの弾薬や兵器システムをウクライナに数多く提供してきた。ほとんど

のケースでは、アメリカの貯蔵と生産能力からすれば、ウクライナに供与された量は相対的に少ない。しかし、いくつかの兵器の在庫は戦争計画や訓練に必要な最小限レベルに達している」と警鐘を鳴らしている＊105。このような補給能力の弱体化が続けば、アメリカは自軍の継戦能力を著しく損う結果、ロシアよりはるかに強大な中国を封じ込めることが困難になるであろう。他方、ロシアの脅威には西欧諸国だけでも十分に対処できる。ロシアの軍事予算は、アメリカを除く NATO の5分の1にすぎない＊106。これは NATO のヨーロッパ加盟国だけでも、ロシアに対して過剰バランシング状態であることを意味する。到来する二極世界において、ロシア恐怖症とリベラル覇権主義の妄想は捨てられるべきである。

　まとめると、二極構造に移行する世界において、アメリカは選択の余地なく中国に対するバランシング行動をとるようになるのみならず、そうすべきである。アメリカは中国がアジアで地域的覇権国になるのを阻止しなくてはならない。中国は地球上でアメリカのパワーに挑戦できる唯一の競争相手国である。その勢力拡大を封じ込めることこそが、アメリカの安全保障のための合理的戦略である＊107。

おわりに

　国際システムは、冷戦後の「単極の瞬間」から米中の二極体制に変わりつつある。こうした構造の変化は、アメリカに一定の行動を推奨している。すなわち、相対的に衰退するアメリカは、台頭する中国に適正なバランシング行動をとるべきなのである。このための合理的な戦略こそが、中国に対する封じ込めである。これを怠るとアメリカは懲罰を受けるであろう。

　冷戦後のアメリカは国際構造からの圧力に対して適正に行動してこなかった。単極世界において、アメリカは唯一の大国になったので、むやみにパワーを拡大する必要がなかった。なぜならば、アメリカと対等に渡り合えるライバル大国が不在だったからである。にもかかわらず、アメリカは自らのリベラル・イデオロギーに合致するように世界を変革しようと、無謀なリベラル覇権主義にまい進した。アフガニスタン戦争やイラク戦争では民主主義の輸出に失敗して国力を浪費した。中国はリベラル国家へと変わることはなく、逆に、アメリカの安全保障を脅かす手ごわい対等な競争相手国になった。民主主義の拡大を支えるはずだった NATO の東方拡大

は、ロシアの生存を脅かした結果、プーチンにウクライナ侵攻を決断させることになった。つまり、アメリカはバランス・オブ・パワーの論理に反してリベラル覇権主義に走ってしまったために、莫大なコストを払うことになったのである。

　構造的リアリストからすれば、現在のアメリカも国際システムからの圧力に対して最適に応じているとはいえない。アメリカのウクライナ支援は「過剰バランシング」であり、「ロシア恐怖症」という脅威認識のインフレ、独裁者プーチンの好戦的イメージ、アメリカ社会からの支持、バイデン・チームによる軍事資源の動員といった国内要因に促されている。これが中国への「過少バランシング」という負の結果を導いている。アメリカが、このような最適以下の選択を続けてしまうと、その国益を大きく損なうことになるであろう。ワシントンはさまざまなリアリストの忠告を無視し続けたことにより、冷戦後、高い代償を払い続けたことを今こそ思い出すべきである。アメリカが現在やるべきことは、インド太平洋地域では日本などの同盟国と協力して、中国に対する封じ込め政策を強化するとともに、ロシア・ウクライナ戦争への対応をヨーロッパ同盟国に任せることである。これこそがアメリカと同盟国にとって最適の戦略である。

＊草稿を読んでコメントをくださった宮下明聡氏、川﨑剛氏、落合浩太郎氏に、この場を借りて謝意を表したい。言うまでもなく、すべての文責は筆者にある。

註
1　John J. Mearsheimer, "Structural Realism," in Tim Dunne, Milja Kurki, and Steve Smith, eds., *International Relations Theory: Discipline and Diversity* (Oxford: Oxford University Press, 2016), pp. 51-88.
2　Yan Xuetong, "The Age of Uneasy Peace: Chinese Power in a Divided World," *Foreign Affairs*, Vol. 98, No. 1 (January/February, 2019), pp. 40-46; Øystein Tunsjø, *The Return of Bipolarity in World Politics: China, the United States, and Geostructural Realism* (New York: Columbia University Press, 2018). スティーブン・ブルックスとウィリアム・ウォールフォースは、パワーを構成する技術要因を考慮すれば、アメリカは中国を大きく引き離しているので、世界は二極化していないと主張する。Stephen G. Brooks and William C. Wohlforth, "The Myth of Multipolarity: American Power's Staying Power," *Foreign*

Affairs, Vol. 102, No. 3 (May/June 2023). しかし、技術力が経済力や軍事力と同等のパワー指標として成立するかどうかは、必ずしも十分に実証されていない。

3 John J. Mearsheimer, *The Tragedy of Great Power Politics*, Updated Edition (New York: W. W. Norton, 2014), pp. 140-143. 奥山真司訳『大国政治の悲劇』五月書房、2007年、189〜194頁。

4 台頭国の衰退国に対する戦略の研究は進んでいる。ジョシュア・シフリンソンは、これを「収奪理論(predation theory)」として定式化した。彼によれば、台頭する中国は、依然として強力な軍事力を持つ衰退するアメリカに強硬な「格下げ戦略」を取ってしまうと、かえって高くつく反発を招いてしまうことを恐れて、漸進的な「弱体化戦略」で臨むと予測される。他方、アメリカは衰退しているが戦略的価値の高い日本に対して「強化戦略」をとり、中国に対抗しようとする。ただし、こうしたパワー闘争が、戦争へと発展するのかどうかについて、シフリンソンは明言していない。Joshua R. Itzkowitz Shifrinson, *Rising Titans, Falling Giants: How Great Powers Exploit Power Shifts* (Ithaca: Cornell University Press, 2018).

5 Robert Gilpin, *War and Change in World Politics* (New York: Cambridge University Press, 1981). 納家政嗣監訳・徳川家広訳『覇権国の交代——戦争と変動の国際政治学』勁草書房、2022年。他方、台頭国は既存の秩序から利益を獲得する一方で、衰退国は縮小戦略をとる結果、パワー移行期でも危険は少ないとも言われ始めている。Paul K. MacDonald and Joseph M. Parent, *Twilight of the Titans: Great Power Decline and Retrenchment* (Ithaca: Cornell University Press, 2018). ただし、この研究の分析枠組みであるパワーを GDP で測定することの妥当性は問われるだろう。

6 トゥーキュディデース、久保正彰訳『戦史（上）（下）』岩波書店、1967年。

7 Graham Allison, *Destined for War: Can America and China Escape Thucydides's Trap?* (New York: Houghton Mifflin Harcourt, 2017). 藤原朝子訳『米中戦争前夜——新旧大国を衝突させる歴史の法則と回避のシナリオ』ダイヤモンド社、2017年。

8 野口和彦「パワー・トランジッション理論と米中関係」『国際安全保障』第39巻第4号（2012年3月）7〜20頁。

9 Robert Jervis, *The Meaning of Nuclear Revolution* (Ithaca: Cornell University Press, 1989). 核革命論とは、核兵器がそれを保有する国家間の政治力学を劇的に変革したという推論である。相手に耐え難い損害を与えられる核の第二撃能力を持った国家間の関係は安定する。なぜならば、核武装国は、これにより相手からの全面戦争を核兵器の報復能力により未然に防ぐことができるからであ

る。核戦争から見込める利益はほとんどないにもかかわらず、そのコストは格段に高い。そのため、核武装国は核戦争につながりかねない危険で冒険的な行動を抑制するのみならず、危機の際にも限界までバーゲニングをしようとはせずに、それを収束させるよう行動するということである。その結果、第二撃能力を保有する核武装国間では平和が維持される。

　同じような主張をする研究者は少なくない。代表的な政治学者としては、ケネス・ウォルツやマイケル・マンデルバウムがいる。Kenneth N. Waltz and Scott D. Sagan, *The Spread of Nuclear Weapons* (New York: W. W. Norton, 2003), pp. 4-9. 斎藤剛訳『核兵器の拡散──終わりなき論争』勁草書房、2017年、2〜12頁。Michael Mandelbaum, *The Nuclear Revolution* (New York: Cambridge University Press, 1981). その後、核革命論の是非をめぐっては、研究者の間で活発に議論されている。筆者は核革命論をキューバ危機や中国の核政策などの事例で検証した結果、少なくとも、そのコア仮説は妥当であるとの結論に至っている。野口和彦「核革命と軍拡競争──中国の核戦力の事例による検証」『群馬県立女子大学紀要』第43号（2022年2月）179〜192頁；「国際システムを安定させるものは何か──核革命論と二極安定論の競合」『国際政治』第203号（2021年3月）80〜93頁。

10 Glenn H. Snyder, "The Balance of Power and the Balance of Terror," in Paul Seabury, ed., *The Balance of Power* (Scranton: Chandler, 1965), pp. 185-201. この分析枠組みは、核武装国間の戦争の説明に使われている、たとえば、これを1999年における印パ間のカーギル戦争の分析に使ったのが次の論文である。Michael D. Cohen, "How Nuclear South Asia is Like Cold War Europe: The Stability-Instability Paradox Revisited," *The Nonproliferation Review*, Vol. 20, No. 3 (2013), pp. 433-451.

11 既成事実化とは、ダン・アルトマンによれば、「敵の犠牲の下で限定された一方的利益を相手に押し付けるもので、敵が報復をエスカレートせず折れることを選んだ時に、その利益でもって逃げ切る試み」である。1918年から2016年まで、112件の領土掌握は既成事実化によるものであり、現代における国家の勢力拡大の常套手段になっている。Dan Altman, "By Fait Accompli, Not Coercion: How States Wrest Territory from Their Adversaries," *International Studies Quarterly*, Vol. 61, No. 4 (December 2017), pp. 881-891.

12 Joshua D. Kertzer, *Resolve in International Politics* (Princeton: Princeton University Press, 2016), p. 152.

13 Hal Brands, *What Good Is Grand Strategy? Power and Purpose in American Statecraft from Harry S. Truman to George W. Bush* (Ithaca: Cornell University Press, 2014); Bruce Bueno de Mesquita, "The End of the Cold War:

Predicting an Emergent Property," *Journal of Conflict Resolution*, Vol. 42, No. 2 (April 1998), pp. 131-155.

14 Charles Krauthammer, "The Unipolar Moment," *Foreign Affairs*, Vol. 70, No.1 (1990/91), pp. 23-33.

15 Stephen G. Brooks, John G. Ikenberry, and William C. Wohlforth, "Don't Come Home, America: The Case against Retrenchment," *International Security*, Vol. 37, No. 1 (Winter 2012/13), pp. 7-51.

16 John J Mearsheimer, *The Great Delusion: Liberal Dreams and International Realities* (New Haven: Yale University Press, 2018).

17 Stephen M. Walt, *The Hell of Good Intentions: America's Foreign Policy Elite and the Decline of U.S. Primacy* (New York: Farrar, Straus and Giroux, 2018). 「ブロブ」という用語は、オバマ大統領の外交顧問だったベン・ローズのエッセイに起源がある。彼は「ブロブ」には、ヒラリー・クリントンやロバート・ゲイツをはじめとする民主党・共和党のイラク戦争推進者が含まれており、これらの人物は、ヨーロッパや中東におけるアメリカの安全保障秩序の崩壊について絶え間なく不平を漏らしていると言う。Daniel W. Drezner, "The Blob Abides: When a Term Obfuscates More Than it Enlightens," *Washington Post*, 7 May 2020. この用語は概してリアリストや保守派が、ワシントンの政策決定者を批判する際に使う傾向がある。たとえば、ダグ・バンドウは、「ブロブ」がアメリカの国益に反してウクライナを軍事支援することで、その安全保障を危険にさらしていると批判している。Doug Bando, "The Washington Blob: Its Blind Arrogance May Lead to War with Russia," Cato Institute, 23 May 2022. ワシントンの「ブロブ」が、アメリカの外交政策の形成に、どのくらい影響を及ぼしているのかについては議論が分かれる。ロバート・ジャーヴィスは、ウォルトらの分析が十分な検証を受けたものではないと批判している。Robert Jervis, "Liberalism, the Blob, and American Foreign Policy: Evidence and Methodology," *Security Studies*, Vol. 29, No. 3 (May 2020), pp. 434-456.

18 権威主義国である中国がアメリカのリベラル国際秩序にどう対応したかについては、Jessica Chen Weiss and Jeremy L. Wallace, "Domestic Politics, China's Rise, and the Future of the Liberal International Order," *International Organization*, Vol. 75, No. 2 (Spring 2021), pp. 635-664 を参照のこと。

19 Colin Elman and Miriam Fendius Elman, eds., *Progress in International Relations Theory: Appraising the Field* (Cambridge: MIT Press, 2003).

20 Randall L. Schweller, "Unanswered Threats: A Neoclassical Realist Theory of Underbalancing" *International Security*, Vol. 29, No. 2 (Fall 2004), pp. 159-201.

21 Stephen M. Walt, "The World Wants You to Think Like a Realist," *Foreign Policy*, 30 May 2018. https://foreignpolicy.com/2018/05/30/the-world-wants-you-to-think-like-a-realist/ (accessed, 19 October 2023).

22 構造的リアリストは国家の死滅を稀なことであると考えがちであるが、必ずしもそうではない。Tanisha M. Fazal, *State Death: The Politics and Geography of Conquest, Occupation, and Annexation* (Princeton: Princeton University Press, 2007).

23 Sebastian Rosato, *Intentions in Great Power Politics: Uncertainty and the Roots of Conflict* (New Haven: Yale University Press, 2021).

24 Robert Jervis, "Cooperation under the Security Dilemma," *World Politics*, Vol. 30, No. 2 (January 1978), pp. 167-214.

25 Jack S. Levy, "Declining Power and the Preventive Motivation for War," *World Politics*, Vol. 40, No.1 (October 1987), pp. 82-107. 安全保障のジレンマが戦争を引き起こすのは稀であり、極端な状況下でない限り、戦争の原因にはならないという主張もある。Shiping Tang, *A Theory of Security Strategy for Our Time* (New York: Palgrave Macmillan, 2010), pp. 73-96.

26 同盟拡大は、それに伴うパワーシフトが大きく急速である場合に予防戦争を誘発しやすい。これを防ぐには、標的国が持つ予防攻撃のインセンティブを下げる譲歩などが効果的である。Brett V. Benson and Bradley C. Smith, "Commitment Problems in Alliance Formation," *American Journal of Political Science*, (January 2022).

27 「安全保障のジレンマ」は「スパイラル・モデル」と言われ、国際政治分析において「抑止モデル」と使い分けられている。Robert Jervis, *Perception and Misperception in International Politics* (Princeton: Princeton University Press, 1976), pp. 58-113. 機会主義的戦争については、野口和彦『パワー・シフトと戦争』東海大学出版会、2010年、94〜109頁を参照のこと。

28 Brian Rathbun, "The Rarity of Realpolitik: What Bismarck's Rationality Reveals about International Politics," *International Security*, Vol. 43, No. 1 (Summer 2018), pp. 7-55.

29 Schweller, "Unanswered Threats," p. 167.

30 Kenneth N. Waltz, *Theory of International Politics* (New York: McGraw-Hill, 1979), p. 168.

31 Glenn H. Snyder, *Alliance Politics* (Ithaca: Cornell University Press, 1997).

32 Joseph M. Parent and Sebastian Rosato, "Balancing in Neorealism," *International Security*, Vol. 40, No. 2 (Fall 2015), pp. 51-86.

33 Michael C. Desch, *Power and Military Effectiveness: The Fallacy of*

Democratic Triumphalism (Baltimore, Md.: Johns Hopkins University Press, 2008), pp. 31-37; John J. Mearsheimer, "Numbers, Strategy, and the European Balance," *International Security*, Vol. 12, No. 4 (Spring 1988), pp. 175-177.

34 Parent and Rosato, "Balancing in Neorealism," pp. 62-63.

35 Schweller, "Unanswered Threats," pp. 159-201.

36 Jervis, "Cooperation under the Security Dilemma," pp. 167-214.

37 Charles L. Graser, *Rational Theory of International Politics: The Logic of Competition and Cooperation*(Princeton: Princeton University Press, 2010).

38 ただし、単極世界であっても、アメリカに対する「ソフト・バランシング」の動きは観察されている。この時期において、国連総会では、中ロはアメリカよりグローバルな支持を得ていた。G-77、上海協力機構、BRICS は、アメリカより中ロにより連携する傾向があった。Dmitriy Nurullayev and Mihaela Papa, "Bloc Politics at the UN: How Other States Behave When the United States and China-Russia Disagree," *Global Security Studies*, Vol. 3, No. 3 (July 2023), pp. 1-11; T. V. Paul, "Soft Balancing in the Age of U.S. Supremacy," *International Security*, Vol. 30, No. 1 (Summer 2005), pp. 46-71.

39 John J. Mearsheimer, "Bound to Fail: The Rise and Fall of the Liberal International Order," *International Security*, Vol. 43, No. 4 (Spring 2019), pp. 7-50.

40 Monica Duffy Toft and Sidita Kushi, "Introducing the Military Intervention Project: A New Dataset on US Military Interventions, 1776-2019," *Journal of Conflict Resolution*, Vol. 67, No. 4 (April 2023), pp. 752-779.

41 野口和彦「中国の安全保障政策におけるパワーと覇権追求——攻撃的リアリズムからのアプローチ」『アジア太平洋討究』第30号（2018年1月）35～64頁。Kazuhiko Noguchi, "Bringing Realism Back In: Explaining China's Strategic Behavior in the Asia-Pacific, *Asia-Pacific Review*, Vol. 18, No. 2 (December 2011), pp. 60-85.

42 ジョシュア・シフリンソン「欧米はロシアへの約束を破ったのか—— NATO 東方不拡大の約束は存在した」『フォーリン・アフェアーズ・リポート』2014年12月。これを否定する代表的な主張は、袴田茂樹「NATO 不拡大の約束はなかった——プーチンの神話について」日本国際フォーラム、2022年1月31日。https://www.jfir.or.jp/studygroup_article/7401/ （2023年10月19日閲覧）。

43 NATO 拡大は民主化とは相関せずに、ロシアとの関係を悪化させるだけであることは、早くから実証的に指摘されていた。Dan Reiter, "Why NATO Enlargement Does Not Spread Democracy," *International Security*, Vol. 25,

No. 4 (Spring 2001), pp. 41-67.

44 歴史家のバーバラ・タックマンは、「愚行」を国益の棄損につながる行為と定義している。典型的な事例は、アメリカのベトナム戦争である。バーバラ・タックマン、大社淑子訳『愚行の世界史——トロイアからベトナムまで（上）（下）』中央公論新社、2009年。

45 鹿島正裕「『民主化の波』の成功と失敗——東欧諸国とアラブ諸国の比較試論」『放送大学研究年報』第33号（2015年）125〜139頁。

46 Mearsheimer, *The Great Delusion*, pp. 45-151.

47 Shlomo Ben-Ami, "America's Flawed State-Building Enterprise," *Project Syndicate*, September 15, 2012.

48 Watson Institute, "Human and Budgetary Costs of the Date of the U.S. War in Afghanistan, 2001-2022," Brown University, August 2021. https://watson.brown.edu/costsofwar/figures/2021/human-and-budgetary-costs-date-us-war-afghanistan-2001-2022 (accessed, 19 October 2023).

49 「コリン・パウエル氏が長く悔やんだ出来事」CNN、2021年10月21日。https://www.cnn.co.jp/usa/35178335.html （2023年10月19日閲覧）。

50 Robert Jervis, *Why Intelligence Fails: Lessons from the Iranian Revolution and the Iraq War* (Ithaca: Cornell University Press, 2010). これは典型的な「非合理的意思決定」である。John J. Mearsheimer and Sebastian Rosato, *How States Think: The Rationality of Foreign Policy* (New Haven: Yale University Press, 2023), pp. 200-209.

51 そもそもアメリカによる世界の民主化の試みは、総じて悲惨な結果に終わっている。第二次世界大戦後、アメリカは世界中の発展途上国に35回以上も介入したが、本格的で安定した民主主義国家が誕生したのは、1989年に米国が麻薬戦争に関与することを決定した後のコロンビアだけである。その成功率は、たった3%に過ぎない。Bruce Bueno de Mesquita and George W. Downs, "Gun-Barrel Democracy Has Failed Time and Again," *Los Angels Times*, 4 February 2004. アレキサンダー・ダウンズによれば、こうした失敗の1つの原因は、アメリカの利益と民主化の対象となった国の人々の要望の不一致である。Alexander B. Downes, *Catastrophic Success: Why Foreign-imposed Regime Change Goes Wrong* (Ithaca: Cornell University Press, 2021).

52 Natasha Lennard, "Report: Iraq War Costs U.S. More Than $2 Trillion So Far," *Salon*, 15 March 2013. https://www.salon.com/2013/03/15/report_iraq_war_costs_u_s_more_than_2_trillion_so_far/ (accessed, 19 October 2023).

53 延近充「イラク戦争における米軍および有志連合軍の死傷者」2018年。https://web.econ.keio.ac.jp/staff/nobu/iraq/casualty.htm （2023年10月19日閲覧）。

54 Robert Art, et al., "War with Iraq Is NOT in America's National Interest," *New York Times*, 26 September 2002.

55 John J. Mearsheimer and Stephen M. Walt, "An Unnecessary War," *Foreign Policy*, (January/February 2003).

56 クリントン政権やオバマ政権で要職に就いていたジェームズ・スタインバーグは、アメリカが中国の台頭を遅らせる、実効性のある代替戦略を取れたとは考えにくいと主張している。James B. Steinberg, "What Went Wrong? U.S.-China Relations from Tiananmen to Trump," *Texas National Security Review*, Vol. 3, No. 1 (Winter 2019/2020), pp. 119-133.

57 Aaron L. Friedberg, *Getting China Wrong* (Cambridge: Polity, 2022), pp. 1-3.

58 Wallance J. Thies, *Why Containment Works: Power, Proliferation, and Preventive War* (Ithaca: Cornell University Press, 2020), p. 11.

59 Friedberg, *Getting China Wrong*, pp. 147, 187.

60 渡邊啓貴編『ヨーロッパ国際関係史──繁栄と凋落、そして再生』有斐閣、2002年、287〜296頁。

61 金子譲「NATO の東方拡大──第一次拡大から第二次拡大へ」『防衛研究所紀要』第6巻第1号（2003年9月）55〜69頁。小窪千早「NATO の第2次東方拡大と大西洋同盟の今後」日本国際問題研究所、2004年4月27日。https://www.jiia.or.jp/column/column-5.html（2023年10月19日閲覧）。

62 Defense Priorities, "Perspective on Russia's Invasion of Ukraine," 11 April 2023. https://www.defensepriorities.org/analysis/ukraine-russia-war (accessed, 19 October 2023).

63 John J. Mearsheimer, "Why the Ukraine Crisis Is the West's Fault: The Liberal Delusions That Provoked Putin," *Foreign Affairs*, Vol. 93, No. 5 (September/October 2014), pp. 2-3.

64 野口和彦「予防戦争としてのロシア・ウクライナ戦争」2022年4月26日。https://blog.goo.ne.jp/kazzubc/e/cf04abe5e7448e31626ca9d96c7d93c2（2023年10月19日閲覧）。

65 Mearsheimer and Rosato, *How States Think*, p. xiii に引用。

66 Robert Wright, "The Memo That Failed to Prevent War," *Nonzero Newsletter*, 13 January 2023. https://nonzero.substack.com/p/the-memo-that-failed-to-prevent-war （accessed, 19 October 2023）.

67 Dennis Fritz, et al., "The U.S. Should Be a Force for Peace in the World," Eisenhower Media Network, 2022. https://eisenhowermedianetwork.org/russia-ukraine-war-peace/?fbclid=IwAR38NQ2OD8kLlV6AdOu9tC8QiZJwUOLNpAMasEDPj1Zb0Gp8nbB4i2q9r2o （accessed, 19 October 2023）. ジョージ・ケ

ナンとヘンリー・キッシンジャーはリアリストである。Michael Joseph Smith, *Realist Thought from Weber to Kissinger* (Baton Rouge and London: Louisiana University Press, 1986). 押村高ほか訳『現実主義の国際政治思想』垣内出版、1997年。

68　George Bunn, et al., "Opposition to NATO Expansion," *Arms Control Today*, 26 June 1997. https://www.armscontrol.org/act/1997-06/arms-control-today/opposition-nato-expansion　(accessed, 19 October 2023).

69　Charles L. Glaser, "Security Dilemma Revisited," *World Politics*, Vol. 50, No. 1 (October 1997), p. 178.

70　"The Attempt to Push Georgia into NATO Is a Provocation." *Spiegel*, 3 October 2008. https://www.spiegel.de/international/world/interview-with-russia-s-ambassador-to-nato-the-attempt-to-push-georgia-into-nato-is-a-provocation-a-540426.html　(accessed, 19 October 2023).

71　James Siebens, "Is Russia's Invasion A Case of Coercive Diplomacy Gone Wrong?" *War On the Rocks*, 31 March 2022. https://warontherocks.com/2022/03/is-russias-invasion-a-case-of-coercive-diplomacy-gone-wrong/　(accessed, 19 October 2023).

72　アンジェラ・ステント「ウクライナ危機の本質——モスクワの本当の狙い」『フォーリン・アフェアーズ・リポート』2022年2月、76〜77頁。

73　"Joint Statement on the U.S.-Ukraine Strategic Partnership," The White House, 1 September 2021. https://www.whitehouse.gov/briefing-room/statements-releases/2021/09/01/jointstatement-on-the-u-s-ukraine-strategic-partnership/ (accessed,19 October 2023).

74　マイケル・キメージ、マイケル・コフマン「ロシアとウクライナの紛争リスク——キエフの親欧米路線とロシアの立場」『フォーリン・アフェアーズ・リポート』2022年1月、38〜39頁。

75　Fareed Zakaria, "Hear Why Biden Thinks Ukraine Is Not Ready to Join NATO," CNN, 8 July 2023. https://edition.cnn.com/videos/world/2023/07/07/fareed-joe-biden-ukraine-nato-gps-sot-vpx.cnn　(accessed, 19 October 2023).

76　強制外交とは、自らの政治的要求を軍事力の示威により相手を恫喝して相手に受け入れさせようとする外交的な試みのことである。ここでのポイントは、戦争になるという「緊張感を創出」することにより、相手を屈服させることである。もし敵対者が威嚇に屈しなかったら、強制側は、外交の撤回か、軍事力の行使を選択しなければならない。Paul Gordon Lauren, Gordon A. Craig, and Alexander L. George, *Force and Statecraft: Diplomatic Challenges of Our Time* (New York: Oxford University Press, 2007), pp. 198-219. 木村修三、滝田

賢治、五味俊樹、高杉忠明、村田晃嗣訳『軍事力と現代外交』有斐閣、2009年、232～256頁。

77 Siebens, "Is Russia's Invasion A Case of Coercive Diplomacy Gone Wrong?"

78 Stephen M. Walt, "Does Anyone Still Understand the 'Security Dilemma'? A Bit of Classic IR Theory Goes a Long Way toward Explaining Vexing Global Problems," *Foreign Policy*, 26 July 2022. https://foreignpolicy.com/2022/07/26/misperception-security-dilemma-ir-theory-russia-ukraine/ (accessed, 19 October 2023).

79 予防戦争がやっかいなのは、侵略された国家の指導者も、攻撃側の行為に悪意があると見ることである。その結果、このタイプの戦争は、激しくなり長期化する傾向にある。Alex Weisiger, *Logics of War: Explanations for Limited and Unlimited Conflicts* (Ithaca: Cornell University Press, 2013).

80 Mearsheimer, *The Great Delusion*, p. 222.

81 Ellis Mallett and Thomas Juneau, "A Neoclassical Realist Theory of Overbalancing," *Global Studies Quarterly*, Vol. 3, No. 2 (April 2023), pp. 1-12.

82 ダニエル・カーネマン、村井章子訳『ファスト＆スロー（上）（下）』早川書房、2014年。

83 Grant Golub, "A Global America Can't Pivot to Asia," *National Interest*, 22 September 2022. https://nationalinterest.org/feature/global-america-can%E2%80%99t-pivot-asia-204938 (accessed, 19 October 2023).

84 Frederico Bartels, "China's Defense Spending Is Larger Than It Looks," *Defense One*, 25 March 2020. https://www.defenseone.com/ideas/2020/03/chinas-defense-spending-larger-it-looks/164060/ (accessed, 19 October 2023).この数字は、おそらく、中国の軍事費を最大限に高く見積もったものであろう。しかしながら、中国が公表値よりも多くの予算を軍事支出に回しているのは間違いない。このことについては、次の『エコノミスト』誌の記事も参考になる。"America Is Less Dominant in Defence Spending Than You Might Think," *The Economist*, 11 May 2023. https://www.economist.com/graphic-detail/2023/05/11/america-is-less-dominant-in-defence-spending-than-you-might-think (accessed, 19 October 2023).

85 1970年代半ばの絶頂期、ソ連の GNP はアメリカの60%ほどであった。対照的に、中国の経済力は現在、アメリカの GDP の約70%である。John J. Mearsheimer, "The Inevitable Rivalry: America, China, and the Tragedy of Great-Power Politics," *Foreign Affairs*, Vol. 100, No. 6 (November/December 2021).

86 Mearsheimer, *Tragedy of Great Power Politics*, pp. 384-385.

87 John J. Mearsheimer, "The Darkness Ahead: Where the Ukraine War Is

Headed." 2023. https://mearsheimer.substack.com/p/the-darkness-ahead-where
-the-ukraine?utm_source=profile&utm_medium=reader2 (accessed, 19 October
2023).

88 Stephen M. Walt, *Taming American Power: The Global Response to U.S.
Primacy* (New York: W. W. Norton, 2006), pp. 241-242. 奥山真司訳『米国世界
戦略の核心』五月書房、2008年、350頁。

89 Elbridge Colby, *The Strategy of Denial: American Defense in an Age of
Great Power Conflict* (New Haven: Yale University Press, 2021).

90 Elbridge Colby, "Europe's Emerging Vulnerability: A Secure Europe Needs
Greater German Defense Efforts," *Internationale Politik Quarterly*, 29 August
2022. https://ip-quarterly.com/en/europes-emerging-vulnerability-secure-europe
-needs-greater-german-defense-efforts （accessed, 19 October 2023).

91 Michèle Flournoy and Michael Brown, "Time Is Running Out to Defend
Taiwan: Why the Pentagon Must Focus on Near-Term Deterrence," *Foreign
Affairs*, Vol. 101, No. 5 (September/October 2022). https://www.foreignaffairs.
com/china/time-running-out-defend-taiwan （accessed, 19 October 2023).

92 「米、台湾への武器供与加速が必要＝軍トップ」『ロイター』2023年7月14日。
https://jp.reuters.com/article/usa-taiwan-military-idJPKBN2YU0CD （2023年10
月19日閲覧)。

93 『日本経済新聞』2022年8月4日。https://www.nikkei.com/article/DGXZQOCB0
455L0U2A800C2000000/ （2023年10月19日閲覧)。

94 『日本経済新聞』2022年9月5日。https://www.nikkei.com/article/DGXZQODE
265A70W2A820C2000000/ （2023年10月19日閲覧)。

95 永井陽之助『平和の代償』中央公論社、1967年、72〜106頁。

96 Peter Robertson, "Debating Defence Budgets: Why Military Purchasing
Power Parity Matters," *Vox*, 9 October 2021. https://cepr.org/voxeu/columns/de
bating-defence-budgets-why-military-purchasing-power-parity-matters
(accessed, 19 October 2023).

97 『令和4年度版　防衛白書』防衛省、2022年。https://www.mod.go.jp/j/press/wp/
wp2022/html/n130303000.html （2023年10月19日閲覧)。

98 "Joe Biden Donates Weapons to Taiwan, as He Does to Ukraine," *The
Economist*, 28 July 2023.

99 Wu Che-yu, Su Yung-yao, and Jonathan Chin, "US Stinger Missiles
Delivered: Report," *Taipei Times*, 27 May 2023. https://www.taipeitimes.com/
News/front/archives/2023/05/27/2003800503 （accessed, 19 October 2023).

100 "China-Taiwan Military Balance 'Rapidly Tilting' toward Beijing: Japan,"

Nikkei Asia, 28 July 2023. https://asia.nikkei.com/Politics/Defense/China-Tai wan-military-balance-rapidly-tilting-toward-Beijing-Japan (accessed, 19 October 2023).

101 Mark F. Cancian, Matthew Cancian, and Eric Heginbotham, "The First Battle of the Next War: Wargaming a Chinese Invasion of Taiwan," CSIS, 9 January 2023. https://www.csis.org/analysis/first-battle-next-war-wargaming-chinese-invasion-taiwan (accessed, 19 October 2023).

102 このような「戦争の陽動理論」にもとづく中国の戦争開始のリスクを評価することには、厳しい批判が寄せられている。たとえば、M. Taylor Fravel, "The Myth of Chinese Diversionary War," *Foreign Affairs*, Vol. 102, No. 5 (September/October 2023) を参照のこと。

103 Hal Blands and Michael Beckley, *Danger Zone: The Coming Conflict with China* (New York: W.W. Norton, 2022). 奥山真司訳『デンジャー・ゾーン』飛鳥新社、2022年。

104 Michael Beckley, *Unrivaled: Why America Will Remain the World's Sole Superpower* (Ithaca: Cornell University Press, 2018).

105 Mark F. Cancian, "Is the United States Running out of Weapons to Send to Ukraine?" CSIS, 16 September 2022. https://www.csis.org/analysis/united-sta tes-running-out-weapons-send-ukraine (accessed, 19 October 2023).

106 Lyle J. Goldstein, "Threat Inflation, Russian Military Weakness, and the Resulting Nuclear Paradox: Implications of the War in Ukraine for U.S. Military Spending," Watson Institute, 15 September 2022. https://watson.brown.edu/costsofwar/papers/2022/ThreatInflation (accessed, 19 October 2023).

107 Mearsheimer, *The Great Delusion*, pp. 228-229; *The Tragedy of Great Power Politics*, pp. 360-411.

88

第 2 部

インド太平洋をめぐる理論研究

第3章

古典的リアリズムと中国の台頭

伊藤 隆太

はじめに

　近年、インド太平洋における米中の地政学的競争が国際政治学者と政策決定者の双方で脚光を浴びている＊1。インド太平洋は地理的にはインド洋から太平洋（特に西太平洋）まで広がり、アフリカ東岸とマダガスカル周辺から、両大洋に挟まれたフィリピンとインドネシア周辺海域を経てオセアニアの東端に至る。現在、このインド太平洋において米中覇権競争を軸として「自由で開かれたインド太平洋（FOIP: Free and Open Indo-Pacific）」戦略を推進する米国率いる自由民主主義諸国と、一帯一路構想（BRI: Belt and Road Initiative）を推進する中国との間で、国際秩序をめぐる戦いが繰り広げられている＊2。それでは、このグローバルな秩序戦において中国はいかにして米国率いる自由民主主義諸国にバランシングしているのだろうか。この問いに対して本章が提示する答えは、米国率いる FOIP 連合に対して相対的パワーで劣勢の中国は、直接的な軍事衝突を忌避して、マルチドメインの非軍事的バランシングに従事しているというものである。

　そうであれば、こうしたマルチドメインの非軍事的バランシングという戦略的行動は、いかなる因果メカニズムで起こるのだろうか。これまで伝統的な安全保障論では中国の軍事的バランシングについては分析が進んできたが、非軍事的なバランシングの因果メカニズムに関しては理論的な解明が進んでいない。たとえば、一時流行したソフト・バランシング（soft balancing）理論はその因果メカニズムが理論的に精緻化されていないため、その後の発展が滞っている＊3。あるいは、ハイブリッド戦争研究はミクロな戦術的な議論に過度に焦点を当てるあまり、ジョン・ミアシャイマー（John J. Mearsheimer）とスティーブン・ウォルト（Stephen M. Walt）が「単純な仮説検証（simplistic hypothesis testing）＊4」と呼ぶ還元主義の陥

窄にはまり、国際政治のマクロなコンテクスト（勢力均衡、アナーキー等）及び国家行動の戦略的次元を見逃している＊5。

　本研究の目的は、こうした先行研究の空白を埋めて、上記の問いに答えるべく、ハイブリッド・バランシング（hybrid balancing）という認知・新領域の古典的リアリスト理論に基づき、中国のインド太平洋におけるバランシング行動を、これまで伝統的安全保障理論が見逃してきた非軍事的なマルチドメイン（政治・経済・情報的次元）に焦点を当てて分析することにある＊6。すなわち、ハイブリッド・バランシング理論に基づき、可能性調査（plausibility probe）＊7――さらなる検証の妥当性があるか否かを判断するために行う、初期的な事例研究法――に依拠して、インド太平洋におけるFOIP連合に対する中国の非軍事的バランシングの因果メカニズムを、政治・経済・情報のマルチドメインに着目して明らかにする。

　なお、本研究が明らかにする中国のバランシング行動はあくまで非軍事的側面（偽情報、選挙介入、既成事実的な領土占有等）に限定しており、核兵器・通常兵器増強といった伝統的な軍事的バランシングは分析射程外とする。ただし、これにより、これまで看過されてきたインド太平洋における中国の非軍事的バランシングの論理を理論的に解明し、それを阻止するための処方箋を日米の政策決定者に示すことができる。

　さらには、中国のインド太平洋におけるグレーゾーンの侵略行動の論理を理論的に解明し、それが偶発的な事象の積み重ねではなく、インド太平洋における国際秩序戦での勝利というグランドストラテジーに根差した戦略的行動の一環である可能性を示唆することができよう＊8。

　本章の流れは以下の通りである。第1節では、ハイブリッド・バランシング理論の論理を説明する。第2節では、国際関係論におけるインド太平洋概念の所在を確認する。第3節ではハイブリッド・バランシングの視点から、インド太平洋における中国のバランシング行動を分析する。結語では、本章の議論を総括した後、本研究のインプリケーションと今後の課題を説明する。

第1節　ハイブリッド・バランシング
――古典的リアリズムの国政術としてのバランシング戦略

　あらゆる理論は無から生まれるわけではないが、ハイブリッド・バラン

シングもその例外ではない。これまで国際政治学者・安全保障研究者は、国家の侵略行動が明示的な軍事的侵略のみならず、平時と有事の間のグレーゾーンの領域における非軍事的侵略の形で行われることを明らかにしてきた。たとえば、クライブ・ハミルトン（Clive Hamilton）は中国のオーストラリアへの政治的関与を体系的に説明している＊9。ミン・ジアンリ（Mingjiang Li）はインド太平洋における中国の BRI を米国との地政学的競争の文脈で分析している＊10。アナ・ブラディ（Ann-Marie Brady）は習近平の他国への政治的影響力行使を考察している＊11。ジム・スキアット（Jim Sciutto）はロシアと比較しつつ中国のハイブリッド戦争を論じている＊12。ロス・バゲージ（Ross Babbage）編の Center for Strategic and Budgetary Assessments（CSBA）の論文集では、インド太平洋における中国のハイブリッド戦争を論じられている＊13。

　しかし、これらの研究はいずれも個別的な事例研究に終始しており、インド太平洋における中国の非軍事的バランシングの因果メカニズムを体系的かつ理論的に説明するには至っていない。すなわち、インド太平洋における中国の FOIP 諸国に対するバランシングが、有事における直接的な軍事的衝突のみならず、平時における非軍事的攻撃の形でなされていることがわかっているにもかかわらず、その因果メカニズムが理論的に解明されていないのである。ソフト・バランシング理論が理論的に精緻化されずに発展が滞っていることが示唆するように、既存のバランシング理論はマルチドメインにわたる国家の非軍事的バランシングを説明できない。それゆえ、グレーゾーンの侵略行為を説明するためには新たなバランシング理論が必要である。こうした問題意識から、為政者による多様なドメインでの非軍事的攻撃を記述してきたハイブリッド戦争研究を古典的リアリズムに導入し、ハイブリッド・バランシングという新たな古典的リアリズムのバランシング理論が生み出された＊14。同理論は、古典的リアリズムが叙述してきた為政者による多様な国政術（statecraft）を社会科学理論として理論化したものである。本研究はこのハイブリッド・バランシング理論に基づき、インド太平洋における中国の日米率いる FOIP 諸国に対する非軍事的バランシングの論理を、政治・経済・情報のマルチドメインに着目して再考する。

　ハイブリッド・バランシングは非軍事的手段で敵国に対抗することを指し、しばしば相互に関連する三つの方法——政治的バランシング

（political balancing）、経済的バランシング（economic balancing）、情報的バランシング（informational balancing）——で行われる*15。第一に政治的バランシングは、政治的影響力を行使して敵対国を強制することを指す。政治的バランシング（政治的操作によるバランシング）は、政治的手段を用いて敵に自らの意志を強制することを意味する。指導者は他国を特定の行動に誘導・強制するさまざまな国政術を使用し、敵に対して有利に立とうとする。こうした政治的バランシングには、二つのアプローチがある。一つ目は正当性の主張（legitimacy assertion）である*16。指導者は、自らの政策を正当化することで、政治的支持を調達するとともに、敵対勢力を弱体化しようとする。政治学者のステイシー・ゴダード（Stacie Goddard）が、「国家が行動を正当化する方法は、権力政治に不可欠である」と主張しているように*17、正当性は古典的リアリズムが措定する為政者の国政術にとって必須の要素である。正当性の主張は、既成事実（fait accompli）やサラミ・スライス（salami-slicing）の戦術を通じて実践されて、そこでは直接的な軍事攻撃なくして戦略目標を達成することが目指される。二つ目は秘密工作（covert action）である。これは、敵に政治的に浸透すべく、破壊工作を行うアクターや反政府的なネットワークを強化することであり、極端な場合、限定的な暴力を使用して、標的国の政府を転覆させたり、領土を占領したりすることを指す。第一次世界大戦におけるドイツによるレーニンへの支援を通じたロシア革命誘発、同じ第一次世界大戦中におけるイギリスによるオスマン帝国の反政府運動家支援を通じた反乱誘発、あるいは、2014年のロシアによるクリミアの併合等が、秘密工作の好例であろう。

　経済的バランシングとは、対象国に経済的利益を提供することで影響を与える戦略であり、これはしばしば地経学（geoeconomics）とも呼ばれる。経済的バランシングを行う国家は、標的国の国民・企業に選択的に経済的次元におけるアメとムチを与えることを通じて、当該国をコントロールしようとする*18。経済的相互依存の中には、敏感性と脆弱性という二つの要素が存在する。特定の物資に大きく依存している国が、その物資の代替品を簡単に入手できる場合、それは敏感であり脆弱とは言えない。たとえば、太平洋戦争前、1941年8月1日、アメリカが日本からの石油全面禁輸に踏み切った事例は、脆弱性を利用した経済的バランシングの一つといえる。リアリストのデール・コープランド（Dale C. Copeland）が理論的に示した

ように、経済的相互依存が国家間関係を予定調和的に平和に向かわせるわけではない。将来の貿易の見込みが低い場合、しばしば国家は予防戦争（preventive war）に訴えるのであり、日本の真珠湾奇襲もこの論理から理解できる＊19。リベラル制度論や通商リベラリズムが措定するように、経済的相互依存が国際政治を予定調和的に平和に向かわせるというのはナイーブである。そしてこうしたナイーブさの根源は、リベラリズムが措定する人間本性観がしばしばユートピアであることに起因しよう。

　情報バランシングとは、対象国への不正確な情報を意図的に拡散することを指し、これは情報戦を通じたバランシング、すなわち、ディスインフォメーション（disinformation）やミアシャイマーが嘘（lying）と呼ぶものを含む＊20。情報バランシングは、インターネット、SNS、新聞、放送などのさまざまな媒体を通じて行われて、虚偽の情報やプロパガンダを拡散するために使用される。これは、平時と戦時の双方において、情報戦における優越性を達成するために設計された一連のインテリジェンス活動を通じて実施される。攻撃的なインテリジェンス活動は、電子戦、心理戦、軍事的欺瞞などのさまざまな活動が組み合わさった形で行われる。これには、ディスインフォメーションやプロパガンダの拡散、指揮統制センターや情報源の物理的破壊、コンピュータ・ウイルスの導入、ハッカーによる違法なアクセスの促進、コンピュータ・ウイルスによるデータの偽造および破壊、電磁的手段による情報インフラの物理的破壊などが含まれる。

　情報バランシングは、当該情報が虚偽であることが明白な状況においても、他国の世論を多少なりとも分断し、国際的な非難にも一定程度さらすことができる。たとえば、もともとの政治的選好が左翼的なアクターであれば、中国が流す ALPS 汚染水のディスインフォメーションを、情報の信憑性を精査することなく、むしろ保守的なアクターを攻撃するための材料として利用するかもしれない。なぜなら、人間には楽観性バイアス（optimism　bias）＊21という自己に都合よい情報を選択的に受容する脳内バイアスが備わっているので、日本政府を攻撃する情報を選好するアクターは、ALPS 汚染水のような記事に直面した際、より積極的にそれを受容しようとするからである。つまるところ、国際政治や国内社会における政治的選好が一定程度分散していることに鑑みれば、こうした脳内メカニズムや人間本性に乗じた認知戦には不可避に一定の戦略的効用があるので、国家はしばしばあからさまなディスインフォメーションを様々な角度から拡

散しようとするのである。

　情報バランシングには、情報統制の方法が直接的なのか、間接的なのかに応じて、二つのタイプがある。前者の直接的なタイプは、究極的には関連主体を物理的に拘束するという脅しを背景として、法律等に基づく政治権力の明示的な行使を通じて、情報統制を行うものである。この例には、不都合な情報が拡散することを阻止するため、中国政府が西洋諸国のジャーナリストのビザ更新を拒否することなどが当たる。後者の間接的なタイプは、尖閣諸島の領土保有権の一方的主張などにみられる、SNS やメディアを通じたディスインフォメーションの流布である。この際、関連主体の拘束可能性といった物理的脅威はなく、単に中国政府がディスインフォメーションを流し続けているというだけである。前者の明示的パターンには、実施した際、それが明白に情報統制だと判明してしまうが、実質的な情報統制が可能であるというアドバンテージがある。他方、後者の間接的なタイプは、ディスインフォメーションを受け入れるか否かは関連主体の判断になるが、中国政府が情報バランシングへの意図を一定程度隠ぺいした形で認知戦・情報戦に従事できるというメリットがある。SNS やインターネットを利用した、発信主体を曖昧化したディスインフォメーションの流布等は、この好例であろう。

　なお、これら三つのハイブリッド・バランシングの戦略は、基本的には理念型であり、必ずしも相互に排他的ではない。たとえば、指導者が領土に関する政治的正当性を得るためにディスインフォメーション・キャンペーンに従事する場合、研究者は、政治的および情報的バランシングの論理を組み合わせることで、この非軍事的なバランシング行動を説明することができよう。ハイブリッド・バランシングのこの相互作用的な性質は、理論をあまり単純明快や予測可能でなくするかもしれない。しかし、理論的厳格性を緩和することで、多様なドメインの間での相乗効果・シナジーを説明するためのより多くの説明力を得られるのであれば、そのための簡潔性の犠牲は一定程度引き合うともいえるだろう。

　ハイブリッド・バランシングで説明できないバランシング行動は、伝統的なバランシング、すなわちハードパワーによるバランシングとも呼ばれるものである。伝統的なバランシングは、ネオリアリズムや新古典派リアリズムのようなバランシング理論の基盤として考えられている＊22。この理論における非軍事的バランシングという逸脱事例——経済制裁、プロパ

ガンダ、または秘密工作等、為政者の多様な国政術——がハイブリッド・
バランシング理論によって説明される。

　以下、このハイブリッド・バランシングの論理を可能性調査に基づいて、
インド太平洋における中国のバランシング行動を事例として検討する中で
例示する。当該事例の選択基準は、その本質的な重要性と可能性調査との
適合性にある＊23。その際、以下では中国のバランシング行動の分析に先
立って、まずその背景となるインド太平洋概念の国際関係論における所在
を確認したい。

第 2 節　国際関係論におけるインド太平洋概念の所在

　近年、インド太平洋という概念が、政策決定者と研究者の双方で脚光を
浴びている。インド太平洋は地理的にはインド洋から太平洋（特に西太平
洋）まで広がり、アフリカ東岸とマダガスカル周辺から、両大洋に挟まれ
たフィリピンとインドネシア周辺海域を経てオセアニアの東端に至る。イ
ンド太平洋概念は政治的には、2010年以降、オーストラリア、インド、日
本、米国をはじめとするいくつかの国の外交政策の辞書に、戦略的な概念
として徐々に定着してきた。インド太平洋は、インドを「アジア太平洋」
や「拡大アジア」に取り込もうとする拡大概念なのか、それとも従来の
「地域」を再定義しようとする新しい概念なのだろうか＊24。インド太平
洋では、アジア太平洋のアジア太平洋経済協力（APEC: Asia Pacific
Economic Cooperation）、ASEAN+3、東アジア首脳会議（EAS: East Asia
Summit）のような適切な地域枠組みや制度が創設されるのだろうか＊25。
あるいは、インド太平洋は、BRI によってユーラシア大陸とインド洋全
域に影響力を拡大する中国に対抗する概念としてのみ捉えられるべきな
のだろうか＊26。

　本章は、こうしたパズルや論争を意識しながらも、インド太平洋という
用語を特定の戦略的・政治的な目的のために使うのではなく、純粋な分析
的目的のために、中国と米国の間における厳しい地政学的競争を特徴とす
る地域を指すものとして、インド太平洋という概念を使用する＊27。本章
が中国のハイブリッド・バランシングを検討するにあたり、インド太平洋
地域に焦点を当てるのは、中国がこの地域の自由民主主義陣営（米国、日
本、オーストラリア）に対して戦略的にマルチドメインの非軍事的バラン

シングに従事しているからである＊28。そして、そうした行動を理解するための背景として、インド太平洋には次のような特徴が見出される。

第一は、安全保障の観点から見た、インド太平洋地域の重要性の高まりである。中国の軍事的台頭と海洋進出（東シナ海、南シナ海、インド洋）は、日本、米国、オーストラリア、インド、そして東南アジア諸国にとって、共通の安全保障上の利益・関心を生み出しており、戦略的対話と合同演習が、相互にとって重要な海洋地域における両国の安全保障上の課題について行われてきた。米太平洋軍の責任領域は西太平洋からインド洋まで広がっており、主要な同盟国やパートナーとの連携によって戦略的統合が強化されている。米太平洋軍は2018年6月に名称を「インド太平洋軍」に変更し、名実ともにインド太平洋における役割を誇示した＊29。

第二は、自由で開かれたインド太平洋戦略を形成する上での主導的概念としての政治的レトリックである。日米および豪政府が提唱するこのFOIP 戦略は、法の支配、航行の自由、自由貿易の重要性を強調している＊30。これは、自由民主主義の価値観を共有する国々が協力して、この地域の自由で開かれた秩序を導くという考え方である。他方、米国、日本、オーストラリアが主導する FOIP 戦略に対抗するため、北京は BRI を立ち上げた。BRI はインフラへの巨額の投資を強調し、しばしば受益国側を「債務の罠（debt trap）」に陥らせる。

第三は、貿易・投資関係に基づく経済圏としてのこの地域の重要性である。アジア開発銀行によると、2016年から2030年の東アジア、東南アジア、南アジアのインフラ需要は26兆ドル（年平均1.7兆ドル）に達すると予想されている＊31。インド・太平洋地域には、高い成長ポテンシャルを持つ新興経済国がひしめいており、貿易・投資関係や経済連携の拡大への期待も大きい。インド太平洋地域の包括的な制度として、ASEAN10 カ国にオーストラリア、中国、インド、日本、ニュージーランド、韓国を加えた16カ国による地域包括的経済連携（RCEP）の重要性も高まっている。また、トランプ政権の TPP 離脱を受けて、米国を除く11カ国が CPTPP（環太平洋パートナーシップ包括的および先進的協定）に署名した。さらに、APEC は太平洋を囲む21の国と地域で構成されている。

インド太平洋におけるこのような多面的な環境に鑑みると、中国は日本やオーストラリアを含む米国主導の FOIP 連合に対してどのようにバランシングしているといえるのだろうか。我々は、中国の BRI をバランシン

グという戦略的観点からどのように理解できるのだろうか。あるいは、我々はインド太平洋における中国のハイブリッド戦争をどのように理論的に説明できるのだろうか。ハイブリッド・バランシング理論はこうした重要な問いに答えるものである。

第3節　インド太平洋における中国のバランシング
──ハイブリッド・バランシングの視点から

　前節では国際関係論におけるインド太平洋の所在を再考し、それが国際関係論において、安全保障上、政治的、あるいは経済的にも大きな重要性を持つ地域であることを確認した。すなわち、インド太平洋においては、日米をはじめとする FOIP を提唱する自由民主主義連合と、BRI を提唱する中国の間における戦略的競争が多層的に繰り広げられているのである。それでは、いかにして中国はこのインド太平洋において、日米率いる自由民主主義連合にバランシングしているのだろうか。以下、インド太平洋における中国のバランシング行動を理解するため、ハイブリッド・バランシングの視点から、三つのタイプのバランシング戦略──政治的バランシング、経済的バランシング、情報的バランシング──を説明する。これにより、先行するリアリスト理論（ハードバランシング）では説明が困難である、マルチドメインの非軍事的バランシングの論理を、理論的に解明することができよう＊32。

（1）政治的バランシング──正統性の主張、秘密工作
　政治的バランシングとは、敵対的意図に基づき、政治的手段を用いて標的国を政治的にコントロールしようとすることであり、これには一般的に二つの異なるアプローチが含まれる。一つ目は正当性の主張である。これは実際の軍事的衝突なくして戦略目標を達成するために、既成事実やサラミスライス戦術を通じて行われる。中国は南シナ海の大部分について、漸進的に島々を軍事化することで管轄権と経済的権利を主張し、支配の正当性を既成事実として主張している。こうした南シナ海における北京の既成事実化の戦術は、現在大きな注目を集めている。これまで中国は、南シナ海建設した多数の島のうち少なくとも三つを完全に軍事化し、対艦・対空ミサイルシステム、レーザー装置、妨害装置、戦闘機で武装させて、この

海域で活動する全ての国に脅威を与える攻撃的行動をとってきた。こうした行動は、インド太平洋でパワーと影響力を行使するという北京の広範な戦略にとって重要であり、また台湾に対する牽制・抑止という意味でも重要である。

中国は政治的バランシングを通じて正当性を主張する中で、尖閣諸島を含む東シナ海の大部分について、管轄権と経済的権利を宣言している。北京は、日本の南西諸島の西海岸沖にある沖縄トラフをこえた排他的経済水域を主張している。2013年11月、中国は尖閣諸島と東シナ海の広範囲をカバーする防空識別圏を設定した＊33。このようにして、中国は係争中の島々に関する自らの正当性を主張してきた。

こうした点について、米国のインド太平洋司令官であるジョン・C・アキリーノ（John C. Aquilino）提督は、「過去20年間、我々は中国による第二次世界大戦以来の大規模な軍備増強を目撃してきた」とし、「彼らはあらゆる能力を向上させており、その兵器化の増強は地域を不安定化させている」という＊34。またアキリーノ提督は、「これらの島々の機能は、中国の攻撃能力を大陸の海岸以外にも拡大することである」として、中国は「戦闘機や爆撃機、それにミサイルシステムといった攻撃能力を全て使用できる。それこそが脅威であり、だからこそ、この島々の軍事化が懸念されるのである」と述べている＊35。

政治的バランシングの第二のアプローチは、秘密工作である。これには、過激派や反政府グループの支援、第五列（fifth columns）の育成、抗議活動の扇動といった政治的キャンペーン等、標的国の政治体制にダメージを与えるための行為が含まれる＊36。たとえば、中国共産党には、台湾の民主化運動を弱体化させるために犯罪者を利用してきた歴史がある。2014年と2017年、中国共産党の支援を受けた「ならず者（rogue）」が、台湾の民主化デモ参加者を襲撃した＊37。台湾の中央通信社によると、2020年1月の総統選に立候補した韓国瑜への投票を台湾人に勧めるために中国政府の資金を使った罪で起訴された7人のうち5人が、2022年1月17日に台北地方裁判所で20カ月から46カ月の懲役刑を言い渡された＊38。

（2）経済的バランシング――地経学

経済バランシングはしばしば地経学とも呼ばれる方法であり、これは対象国に選択的に経済的利益を提供することで、影響を及ぼし、究極的には

コントロールしようとする戦略を指す。習近平国家主席が2013年に打ち出した中国の BRI は、中国の経済バランシングの核心にあるものである＊39。BRI は、米国を中心とする自由民主主義陣営に対する経済バランシングの一形態である＊40。インド太平洋においては自由民主主義を共有する国々が、自由で開かれた秩序を導くべきだという発想に基づいて、自由貿易、航行の自由、法の支配の重要性を強調するという考え方を重視している＊41。こうした米国主導の FOIP 連合と直接軍事衝突することなくバランシングするため、中国は BRI を通じてインド太平洋における影響力を拡大しようとしている。

　中国の広範な経済圏構想である BRI は、「新シルクロード」を通じてアジア、中東、欧州を結ぶ壮大な構想であり、アジアを中心とした広範な経済秩序の形成を促進する可能性を秘めている。このキャンペーンは当初、中国を含む65カ国を対象としていたが、現在では BRI 構想に参加する国の数は146カ国に上ると推定されている。それでは、経済的バランシングの一大構想としての BRI は、インド太平洋の安全保障環境にどのような影響を与えるのだろうか。リーは、BRI は中国の安全保障政策を大きく変える可能性があり、北京の影響力の拡大はインド太平洋における米中間の安全保障競争を激化させる可能性があると主張している＊42。リチャード・フォンテーヌ（Richard Fontaine）とダニエル・クリマン（Daniel Kliman）によれば、BRI は北京が自国の開発モデルを推し進めるための手段であり、その結果、世界人口の65％、世界経済活動の3分の1のガバナンスと人権を損なうことになるという＊43。

　BRI は、財政の健全性、透明性、法律の遵守に対する配慮が欠けているため、関係国に巨額の債務負担を強いる結果となることが多い。たとえば、スリランカ南部のハンバントタ港の場合、スリランカ政府は中国が融資した開発を不履行とし、2017年8月には中国に99年間港を運営する権利を貸与する契約が結ばれた。この事件は、中国が「債務の罠」によって同国に主権を放棄させることで、政治的影響力を拡大する戦略的な動きとみられている＊44。

　大まかに言えば、FOIP 諸国（米国、日本、オーストラリア）が、経済的で透明性が高く、ガバナンスの効いた質の高いインフラ投資と融資を推進しているのに対し、中国は BRI を通じて、短期間で多額の資金を投入し、中国の資材や労働力を導入してプロジェクトを実施・推進している。さら

に、中国はインフラ開発以外にも、エネルギーや製造業、IT インフラに積極的に取り組んでおり、通信網やデジタル・インフラを開発している。これらは、経済的バランシング——対象国を直接的・間接的にコントロールすることを究極的な目的として、対象国に経済的利益を選択的に提供する戦略——の重要な事例である＊45。

　また、中国がニュージーランドとオーストラリアにアメリカとの同盟を破棄させようと、経済的バランシングに従事していることは広く知られている＊46。国務院僑務办公室（the Overseas Chinese Affairs Office）は「僑務（qiaowu）」と呼ばれる鋭敏なキャンペーンを通じて、居住許可、文化的シンボル、言語教育、メディア操作、有利なビジネスチャンスなど、ディアスポラ・コミュニティを支援するための手段をいくつか用いている。これらは、中国政府への忠誠心が、縁故主義と経済的インセンティブによって維持・強化・再生産される仕組みであり＊47、経済的バランシングの典型的な例といえよう。

（3）情報バランシング——認知戦、情報戦、ディスインフォメーション

　情報バランシングとは、しばしば認知戦・情報戦（偽情報や嘘を含む）として知られる、標的国に意図的に誤った情報を伝達することを指す。情報バランシングにおいては、標的国が自国の利益に反し、情報バランシングを行う行為者に有利な決定を下すよう誘導することを企図して、標的国の主体に気が付かれない形で情報を操作することがなされる。これには、戦術的情報の収集、標的国（政府・国民）を萎縮させたり操ったりするためのプロパガンダやディスインフォメーションの流布、相手軍のインテリジェンスの質を低下させること、相手軍に情報収集の機会を与えないことなどが含まれる。北京は、提携協定や合併、買収を通じて外国のメディアを弱体化させることで、大規模な情報統制キャンペーンを主導してきた＊48。中国政府はこうした情報的バランシングのことを「情報化」（xinxihua）と呼び、それを以下のように説明している。

　　情報化とは総合的な体系であり、そこにおいては、情報技術の広範な利用が指針であり、情報資源が中核であり、情報ネットワークが基盤であり、情報産業が支援であり、情報人材が重要な要素であり、法律、政策、基準がセーフガードになる＊49。

　中国共産党は海外メディアとの協力を強化し、グローバルな次元で情報バランシングに従事している。なかでもとりわけ、中国中央電視台（CGTN: China Global Television Network）とフランス通信社（AFP: Agence France Presse）との間の提携は注目に値する。この提携により、中国政府が発信する情報が AFP を通じて再構築され、国際的な視聴者や読者に伝わるようになった。こうした現象はジャーナリズム倫理の問題をはらむとともに、既存メディアがかかわっているという意味において、SNS 上での明白なディスインフォメーション拡散とは異なる意味合いを有している。すなわち、情報バランシングを行う主体が偽装されることで、ディスインフォメーションの信憑性が高まってしまう恐れがあるのである。たとえば、2023年8月に日本が放出を決定した ALPS 処理水に関する問題においても、CGTN の報道、すなわち中国政府の立場が AFP を通じて伝えられた。これにより、中国政府が主導して、処理水問題を非難しているのとは異なり、既存メディアに権威付けされた形で、中国政府に有利な形に事実が歪められた情報が流布されることになった＊50。この種の情報バランシングは間接的なタイプであり、中国政府の関与が明確でない分、目に見えぬ浸透が進みやすいという特徴がある。

　もっとも、その際、日本社会で勃興した中韓への反感が示唆するように、情報バランシングがあらゆる場所で成功するとは限らない。それにもかかわらず、情報バランシングは、他国の世論を多少なりとも分断し、国際的な非難にも一定程度さらすことができる。上記例であれば、もともとの政治的選好が左翼的なアクターであれば、中国が流す ALPS 汚染水のディスインフォメーションを、情報の信憑性を精査することなく、むしろ保守的なアクターや日本政府を攻撃するための材料として利用するだろう。なぜなら、人間には楽観性バイアスという自己に都合よい情報を選択的に受容する脳内バイアスが備わっているので、日本政府にネガティブな選好を有するアクターは、ALPS 汚染水の情報に直面した際、より積極的にそれを受容・拡散しようとするからである。

　情報バランシングの別の例には、尖閣諸島問題がある。北京は当該問題を自己に都合よくフレーミングすべく、戦略的コミュニケーションのキャンペーンを通じて、情報バランシングを行ってきた。中国沿岸警備隊がこれらの地域に巡視船を派遣するたびに、北京はその派遣に関する公式声明

を発表し、それを中国メディアで報道して、日本付近での人民解放軍の活動は合法であり、尖閣諸島は中国固有の領土であると主張している＊51。中国はまた、尖閣諸島問題における国内外での正当性を求めるため、認知戦・情報戦を行ってきた。たとえば、2012年9月14日に尖閣危機が勃発した後、中国共産党の英語版機関紙であるチャイナ・デイリーは、ワシントン・ポスト紙とニューヨーク・タイムズ紙に全面広告を掲載し、この地域に対する中国の主権を主張した＊52。北京のプロパガンダを広め、その主張を正当化するために、中国共産党はマスメディアに政府支持者（研究者、知識人、軍人等）の言説を定期的に引用させ、反日感情を煽ってきた。別のディスインフォメーションのキャンペーンとしては、2013年初頭に中国の戦闘員が日本のヘリコプターと駆逐艦に火器管制レーダーを照射したが、この明白な事実を北京政府が否定したという事例もある＊53。なお、この種の情報バランシングは間接的なタイプに当たり、中国政府は関連主体に物理的な脅しをかけるなどせず、単にディスインフォメーションを流し続けているだけである。すなわち、中国政府に不利な情報を関連主体が流すことを物理的に強制することまではしておらず、いずれの情報を信じるのかは情報の受益者の側に委ねられているといえよう。

　情報バランシングはしばしば政治権力の行使ともかかわる。たとえば、北京の情報バラシングにより、西側諸国のジャーナリストは、中国でのジャーナリストビザの取得や維持が困難な場合がある＊54。ブルームバーグ・ニュース紙やニューヨーク・タイムズ紙の記者は、北京の指導部の腐敗について報道した記事を掲載した後、中国政府よりビザの更新を拒否された。ニューヨーク・タイムズ紙の記者が、オバマ大統領と習近平国家主席の共同記者会見でこの問題を取り上げたところ、中国の指導者は西側のマスメディアが悪いと明言した。すなわち、習近平は、「報道機関は中国の法律と規則に従う必要がある」と述べ、当該報道機関にビザが下りないのは自己責任であると示唆する、以下のメタファーを示した＊55。

　　道路で車が故障した場合、問題がどこにあるのかを確認するために車から降りる必要がある。……中国語にはこうした言い習わしがある。問題を引き起こした当事者が、その解決に手を貸すべきである＊56。

　上記の西洋諸国のジャーナリストのビザ更新拒否という事例は、情報バ

ランシングの直接的なタイプに当たる。これは究極的には関連主体を物理的に拘束するという脅しを背景として、法律等に基づく政治権力の明示的な行使を通じて、情報統制を行うパターンである。この種の情報バランシングには、実施した際、それが明白な情報統制だと判明してしまうが、対象の行動や情報に関する実質的なコントロールが可能であるというアドバンテージがある。実際、こうした情報バランシングにより、中国政府に都合の悪い報道が流れることは阻止できたといえる。しかしながら、こうした非民主的な手続きをとることで、北京政府は強権的な独裁国であるという悪い評判を国際的に受ける可能性があり、この点は直接的なタイプの情報バランシングの効用におけるトレードオフともいえる。ただし、こうした評判の低下をそもそも気にしないような独裁国は、上記のような強制的な手法を躊躇なく採用できるため、権威主義国が情報バランシングにより積極的に従事するインセンティブが生まれているとも考えられる*57。

おわりに

　近年、インド太平洋地域における米中の戦略的競合は、国際政治学者や実務家の注目を集めている。インド太平洋は、アフリカ東部からオセアニア東端まで、そしてインド洋から太平洋にかけての広範囲にわたり、そこでは日米が主導する FOIP 戦略と中国の BRI との間で、国際秩序をめぐる争いが展開されている。その中で、日米主導の自由民主主義諸国に相対的パワーで劣る中国は、直接的な軍事対決を避け、多様な領域にわたる非軍事的手段に基づいたバランシングしている。ところが、従来の安全保障研究は、中国の軍事的なバランシングの側面に焦点を当ててきたが、こうした非軍事的な側面の解明には至っていない。ソフト・バランシング理論やハイブリッド戦争研究も、それらの因果メカニズムの理論化が進んでない。

　こうした先行研究の空白を埋めるべく、本研究は、中国のインド太平洋における非軍事的なマルチドメインのバランシング行動を明らかにすることを試みた。方法論的には可能性調査に依拠して、ハイブリッド・バランシング理論という新たな古典的リアリスト理論に基づき、政治、経済、情報という複数の次元を対象に、従来の国際関係論・安全保障論が見落としてきた中国の非軍事的バランシングを理論的に分析した。その結果、以下

の知見を明らかにすることができた。

　中国は、FOIP 戦略を進める自由民主連合に対抗するため、この地域で三つの因果メカニズムからなる、ハイブリッド・バランシングを行っている。第一は、政治的バランシングによる、正当性の主張と秘密作戦の実施である。中国は、南シナ海の多くの部分について、同海域の島々を徐々に軍事化し、既成事実として権威を主張することによって、管轄権と経済的権利を主張している。さらに、尖閣諸島を含む東シナ海の大部分についても、管轄権と経済的権利を宣言し、犯罪者を利用して台湾の民主化運動を弱体化させている。第二に、中国は経済バランシングにより、他国に選択的に経済的利益を提供することで、当該国への影響力行使を試みている。中国は直接的な軍事衝突をせずに、米国主導の FOIP 連合に対抗するため、BRI を通じてインド太平洋における影響力の拡大に努めている。第三に、中国は情報バランシングにより、ディスインフォメーションを普及させ、認知戦・情報戦に従事している。中国は合併や提携、買収を通じて外国メディアを弱体化させ、大規模な情報統制キャンペーンを展開し、標的国の評判を低下させるような情報を、SNS および既存メディアを利用して流布している。

　本研究の学術的インプリケーションは以下の通りである。第一は、バランシング理論へのインプリケーションである。本研究では、理論的に精緻化されていないソフト・バランシング概念を問題視し、そのオルタナティブとなる、バランシングの非軍事的側面を説明するハイブリッド・バランシングという新奇な理論を提示した。科学哲学における理論評価基準でいえば、ハイブリッド・バランシングは、様々な非軍事的なバランシング行動をハイブリッド・バランシングという単一の理論的概念で統合するという統合力（unification）や、既知の現象の背後にある新奇な理論的メカニズムを明らかにする――新たなリアリズムのバランシング理論を提示する――という使用新奇性（use novelty）*58に重要な意義が見込まれよう。

　第二は、ハイブリッド戦争研究を古典的リアリズムの視点から発展させることである。既存のハイブリッド戦争研究とハイブリッド・バランシング理論は用語に類似性があるが、前者は、個別具体的な軍事戦術の分析に留まりがちで、より上位かつマクロな国家戦略の全体像を理論的に捉えられていない*59。それに対して、ハイブリッド・バランシング理論は、国家の非軍事的攻撃をバランシング行動の一つと捉え、個別具体的なグレー

ゾーンの侵略行為がマクロな国家戦略の一部である可能性を示唆する。

　第三は、インド太平洋地域研究へのインプリケーションである。近年、中国のグレーゾーンの侵略行為が注目を浴びているが、その因果メカニズムはこれまで十分に理論化されていない＊60。ハイブリッド戦争が学者の注目を集めているが、先行研究は主にクリミアやウクライナにおけるロシアの行動に焦点を当てがちであり、インド太平洋におけるハイブリッド戦争の台頭は一部の例外を除いてしばしば見過ごされている＊61。しかし、このインド太平洋における米中間との戦略的競争の新たなダイナミクスを理論的に理解しようとする研究者は、ハイブリッド戦争や非軍事的バランシングの論理を解明するための理論的ツールを必要としている。本章が提示するハイブリッド・バランシングは、まさにこうしたニーズに応えるものであり、研究者がインド太平洋における新しいタイプのバランシング行動——マルチドメインの非軍事的バランシング——について、より理論的に精緻化された分析を行うことを可能にする。

　第四は国際関係理論におけるエージェント・構造論争（agent-structure debate）の解決に貢献することである＊62。ハイブリッド・バランシングは、国際システムの相対的パワー分布において劣勢な国の為政者が、負け戦となる武力紛争を起こすことを忌避し、意図的に、戦争を誘発しない形の低列度・非軍事的手段によるバランシング行動をとるものである。もしその非軍事的バランシングが有意に成功すれば、エージェントの因果効果が構造のそれを凌駕する——為政者が多様な国政術により構造的制約を打破する——因果メカニズムの一形態となるだろう。

　第五は日米指導者が中国の台頭に対処する上での政策的インプリケーションである。本章は、これまで看過されてきたインド太平洋における中国の非軍事的バランシングの論理を解明し、それを阻止するための処方箋を日米の政策決定者に示唆する。本研究はハイブリッド・バランシングの理論的根拠をもって、日米の政策決定者に、有事における明示的な軍事的攻撃のみならず、平時における政治・経済・情報等のマルチドメインにわたる様々な非軍事的侵略（ディスインフォメーション、選挙介入等）に対処する必要があると警鐘を鳴らす。すなわち、ハイブリッド・バランシング理論により中国の非軍事的バランシングを分析することで、中国が従事しているグレーゾーンの非軍事的攻撃の論理を理論的に解明し、それが偶発的な事象の積み重ねではなく、インド太平洋における国際秩序戦での勝利と

いう中国のグランドストラテジーに根差した戦略的行動の一環である可能性を示唆する。

　最後に、本稿には以下の限界や今後の課題がある。理論的には、ハイブリッド・バランシングは依然として発展途上であり、より詳細な因果メカニズムと理論化が必要である。ハイブリッド・バランシングに由来する三つのタイプのバランシング（政治的バランシング、経済的バランシング、情報的バランシング）の相互作用がもたらす結果や、国家がハードバランシングとハイブリッド・バランシングのいずれを使用する際の前提について、より深い理論的考察が必要である。さらに、しばしば先行研究はハイブリッド戦争が主に権威主義国家によって実践されると示唆しているが[63]、古典的リアリズムに基づくハイブリッド・バランシングは、この点については現状では理論的整合性が備わった答えを提示できていない。なぜなら、リアリズムは一般的に、人間本性とアナーキーの因果効果を強くとらえて、国家行動に対する政治体制の因果効果を低く見積もるからである。したがって、今後の研究では、ハイブリッド・バランシングにおける政治体制の因果効果を再考する必要がある。また、ハイブリッド・バランシングをより強固に検証するためには、インド太平洋における中国の非軍事的バランシング以外の事例を経験的に分析することが必要である。本稿の事例研究は、理論の検証を目的としたものではなく、単に、その議論がさらなる研究を行うのに十分な証拠に基づいていることを示すために、当該理論を例示することを目的とした可能性調査である[64]。したがって、今後は、ハイブリッド・バランシング理論の論理を検証するためのより包括的な事例研究が必要になろう。

註

1　インド太平洋研究に関する包括的な議論に関しては、ブレンドン・J・キャノン、墓田桂［編著］、墓田桂［監訳］『インド太平洋戦略——大国間競争の地政学』（中央公論新社、2022年）；Kai He and Mingjiang Li, 'Understanding the Dynamics of the Indo-Pacific: US-China Strategic Competition, Regional Actors and Beyond', *International Affairs*, Vol. 96, No. 1 (January 2020), pp. 1-7 を参照。

2　2023年10月の岸田首相による所信表明演説では、「法の支配に基づく自由で開かれた国際秩序」が二度繰り返されたが、理念としての FOIP が消えたわけではなく、むしろ今後の日本のインド太平洋戦略は FOIP を基にそれを進化させる

ものになっていくと理解する方が妥当であろう。したがって、本章では FOIP と BRI の競合をあくまで議論の出発点とする。首相官邸「第212回国会における岸田内閣総理大臣所信表明演説」2023年10月23日、https://www.kantei.go.jp/jp/101_kishida/statement/2023/1023shoshinhyomei.html（2023年10月28日閲覧）。

3 Stephen G. Brooks and William C. Wohlforth, "Hard Times for Soft Balancing," *International Security*, Vol. 30, No. 1 (Summer 2005), pp. 72-108; Daniel H. Nexon, "Review: The Balance of Power in the Balance," *World Politics*, Vol. 61, No. 2 (March 2009), p. 343.

4 John J. Mearsheimer and Stephen M. Walt, "Leaving Theory Behind: Why Simplistic Hypothesis Testing is Bad for International Relations," *European Journal of International Relations* Vol. 19, No. 3 (September 2013), pp. 427-457.

5 Ryuta Ito, "Hybrid Balancing as Classical Realist Statecraft: China's Balancing Behaviour in the Indo-Pacific," *International Affairs*, Vol. 98, No. 6 (November 2022), p. 1959.

6 Ito, "Hybrid Balancing as Classical Realist Statecraft."

7 可能性調査とはさらなる検証の妥当性があるか否かを判断するために行う、未知の理論に関する事例研究法のことを指す。Alexander L. George and Andrew Bennett, *Case studies and theory development in the social sciences* (Cambridge, MA: MIT Press, 2005), p. 75. 可能性調査は、Harry Eckstein, "Case Study and Theory in Political Science," in Roger Gomm, Martyn Hammersley, Peter Foster, eds., *Case Study Method: Key Issues, Key Texts* (London: SAGE Publications Ltd, 2000), pp. 140-143 に由来する。

8 理論的に考えて、国家・政府が複数アクターから構成される集合体であり、研究者が利用可能な資料に制約があることを踏まえると、中国という単一国家の意図を同定することは、究極的には困難である。習近平個人をとっても、彼が本当に何を考えているのかは本質的には研究者は知りえないし、本人ですら——脳科学や哲学における永続的な自由意志論争を踏まえれば——、自らの選好を一貫性が備わった形で自覚しているとは限らないだろう。したがって、ここではこうした意味において生産的でないと考えられる「国家の意図」論争を回避すべく、非軍事的攻撃の行為主体が中国側にあり、それにより標的国の国益が損なわれているという状況が、中国にとって戦略的に有利である場合、それをハイブリッド・バランシングとみなすことにする。そして、こうした理論的仮定の妥当性は究極的には、古典的リアリズムが措定する、アナーキーのもとで為政者は多様な国政術を駆使して国益の増大を目指すという世界観に由来する。Ito, "Hybrid Balancing as Classical Realist Statecraft." なお、こうした

理論における前提条件の一式が揃っており、現象の説明が権力政治の観点から一貫性をもってなされうるところに、リアリズムというマクロなパラダイムに依拠した研究を行うことのアドバンテージの一つがある。ミアシャイマーとウォルトが「単純な仮説検証」として批判した、政治学・国際関係論における還元主義的な研究の問題点の一つは、こうした理論およびパラダイムの累積的知識を利用できないが故、知識を体系的に積み上げていかれないという点にあるのである。Mearsheimer and Walt, "Leaving Theory Behind."

9 Clive Hamilton, *Silent invasion: China's influence in Australia* (Melbourne: Hardie Grant, 2018).

10 Mingjiang Li, "The Belt and Road Initiative: Geo-economics and Indo-Pacific Security Competition," *International Affairs*, Vol. 96, No. 1 (January 2020), pp. 169-187.

11 Ann-Marie Brady, *Magic Weapons: China's Political Influence Activities under Xi Jinping* (Washington DC: Wilson Center, Sept. 2017).

12 Jim Sciutto, *The Shadow War: Inside Russia's and China's Secret Operations to Defeat America* (New York: Harper, 2019).

13 Ross Babbage, ed., *Stealing a March: Chinese Hybrid Warfare in the Indo-Pacific; Issues and Options for Allied Defense Planners: Case Studies* (Center for Strategic and Budgetary Assessments, 2019).

14 Ito, "Hybrid Balancing as Classical Realist Statecraft."

15 政治・経済・情報という理念型については、Mikael Wigell, "Hybrid Interference as a Wedge Strategy: A Theory of External Interference in liberal democracy," *International Affairs*, Vol. 95, No. 2 (March 2019), pp. 255-275 も参照。

16 同様の概念および主張に関しては以下を参照。Randall L. Schweller and Xiaoyu Pu, "After Unipolarity: China's Visions of International Order in an Era of US Decline," *International Security*, Vo. 36, No. 1 (Summer 2011), pp. 41-72; Stacie E. Goddard, "When Right Makes Might: How Prussia Overturned the European Balance of Power," *International Security*, Vol. 33, No. 3 (Winter, 2008/2009), pp. 110-142.

17 Goddard, "When Right Makes Might," p. 121.

18 Rafal Wisniewski, "Economic Sanctions as Tools of China's Hybrid Strategies," paper presented at the 2019 annual convention of the International Studies Association, Toronto, Ontario; Wigell, "Hybrid Interference as a Wedge Strategy," pp. 264-265.

19 Dale C. Copeland, *Economic Interdependence and War* (Princeton: Princeton

University Press, 2014), p. 245. 同様の議論は、Dale C. Copeland, "A Tragic Choice: Japanese Preventive Motivations and the Origins of the Pacific War," *International Interactions*, Vol. 37, No. 1 (March 2011), pp. 116-126 を参照。

20　Gary D. Rawnsley, "Old Wine in New Bottles: China-Taiwan Computer-based 'Information Warfare' and Propaganda," *International Affairs*, Vol. 81, No. 5 (October 2005), pp. 1061-1078; Chengli Wang and Nataliia Kasianenko, 'Propaganda Strategies and Their Influence on Public Attitudes toward Aggressive Foreign Policy: Comparing China, Russia, and the United States', paper presented at the 2019 annual convention of the International Studies Association, Toronto, Ontario; John J. Mearsheimer, *Why Leaders Lie: The Truth about Lying in International Politics* (New York: Oxford University Press, 2013).

21　Tali Sharot, *The Optimism Bias: A Tour of The Irrationally Positive Brain* (New York: Pantheon, 2011).

22　Randall L. Schweller, *Unanswered Threats: Political Constraints on the Balance of Power* (Princeton: Princeton University Press, 2006), p. 9. 代表的な議論については以下も参照。Kenneth N. Waltz, *Theory of International Politics* (Reading, MA: Addison-Wesley, 1979); John J. Mearsheimer, *The Tragedy of Great Power Politics*, updated ed (New York: Norton, 2014; first publ. 2001).

23　事例選択における本質的な重要性については、Stephen Van Evera, *Guide to Methods for Students of Political Science* (Ithaca, NY: Cornell University Press, 1997), pp. 77-79, 86-87 を参照。

24　インド太平洋におけるインドのバランシング戦略については、Rajesh Rajagopalan, "Evasive Balancing: India's Unviable Indo-Pacific Strategy," *International Affairs*, Vol. 96, No. 1 (January 2020), pp. 75-93 を参照。

25　インド太平洋における制度化の見込みについては、Kai He and Huiyun Feng, "The Institutionalization of the Indo-Pacific: Problems and Prospects," *International Affairs*, Vol. 96, No. 1 (January 2020), pp. 149-168 を参照。

26　インド太平洋概念をめぐる論争に関しては、He and Li, "Understanding the dynamics of the Indo-Pacific," pp. 1-7 を参照。インド太平洋における BRI に基づいた中国の拡張主義的行動に関しては、Li, "The Belt and Road Initiative" を参照。

27　中国の戦略を分析する際、インド太平洋の地政学的状況を踏まえることは不可欠である。こうした点については、たとえば以下を参照。Li, "The Belt and Road Initiative"; Xue Gong, "Non-traditional Security Cooperation between

China and South-east Asia: Implications for Indo-Pacific Geopolitics," *International Affairs*, Vol. 96, No. 1 (January 2020), pp. 29-48.

28 Li, "The Belt and Road Initiative"; Gong, "Non-traditional security cooperation between China and southeast Asia"; Feng Liu, "The recalibration of Chinese assertiveness: China's Responses to the Indo-Pacific Challenge," *International Affairs*, Vol. 96, No. 1 (January 2020), pp. 9-27.

29 関連する議論は、土屋大洋編『アメリカ太平洋軍の研究——インド・太平洋の安全保障』(千倉書房、2018年)を参照。

30 Kei Koga, "Japan's "Indo-Pacific" question: countering China or shaping a new regional order?," *International Affairs*, Vol. 96, No. 1 (January 2020), pp. 49-73; Brendan Taylor, "Is Australia's Indo-Pacific strategy an illusion?," *International Affairs*, Vol. 96, No. 1 (January 2020), pp. 95-109.

31 Asian Development Bank, *Meeting Asia's Infrastructure Needs* (Mandaluyong City, Philippines, 2017).

32 簡潔性と説明力はトレードオフの関係にあるため、説明が簡潔であるにこしたことはない。したがって、あくまで分析のファーストカットはマクロな構造的な理論(ネオリアリズム等)が適切であり、それらによって説明困難な事象を、より細かいニュアンスに富んだ理論(古典的リアリズム、新古典派リアリズム等)で分析することが有益である。その際、古典的リアリズムのアドバンテージは、さまざまな指導者の国政術を理論化できる点、あるいは人間本性を理論化できる点にある。後者(人間本性の理論化)については、Ryuta Ito, "Hubris balancing: classical realism, self-deception and Putin's war against Ukraine," *International Affairs*, Vol. 98, No. 6 (September 2023), pp. 1959-1975; 伊藤隆太『進化政治学と国際政治理論——人間の心と戦争をめぐる新たな分析アプローチ(戦略研究学会編集図書)』(芙蓉書房出版、2020年);伊藤隆太『進化政治学と戦争——自然科学と社会科学の統合に向けて』(芙蓉書房出版、2021年)を参照。ただし、理論のマクロ/ミクロは相対的なものであり、古典的リアリズムや新古典派リアリズムですら、合理的選択理論や政治心理学的知見と比べると、リアリスト・リサーチプログラムの諸前提を有している点において比較的マクロな理論であるといえよう。

33 Chico Harlan, "China Creates New Air Defense Zone in East China Sea amid Dispute with Japan," *Washington Post*, 23 Nov. 2013, https://www.washingtonpost.com/world/china-creates-new-air-defense-zone-in-east-chinasea-amid-dispute-with-japan/2013/11/23/c415f1a8-5416-11e3-9ee6-2580086d8254_story.html (accessed, 27 October 2023).

34 Associated Press (AP), "China has Fully Militarized Three Islands in South

China Sea, US Admiral Says," *Guardian*, 21 March 2022, https://www.thegu
ardian.com/world/2022/mar/21/china-has-fully-militarized-three-islands-in-sout
h-china-sea-us-admiral-says#:~:text=2022%2021.47%20EDT-,China%20has%2
0fully%20militarized%20at%20least%20three%20of%20several%20islands,a%2
0top%20US%20military%20commander (accessed, 27 October 2023)

35 AP, "China Has Fully Militarized Three Islands."

36 政治的浸透に関する古典的な議論については、Stephen M. Walt, *The Origins of Alliances* (Ithaca, NY: Cornell University Press, 1987), chap. 7 を参照。

37 James Jiann Hua To, *Qiaowu: Extra-territorial Policies for the Overseas Chinese* (Leiden: Koninklijke Brill, 2014); John Garnaut, "China's Rulers Team Up with The Notorious 'White Wolf' of Taiwan', *Sydney Morning Herald*, 11 July 2014, https://www.smh.com.au/world/chinas-rulers-team-up-with-noto rious-white-wolf-of-taiwan-20140711-zt488.html. (accessed, 27 October 2023)

38 Lin Chang-shuan and Evelyn Kao, "Five Receive Jail Sentences on Charge of 'Vote Buying' for Han Kuo-yu," *Focus Taiwan: CNA English News*, 17 Jan. 2022, https://focustaiwan.tw/society/202201170011 (accessed, 27 October 2023)

39 中国の経済的バランシングに関しては、Li, "The Belt and Road Initiative" を参照。

40 Liu, "The recalibration of Chinese assertiveness"; Gong, "Non-traditional security cooperation between China and south-east Asia."

41 Koga, "Japan's 'Indo-Pacific' Question"; Taylor, "Is Australia's Indo-Pacific Strategy an Illusion?"

42 Li, "The Belt and Road Initiative."

43 Juha Kapyla and Mika Aaltola, "Critical Infrastructure in Geostrategic Competition: Comparing the US and Chinese Silk Road Projects," in Mikael Wigell, Soren Scholvin and Mika Aaltola, eds, *Geo-economics and Power Politics in the 21st Century: The Revival of Economic Statecraft* (Abingdon: Routledge, 2019), pp. 43-60.

44 Maria Abi-Habib, "How China Got Sri Lanka to Cough Up a Port," *New York Times*, 25 June 2018, https://www.nytimes.com/2018/06/25/world/asia/ch ina-sri-lanka-port.html (accessed, 27 October 2023)

45 Kapyla and Aaltola, "Critical Infrastructure in Geostrategic Competition," pp. 43-60.

46 Hamilton, *Silent Invasion*; Brady, *Magic Weapons*.

47 Hamilton, *Silent invasion*; To, *Qiaowu*.

48 Rawnsley, "Old Wine in New Bottles"; Wigell, "Hybrid Interference as a

Wedge Strategy," pp. 266-267.

49 State Council Information Office, "Tenth Five Year Plan for National Economic and Social Development, Informationization Key Point Special Plans" (18 Oct. 2002), cited in Dean Cheng, *Cyber Dragon: Inside China's Information Warfare and Cyber Operations* (Westport: Praeger Publishers, 2017), p. 1.

50 CGTN/AFPBB「福島大の林薫平准教授『放射能汚染水の海洋放出は国民の利益を犠牲にする』」2023年8月31日、https://www.afpbb.com/articles/-/3479455（2023年10月27日閲覧）。

51 Toshi Yoshihara, "Case study#5: China's coercive posturing in the Senkakus," in Ross Babbage, ed., *Stealing a March: Chinese Hybrid Warfare in the Indo-Pacific; Issues and Options for Allied Defense Planners: Case Studies* (Center for Strategic and Budgetary Assessments, 2019), pp. 36-37, https://csbaonline.org/uploads/documents/Stealing_a_March_Final.pdf (accessed, 27 October 2023)

52 Jennifer Saba, "China Takes Islands Dispute with Japan to Pages of US Newspapers," *Reuters*, 29 Sept. 2012, https://www.reuters.com/article/uk-china-japan-ads/china-takes-islands-dispute-with-japan-to-pages-of-us-newspapers-idUKBRE88S00R20120929 (accessed, 27 October 2023)

53 Yoshihara, 'Case study#5', p. 38.

54 Michael D. Shear, 'White House urges China to act on journalists' visas', *New York Times*, 30 Jan. 2014, https://www.nytimes.com/2014/01/31/world/asia/white-house-urges-china-to-act-on-journalists-visas.html. (accessed, 27 October 2023)

55 Saba, "China Takes Islands Dispute with Japan to Pages of US Newspapers."

56 Ibid.

57 この最たる例は、しばしば強権的な独裁国が行う言論弾圧、すなわち、反政府的な言説を取ったアクターを逮捕したり、処刑したりすることであろう。

58 Imre Lakatos and Elie Zahar, "Why Did Copernicus' Research Program Supersede Ptolemy's?" in Robert S. Westman, ed., *The Copernican Achievement* (Berkeley: University of California Press, 1975), pp. 375-376; Elie Zahar, "Why Did Einstein's Programme Supersede Lorentz's?(I)," *The British Journal for the Philosophy of Science*, Vol. 24, No. 2 (June 1973), p. 103.

59 Wigell, "Hybrid Interference as a Wedge Strategy," pp. 258-259; Alexander Lanoszka, "Russian Hybrid Warfare and Extended Deterrence in Eastern

Europe," *International Affairs*, Vol. 92, No. 1 (January 2016), p. 176.

60 Hamilton, *Silent invasion*.

61 Chiyuki Aoi, Madoka Futamura and Alessio Patalano, "Introduction: Hybrid Warfare in Asia, its Meaning and Shape," *Pacific Review*, Vol. 31, No. 6 (January 2018), p. 694. 例外的にインド太平洋におけるハイブリッド戦争を扱った先駆的研究は、Babbage, ed., *Stealing a March* を参照。

62 Colin Wight, Agents, *Structures and International Relations: Politics as Ontology* (New York: Cambridge University Press, 2009); David Dessler, "What's at Stake in the Agent-structure Debate?" *International Organization*, Vol. 43, No. 3 (Summer, 1989), pp. 441-473; Alexander E. Wendt, "The Agent-structure Problem in International Relations Theory," *International Organization*, Vol. 41, No. 3 (Summer, 1987), pp. 335-370.

63 Wigell, "Hybrid interference as a wedge strategy."

64 George and Bennett, *Case Studies and Theory Development in the Social Sciences*, p. 75; Eckstein, "Case study and theory in political science."

第4章

インド太平洋の「地域的安全保障共同体」と日本のアイデンティティ

岡本　至

はじめに

　「自由で開かれたインド太平洋（FOIP: Free and Open Indo-Pacific）」という新しい言葉が、日本を含む地域を定義するようになった。この地域定義、特に「自由で新しい」という語を冠した定義は、日本が提唱し、米豪印欧や東南アジア諸国連合（ASEAN: Association of Southeast Asian Nations）諸国など関係諸国に受容され、定着するに至った。この経緯については、すでに英語、日本語の文献で論じられており、本書の中にもそのような論考が含まれている。

　本章は、FOIP が提唱され唱和された事実を前提に、FOIP という新しい地域定義が、日本の自己認識、そして日本に関わる国際社会に対する認識を、どのように変えたかを考察する。アクターのアイデンティティや役割は、そのアクターが属する集団―ここでは地域―によって規定される。異なる地域定義の中の国のあり方、自己認識は、おのずから異なったものとなるだろう。では日本は、FOIP の中において、どのようなアクターであると自分を認識しているのか。これが本章の課題である。

　この考察に当たって、本章はバリー・ブザン（Barry　Buzan）とオーレ・ヴェーヴァ（Ole　Wæver）が提唱した「地域安全保障複合体（RSC: Regional Security Complex）」理論を、若干の修正を加えながら援用する。RSC 理論のレンズを使うことで、国家自身の安全保障の定義と地域の中の安全保障のパターンを、同一枠組みの中で考えることが可能になる。FOIP という新しい地域定義についても、RSC 理論を拡張することで議論することができる。

　RSC 理論は、戦後日本の安全保障への取り組みを、軍事問題への自制

117

と近隣諸国との歴史認識上の軋轢として描いている。本章は日本のこのような姿勢を、RSC 理論が基礎を置いている「安全保障化理論」に沿って「自己安全保障化」と定義する。日本の自己抑制的な安全保障政策は、東アジアの RSC と整合的であった。

　日本は、「東アジアの一員」から「FOIP メンバー」になることで、地域や世界における自己の役割をどのように変化させたのか。本章は、RSC 理論に基づく仮説を提出し、日本の政府文書や首脳演説の分析を通して、仮説の妥当性を検討する。

第 1 節　問題設定：新しい地域定義は国家をどう変えるか

　「自由で開かれたインド太平洋」という新しい地域概念が定着したことは、その地域内の国家、特に日本の自己認識や外交防衛政策をどのように変化させたのか。本章では、この問いを分解した上で、問いを考察するための適切な理論的枠組みについて考察する。

（1）地域区分の恣意性

　いうまでもなく、地表上にはそもそも境界線はなく、地図の上の様々な線引きは、人間の手によってなされたものである。海岸線や河川、山脈は地表を分けるが、これがそのまま人間社会の境界を形作る訳ではない。地表はいわば白いキャンパスであり、人間はこれに自由に、任意に線引きをすることができる。地表の区分には無限の可能性がある。

　地表に引かれた線の中で、国境線は、法的また政治的に特権的な地位を与えられている。主権国家は、第一に国境線により定義される存在である。国境線はまた、国家社会が相互了解した境界線であり、一国の都合で勝手に引き直すことはできない。国家の武力行使を一般に禁止している現代の国際法においては、国境線は不可侵であり、それを侵犯する行為は許されない。国境線が世界地図に必ず描かれることは、国境線の特権性を示している＊1。

　地理的に近接した複数の国家で構成される「地域」の境界はどうだろうか。国境線と異なり、地域の境界線は通常、法的な基盤を持たない。地域の線引きは、より自由かつ恣意的に行うことが可能である。大庭三枝がいみじくも述べるように、地域は「間主観的な社会的構築物」＊2と見なすこ

とができる。

　地理学的な区分として、世界をアフリカ、アジア、欧州、北米、南米、南極の6大陸（六大州）分類が知られている。国際連合が統計用に採用している標準国・地域コードUN M.49は、六大州をさらに細分化した小地域に分類している。しかしこれらの地理的な区分は、必ずしも世界の民族的、政治的、経済的な結びつきと対応していない。

　現実には、世界の地域は全くランダムに画定されているわけはない。ヨーロッパ（欧州）は、地理的にはアジアとひと続きだが、古代ギリシア、ローマ文明以来の欧州人自身が、自身の文化的・民族的来歴を特別なものと見なして、ユーラシアの他の地域と区分して来た。欧州から見たアジアは、欧州に近い順に近東、中東、極東などと定義された。北米、南米、アフリカは、世界の他の部分からの地理的分岐が比較的明確であるが、各々のサブカテゴリーであるカリブ海地域、マグレブ、サブサハラアフリカなどについては、歴史的文化的な観点から、他地域と区分されることがある。

　日本が属する地域については、アジア、東アジア、北東アジアと細分化する定義、環太平洋、アジア太平洋、インド太平洋と拡大する定義など多様なものが併存している。

（2）言語行為としての地域定義

　ある地理的範囲を特定の地域として定義することを、ジョン・オースティン（John Austin）の言語行為論における「発語内行為（illocutionary act）」と見なすことができる。オースティンの発語内行為とは、事実を伝える発語行為、言明によって他者の行動を変える／促す「発語媒介行為」とは異なり、発話によってある社会的行為を遂行することを指す。オースティンが挙げる例として、「私はこの船を〇〇号と命名する」と発話することで船の名称を確定する、というものがある。

　オースティンによると、発語内行為の成否は、「発語内の力（force）」の有無によって決定される。先の例でいえば、船の命名に適切な場面で、適切な話者による発話であることが、命名行為が有効であるかを決定する。この発語内の力の源泉は、慣習や社会制度などの社会的文脈が指定されている*3。

　地域定義の発語内行為とは、アクター、例えばある国が「私は××の地理的範囲を△△と名付ける」と発話することを指す。発語内行為はその定

義が他者、この例では周辺国家などから受容されることで有効となるが、他国がそれを無視、あるいは拒絶すれば、「不発」に終わる。つまり地域定義の言語行為の成否は、特定の慣習、社会制度などではなく、周辺国など他国の対応によって決定される。

　「自由で開かれたインド太平洋」という言語行為についていえば、ある国家が「この地域をまとめて『自由で開かれたインド太平洋』と呼ぼう」という発語内行為を行い、他のアクターがそれを受容して唱和するなら、発語内行為は成功し、そうでないなら不発ということになる。

（3）地域と国家のアイデンティティ

　今あげた「FOIP の発語内行為の成否」はクエスチョンになり得るが、残念なことに、そのテーマについてはすでに多くが書かれており、筆者はその多くの主張に同意するものである。本章はその問いについても確認するが、本章が先行研究に付け加えられるのは、同じ事柄を言語行為論の用語で言い換えることでしかない。

　そのため本章では、FOIP の成否という問いに加えて、別のクエスチョンを設定する。

　あるアクターの性質、役割、アイデンティティの在り方は、そのアクターが置かれる社会的環境に依存する。ある環境において適応しているアクターが、別の環境には適応できなくなるような事態は多くみられる。

　個人と社会環境の関係は、ある程度まで、国家とその国家が所属する地域との関係に置き換えることができる。国家にとって、自己が属する地域は、自国が直面する「他者の集合」である。異なる言葉で定義される地域は異なる国家集団により構成され、異なる性質を持つ。一般に、ある国が地域Aで持つ役割、キャラクター、アイデンティティは、地域Bの中では異なったものになる。

　日本が提唱した FOIP は関係国に受容され、成功した言語行為となった。日本は今や、自ら設定した FOIP という地域の中で行動するアクターである。FOIP の中の日本は、それまでの地域定義の中の日本と、どのように異なるのか。FOIP 内の日本について、日本自身はどのように認識し、語っているのか。

（4）分析用具としての国際関係論理論

　本章が設定した問題に整合的な国際関係論の理論枠組はどのようなものか。安全保障政策の分析には、力、特に軍事力やその基盤となる経済力の要素は不可欠であり、その意味で、リアリズムの要素は欠かせないだろう。しかしながら、地域とは第一に地理的な概念であり、地理の要素を等閑視するかに見えるネオリアリズムは、本章の目的に適合的でないだろう。

　東アジアあるいはインド太平洋地域は、相互の経済的相互依存は密であるものの、それを支える統一的な制度的基盤は存在せず、むしろ複数の制度が重層的に形成されている＊4。特に安全保障分野では制度化が遅れ、インフォーマルな話し合いの場が設定されているに留まる。国際的制度を分析対象とするリベラル制度論を本章の問題に援用することには限界がある。

　コンストラクティヴィズムを、その創始者のひとりであるアレクサンダー・ウェント（Alexander Wendt）のように「国際政治において『物理的』でない『理念』（ideas）の役割を重視する立場」と定義するなら＊5、同理論は本章の分析に不適合である。東アジア／インド太平洋地域の構成国は政治体制において分裂しており、理念やイデオロギーにおける共通項は見いだせないからである。しかし、コンストラクティヴィズムの一系統と見なされている地域的安全保障複合体理論は、本章の分析において援用可能である。次節では、この理論について説明し、必要な改変を加える。

第2節　地域的安全保障複合体理論とFOIP

（1）地域的安全保障複合体理論について

　前節で掲げた本章の問題設定に本章の同地域の分析に適合的な理論枠組みとして、ブザンとヴェーヴァが *Region and Powers* において創唱した地域的安全保障複合体理論を取り上げる＊6。

　同理論は、三つの大きな前提から議論をはじめる。ひとつは、距離と地理、そしてアクター間の地理関係の複合である地域を、安全保障の基本的な単位と認めるという前提である。ブザン/ヴェーヴァが正しく指摘するように、国際関係論の支配的理論であるネオリアリズムは、距離と地理という国際政治に固有の変数に、正当な地位を与えてこなかった。ネオリアリズムだけでなく、他の支配的理論であるネオリベラル制度論もコンスト

ラクティヴィズムも、距離・地理を重要な要素と考えていない。さらにいうならば、安全保障上の死活的脅威が消滅した第二次世界大戦後の西欧（冷戦終結後は中東欧を含む）における地域統合を主要対象としてきた欧州中心的な地域主義研究も、距離と地理という変数を看過して来た。容易に想像できるように、国際政治的アクターは、自己に対して地理的により近い他者に対して、より強い安全保障上の脅威を認識する。シリアの内戦が日本にとって喫緊の安全保障問題でないように、北朝鮮の核問題は、西欧諸国にとって重要課題ではない。距離が近いアクターによって構成される「地域」は、安全保障における死活的な利害関心と対立の場になる。

　第二に、アクターにとっての脅威、特に「死活的な脅威」は、アクター（国家）の内部で行われる、特定の「安全保障化（securitization）」言語行為によって形成されるという前提が設定される。安全保障化に関わる道具立てとしては、次のものがある＊7。

　①安全保障化アクター（securitizing actor）：安全保障化言語行為を行うアクターである。政府、軍事セクター、識者、マスメディアなどがこの役割を担う。

　②対象物（referent object(s)）：安全保障化言語行為において、当該社会が「守るべき」ものとされる対象である。自国の国家が対象物となることが多いが、自国の自由、民主主義、人権、政治理念、社会的平安、あるいは地球環境などが対象物とされることがある。

　③脅威（threat）：安全保障化言語行為において、対象物の安全を脅かすとされる存在。特定の外国、テロ組織、特定産業、特定の技術が脅威として論われることがある。

　④聴衆（audience）：安全保障化言語行為を受け止め、それを受容する、あるいは拒絶するアクター。言語行為が行われる場、社会などを指す。安全保障化理論にも分派があり、ヴェーヴァに代表されるような、聴衆が安全保障化アクターの言語行為をそのまま受け入れるとする立場と、ティエリー・バルザック（Thierry Balizacq）のように、聴衆と安全保障化アクターの間に相互的な関係があり、聴衆は安全保障化言語行為を受容するか拒絶するかの選択権を持つという立場がある＊8。

　この道具立てが如実に示しているように、RSC とその基盤となる安全保障化理論は、の社会構築主義（コンストラクティヴィズム）的前提を基盤としている。しかしその社会構築主義は、ウェントのような国際的理念・

規範を重視したものでなく＊9、あくまで国内における安全保障化言語行為とその帰結により形成された理念の共有を念頭においたものである。

　第三に、RSC は国内、地域国際関係、グローバルな大国関係の三レベルの相互作用から生まれると想定する。地域のバランス・オブ・パワー、経済・文化の地域特性、さらにグローバル大国関係の「被覆（overlay）」などの要素の複合的影響を考察する＊10。

　このような RSC の想定は、私たちの常識とも合致する、すぐれて現実的な前提である。国際的な規範が存在する場合があり、それが国際政治のあり方に影響を与えることも否定できない。しかし理念と規範が語られる場所、理念や規範が議論される場所は、通常はある社会の中、国の中であり、それに比べて、国家間の対話や議論による理念形成は、通常はるかに疎遠で希薄なものである。ひとびとにとって、政治的な議論の場は、第一に自国の公共圏である。国際的な理念形成は、不可能ではないにしろ、ほとんどの人にとってより遠く、疎遠な場所で行われる。安全保障は、ひとや社会の生死に関わる問題である。そのように疎遠な理念に、自分の生死を賭ける人はいないだろう。

（2）本章の分析におけるRSC理論の改変

　上述のように、RSC 理論は地域の安全保障秩序と地域内国家の安全保障認識を包含する理論であり、本章の問題設定に適合的である。日本の自己認識については、日本の国内的安全保障化に置き換えて議論することができる。

　このほかに、RSC 理論は東アジア地域およびインド太平洋地域の分析に次のような貢献をする。第一に、地理的な要因を導入することで、既存の主要国際関係論理論の欠陥を補い、より現実的な分析を可能にする。アクターはより近い国により強い脅威を感じる。海上へのアクセスがあるアクターは、他国との距離を容易に縮めることができる。このような「地政学的」知見は、20世紀後半以降の国際関係論では過小評価されているが、現代でも有用である。

　第二に、アクターの言語行為による敵対・友好関係の繰り返しと変化に着目することによって、歴史、政治体制、宗教・文化などの知見を地域安全保障理解に役立てることができる。アジア太平洋地域は長い前近代の歴史を持ち、各アクターがそれぞれ独自の政治秩序観、国際政治観の伝統を

抱いている。このような伝統が現代の政治外交に与える影響を無視することは適当でない。理論の簡潔性（parsimony）を希求するあまり、現前する貴重な情報や知見を使用しないのは不当である。

　同時に、本章の目的に合わせてブザン／ヴェーヴァの RSC 理論を改変していくべき点もいくつかある。

　まず、ヴェーヴァの安全保障化理論は、ポスト構造主義的な前提に依拠しているため、安全保障化言語行為における聴衆（社会）の役割、特に言語行為に対する対抗的言語行為や熟議などの、自由な公共圏の働きを過小評価している。この点をバルザックは批判しているが、管見では、この批判も十分なものでない。公共圏の役割については、より強固な理論的基盤が必要である。また、自由な公共圏と専制的な公共圏における、安全保障化言語行為の違いに言及していない点も不十分である。

　ある国の公共圏―言語行為の舞台―のあり方が、その国の政治体制や言論の自由度によって大きく規定されることを、分析の枠組みに組み入れることができる。ブザン／ヴェーヴァはこの点を強調していないが、言語行為のあり方は、それが行われる公共圏の性格によって大きく異なる。政治体制の対立が顕著なインド太平洋地域を分析する際に、自由な公共圏が存在する日本など民主国家と、公共圏が政治権力によって統制され抑圧されている中国など専制国家、さらに、不完全に自由な公共圏を持つ競争的権威主義国の違いを明示することは不可欠である。

　次に、安全保障化理論の最大の問題点として、ある社会において、なぜ特定の対象物が守るべきものとされるのか、なぜその対象物を守るための安全保障化言語行為が正統化されるのかの説明が不十分であることが挙げられる。ヴェーヴァの安全保障化理論は、安全保障化言語行為が特定アクターによって恣意的に行われる点を強調するが、これは最終的には、あらゆる脅威は架空のものであるという思考に行きついてしまう。本章は、ポスト構造主義的思考に顕著な、この「全ては架空」という志向性に従うものではない。

　また、ブザン／ヴェーヴァの東アジア RSC 論では、同地域の前近代の国際関係・伝統的世界観の理解が不十分であるが、千年を越える前近代国家関係の歴史を持つ同地域の分析においては、この欠陥は補われなくてはならない。ちなみに、今世紀初めに出版された *Regions and Powers* は、地域としてのインド太平洋には言及していない。

　そして、本章にとっての RSC 理論の最大の問題は、同理論がある時期における RSC を、固定的かつ相互排除的なものと想定していることにある。この枠組みの中では、FOIP などの新しい地域定義やその定義の確立を求める動きを捉えることができない。

　この問題は、RSC 理論が基礎とする安全保障化理論が、オースティン言語行為論に依拠していることを考えるなら＊11、理論のわずかな拡張で解決することができる。安全保障化理論は、安全保障と脅威に関する特定の言語行為に注目するが、いうまでもなく、国家の言語行為の対象は国防や守るべき価値に関するものばかりではない。新しい地域定義の提唱とその受容に関するオースティン的分析については、第4節で確認する。安全保障化言語行為とともに、地域定義に関する言語行為を加えることで、RSC 理論を拡張することができる。

（3）ブザン／ヴェーヴァのRSC分析における東アジア地域

　ここで、ブザン／ヴェーヴァが東アジアの RSC をどう分析していたかを確認しよう。ブザン／ヴェーヴァは冷戦時の東アジア地域について、北東アジアと東南アジアの二つの RSC が別個に存在していたと記述する。北東アジアでは、1920〜30年代から RSC 形成が始まるが、第二次世界大戦後は、内戦など国内レベルの紛争、そして南北朝鮮や中台対立などに見られる米ソ冷戦の被覆によって支配される地域であったが、中韓の反日感情など20世紀前半の対立に起因する憎悪が残存していた。東南アジアでは欧州植民地が独立したが、ここでも冷戦対立の被覆が見られ、ベトナム戦争の中で米国側の諸国は東南アジア諸国連合（ASEAN）を形成し、域内の対立を克服しながら、北ベトナムなど社会主義陣営と対峙した。東南アジアでは冷戦構造の被覆は徹底したものではなく、西側諸国に米英豪などを加えた東南アジア条約機構（SEATO: South East Asia Treaty Organization）は、ベトナム戦争後に消滅した＊12。

　ブザン／ヴェーヴァによると、北東アジア・東南アジアの RSC は冷戦後に統合し、東アジア RSC を形成した。この RSC 内の多くの国が、自由民主主義・自由経済と権威主義・閉鎖経済という政治経済体制をめぐるジレンマに直面している。地域レベルでは、このジレンマは南北朝鮮の対立、中台対立という形で顕在化した。ブザン／ヴェーヴァによると、冷戦後、東南アジアは紛争含みの地域からカール・ドイッチュ（Karl Deutsch）

的な「安全保障共同体」*13形成に向かった*14。

第3節　戦後日本の安全保障化と東アジアRSC

　前節で、RCS の構成要素として域内国の「安全保障化」について触れた。では、戦後の日本はどのような形で安全保障化を行い、自国の安全保障認識を形成していたのか。本章は、戦後の日本で支配的だった言説は、日本自身を安全保障上の脅威と見なす「自己安全保障化」だったという仮説を提示する。

（1）ブザン／ヴェーヴァが描く日本
　まず、2000年代初めの東アジア RSC における日本について、ブザン／ヴェーヴァがどう描いていたかを確認しよう。*Regions and Powers* は、冷戦後日本の安全保障政策の停滞と逡巡を次のように描写する。

　　日本にとっての主な問題は、同国が第二次世界大戦における壊滅的な敗北のあとで採用した、奇妙にも内向的で従属的な軍事態勢を維持するか、あるいは、他国が望み、あるいは恐れるように、リアリスト的な意味における「普通の国」になるかである*15。
　　日本が勢いを取り戻すか改革の長期停滞に陥るかについては議論があるが、国内的慣性により、日本は東アジアにおいて米国に従属的な役割を続けるだろう*16。

　同書は今世紀初めの日本のアイデンティティについて、東アジアの近隣国との関係において写し出す。

　　日本はいまだに近隣諸国と1945年以前の歴史問題で折り合いをつけることができず、限定的な謝罪と変わらぬ態度、国内における歴史問題に直面することを避ける態度により、進展が見られずにいる。日本の政治家が国内でできることと、近隣諸国を満足させることの間には、大きな隔絶がある。日本と中国・南北朝鮮の関係は冷却したままで、時折、日本の軍事政策、島嶼をめぐる領土紛争、第二次大戦中の日本の行動をめぐり燃え上がることになる*17。

　ここに記されている日本は、米国に依存する抑制的な安全保障政策を続けるとともに、中韓・北朝鮮など近隣諸国との「歴史認識問題」において自我の確立に悩む国家である。このような日本の安全保障への向き合い方は、次に考察する日本の「自己安全保障化」と整合的である。

（2）自己安全保障化 * 18

　第二次世界大戦後の日本の安全保障政策の特徴は、日本の防衛力や米国との同盟関係をいかに抑制し、制止するかの議論に多大のエネルギーが投入されてきたことである。日本の再軍備の是非、日米安全保障条約の改正、日米防衛協力のための指針（ガイドライン）の制定と改定、国連平和維持活動（PKO: Peace Keeping Operation）参加、集団的自衛権容認をめぐる内閣の憲法解釈改正、安全保障法制などについて、国会でも論壇でも盛んに討議されてきたが、その議論は、驚くほど一様なパターンを示している。日本の防衛を実効的に強化する政策に対して、野党や左翼勢力が批判する。それに対して政府側は、政策は日本の軍事力拡大を目指すものでない、憲法の枠を超えない、近隣諸国の脅威となるものでないなど、日本の防衛力に歯止めや抑制がかかっていることを強調する。

　ここに現れている言語行為は、次のように定式化できるだろう。防衛政策論議において、政府・与党と野党・左翼的論者はともに、日本、日本の防衛力、同盟国の米国を「脅威」と見なす安全保障化を行う。「守るべきもの」は日本とアジアの平和である。聴衆である社会は、日本自身がもたらす平和への脅威が大きくないことを確認したうえで、防衛政策を受容する。これは、日本国が自分自身を脅威と見なす特異な言語行為であり、「自己安全保障化」と呼ぶことができるものである。

　戦後日本の公共圏では、自己安全保障化言語行為が圧倒的な影響力を持ち、日本社会は、この言語行為に沿った形で現実を認識し、語ってきた。日本国、自衛隊、同盟国米国など日本防衛のために存在する機構・制度が平和に対する脅威とされ、ソビエト連邦、中華人民共和国、北朝鮮など、本来日本が実存的脅威と規定すべき国々は、この世界認識の中では脅威ではなく、その危険性を語ることもなかった。

　このように、自己を敵とする特異な言語行為が支配的であった最大の理由は、それが日本国憲法と同一の論理構造を持っていることにある。自己

安全保障化言語行為は、憲法を根拠にすることにより、法的政治的正統性と権力を帯びる。したがって、その言語行為に異議を唱える者は、違憲論者として非難される。政府が採用する外交安全保障政策は、自国を敵視する世界観に整合的なものにならざるを得ない。専守防衛原則、仮想敵国を想定しない基盤的防衛力整備、集団的自衛権の制限などがその例である。

　安全保障化理論を適用することで、日本の平和主義を、個々人の内面的な理念ではなく、外面的な社会行為として理解することが可能になる。日本の平和主義者は、自国が武装解除すれば平和を招来すると「本当に」信じているわけではない。彼らが自己安全保障化言説を繰り返すのは、憲法を背景とする法的政治的正統性が、彼らの言動を正当化し、彼らに何がしかの権力を与えるからである。

　では、自国自身を脅威とみなす世界観が導く戦略論、国際政治政策とはどのようなものか。戦略論は「敵に勝つ」ことを目的とする。自己安全保障化を満たす国家戦略は、徹底した無抵抗、非武装である。外交政策は国際秩序の維持確立を目指すが、この世界観が求める政策は、日本の弱体化と封じ込めである。

　しかしながら、日本は実際には、このような政策を採用して来なかった。日本政府は自衛隊を創設し、米国との同盟関係を維持し、自国内基地を米軍に提供してきた。この極めて現実主義的とも言える安全保障政策は、しかし、日本社会においては、常に不当なものとして語られてきた。このような、政府による現実主義的な防衛政策と、公共圏における自己安全保障化言語行為との乖離こそが、戦後日本の安全保障体制の特徴であり、日本の防衛政策を大きく歪めてきた原因である。

（3）東アジア地域安全保障複合体と日本の地位

　このような日本の安全保障認識は、東アジアの RSC とどのような関係を構成したのか。歴史家は、前近代の東アジア世界には、中華世界、朝貢冊封体制などと呼ばれる、中華帝国を最上位とする階層的な地域秩序が存在していたと語る。朝鮮、ベトナムなど周辺国の首長は中華皇帝に臣下の礼を取り、中華皇帝は周辺国首長を「冊封」して周辺国の支配を許すという、中国＝周辺国の上下関係を基本とする秩序が、歴代の中華帝国によって記述されてきた。国際経済関係についても、周辺国が中国に「朝貢」を行い、中国側が周辺国に「下賜」をたまわるという階層的・非対称的な関

係が強調される。

　中華帝国の支配者、すなわち皇帝の地位には、王朝ごとに異なる一族が就いて来た中華皇帝の正統性の根拠は、名目的には皇帝一族に天から与えられた「天命」に求められるが、現実には、皇帝が中国を支配するに至った「歴史」にある。歴史こそが正統性の根拠であり、だからこそ各王朝は、前王朝の「正史」を編纂することで自己の支配の正統性を明確にする必要があった。中国史研究者の中には、前近代中国の「史学」は、このような正史のあり方を示し、正史の正当性・正統性を裏付けるものとして展開したという議論がある。

　　　すなわち政府政権の存在理由の正当性を、具体的な事実に拠って説明するのが、史学の役割だということになる。だから中国の史書に、客観的な複数の史観という観念はなじまない。唯一の「正しい」認識があくまで前提になる*19。
　　　「正史」とはこのように、「正統」というイデオロギーを表現、発揚する書物である。だからそこに描く王朝政権のありようが「正しい」かどうかが、何よりも重大な問題だった。史実の叙述は何よりも、それを言いあらわすものでなくではならない*20。

　このような秩序像を第二次世界大戦後の東アジアに当てはめると、どのような絵が描けるだろうか。戦後東アジア世界秩序の基礎を構築する歴史は第二次世界大戦であり、その中で創設された国際連合である。中国は対日戦争の「戦勝国」であり、国連安全保障理事会におけるアジア唯一の常任理事国として、東アジア秩序の中心に位置し、周辺国に対して支配的な関係を持つべきである。

　ここで問題になるのは、日本の存在である。2010年までアジア最大の経済大国であり、米国の同盟国である日本は、中国の中心性を脅かす存在であった。日本の「自己安全保障化」による軍事的自己抑制は、日本の安全保障上のプレゼンスを抑えることで、東アジア RSC の中心に日本を置くことを妨げた。日本の軍事的抑制の根拠である日本国憲法第九条についても、第二次大戦後の地域秩序の一環として、東アジア RSC の一部を構成していたともいえる。

　ここで、1980年以降断続的に発生した、日本と中国および韓国の間の

「歴史認識問題」を想起することは的外れでないだろう。20世紀前半の歴史を惹起することで、中国、韓国、北朝鮮は、侵略や植民地支配の「被害者」として、加害者である日本に対する道義的な優位性を確認できる。前に引用したブザン／ヴェーヴァの描写に見るように、歴史認識問題は東アジア RSC において中核的な意味を持っていた。

　日本と中国・南北朝鮮の公共圏のあり方の違いも重要である。日本の自由な公共圏では、歴史的事実やその評価について、エビデンスに基づいた開かれた討議が行われる。ある主張は、その主張がエビデンスに即したものか、社会規範に合致しているか、また虚偽の主張を含んでいないかという基準に照らして評価され、受容される＊21。虚偽の発言に基づいた「事実」の主張は、その発言が虚偽であることが確認されるなら、棄却される。一方、中国や北朝鮮における政治的に抑圧された公共圏では、国家権力が「正しい」と定義した主張に対する異論は存在しない。異論を発するものは弾圧の対象となり、その発言とともに社会から消滅する。

　日本が自己安全保障化により防衛面で自己抑制していたことは、本章が示した東アジア RSC と整合的であった。2010年代までの東アジアにおける日本の圧倒的な経済的プレゼンスを考えるなら、日本の自己安全保障化は、東アジア RSC の不可欠の要素だったともいえる。

（4）「インド太平洋」における日本の自己認識の変化

　ここで、日本が属する地域を東アジアからインド太平洋に拡大することは、日本の自己認識をどう変容させるかについて、RSC 理論に基づく仮説を示そう。東アジア RSC が日本の自己安全保障化を組み込んだ地域複合体であるとして、舞台をインド太平洋に拡張することが、日本の役割やアイデンティティにどのような影響を与えるのか。

　東アジアとインド太平洋は、重なりながらも異なる国々により構成される地域であるが、各「地域」の性格は異なっている。両者の相違については次節で詳述するが、次のようなことは指摘できる。

　第一に、中国の台頭により、2010年代以降の東アジアは前近代の中華世界のような中国中心の地域になった。中国と北朝鮮は共産党独裁の専制国家であり、東南アジアにも権威主義的な国が多い。一方のインド太平洋には、米国、カナダ、豪州やインドなど、大小の民主主義国が存在し、地域全体を自由民主主義中心のものにしている。日本の同盟国である米国をは

じめ、インド太平洋の民主国家は、同じ民主国家である日本の安全保障面での積極性を歓迎するか、少なくとも寛容であろう。

　第二に、東アジアが中華世界の後継者だと見なされ得るのに対して、インド太平洋にはそのような伝統は存在しない。前近代の歴史を通じて、東アジアの国々は、日本を例外として、多くは中華帝国の冊封体制に入っていたが、インド太平洋諸国には、インドをはじめとして中華世界の外部者であった国が多い。インド太平洋は、中国を中心・頂点とする階層的な秩序になじまないだけでなく、そのような秩序に抵抗を示すと考えられる。そのため、日本の防衛力増強や積極的安全保障政策を忌避する傾向は弱いだろう。

　第三に、北東アジア、東南アジア諸国の多くが、20世紀前半に日本に植民地され、また侵略を受けた「歴史」を持つが、インド太平洋の国々はそのような経験を共有しない。インド太平洋の中では、日本は、東アジアにおける「歴史」をめぐる「加害」と「被害」のナラティブから自由になることができる。

第 4 節　地域定義とその中身

　前述のように、日本がその一部である地域を指す地域概念には、「自由で開かれたインド太平洋」の他に複数存在する。代表的な例としては、アジア、東アジア、環太平洋、アジア太平洋などが挙げられる。これらの地域は、相互に重なり合いながらも、それぞれ独自の性質・性格を備えている。

　この節では、インド太平洋、およびそれと併存する「東アジア」「環太平洋」の二つの地域定義を比較することで、FOIP の地域概念としての独自性を明らかにする。

（1）地域定義の比較
①東アジア

　インド太平洋と重なり合う地域定義の代表例は、東アジアであろう。国立情報学研究所学術情報ナビゲータ（CiNii: Citation Information by NII）で2001年以降の日本語学術論文を検索すると、「東アジア」は2000〜3000件であるのに対して、「環太平洋」はその10分の1程度の件数、「インド太平

洋」はさらに少ない＊22。東アジア地域に関する議論は、1990年代の「東アジアの奇跡」から「東アジア金融通貨危機」論、さらにその後の「東アジア地域協力」「東アジア共同体」論に展開した。ASEAN プラス3（APT: ASEAN Plus Three）や東アジアサミット（EAS: East Asian Summit）などの国際政治経済協力の枠組みが作られた2000年代が、東アジア論のピークだったと考えられる。前述の CiNii 検索でも、「東アジア」に関する日本語学術論文は、2010年をピークに漸減傾向である。

　「東アジア」を構成する国については、その最大公約数的理解は、APT を構成する日本、中国、韓国、ASEAN10か国であろう。EAS を構成する18か国のうち、APT メンバー以外の米露豪印とニュージーランドは、通常東アジアには含まれない。

　東アジアは、中華帝国中心の冊封体制あるいは中華世界システムの伝統を継承する地域でもある。その世界では、少なくとも中国側のナラティブにおいては、中華帝国が中心であると同時に他者を超越する権威であり、周辺国が中華帝国に心中するという上下関係を基礎とした国際秩序が存在した＊23。

　また東アジアは、20世紀に帝国日本の植民地支配を受けた地域でもある。第二次世界大戦において日本が敗北した後は、日本の武装解除と「平和憲法」受容、中華民国そして中華人民共和国の国連安保理常任理事国化により、戦勝国と敗戦国の上下秩序が形成された場でもある。この秩序は、侵略や植民地支配を行った加害者・日本と、その被害を受けたアジア諸国の関係として、特定の「歴史認識」により規範的に基礎付けされることになった。

　東アジアという地域定義と一致する自由貿易協定は、地域的な包括経済連携（RCEP: Regional Comprehensive Economic Partnership Agreement）である。日本は RCEP にインドが加盟するべく努力したが果たせず、結局APT13か国に豪州・ニュージーランドを加えた国々という、中国中心的な構成になってしまった。濱中慎太郎は、RCEP がこのような形で成立したことを、日本の経済外交の失敗であったと報告している＊24。

②環太平洋

　「環太平洋（trans-pacific）」という地域定義、地域構想については、1978年に首相に就任した大平正芳の「環太平洋連帯構想」に端を発し、大平が

つくった「環太平洋連帯研究グループ」、多国間準政府機構である太平洋経済協力会議（PECC: Pacific Economic Cooperation Council）創設につながるというナラティブが存在する。このナラティブによれば、PECC が1993年のアジア太平洋経済協力会議（APEC: Asia Pacific Economic Cooperation）において具体化する地域の政府間協力の基盤となった*25。

　APEC は太平洋地域の経済協議の場であるだけでなく、すべてのAPEC メンバーに開かれた自由防衛協定としての環太平洋パートナーシップ（TPP: Trans-Pacific Partnership）および「環太平洋パートナーシップに関する包括的及び先進的な協定」（CPTPP: Comprehensive and Progressive Agreement for Trans-Pacific Partnership）を形成する舞台を提供した。

　このような経緯から、「環太平洋」のメンバーを APEC 加盟国として定義することは、不適当ではないだろう。「東アジア」の APT13か国に加えて、オーストラリア、カナダ、チリ、香港、メキシコ、ニュージーランド、パプアニューギニア、ペルー、フィリピン、ロシア、台湾と米国が構成する地域である。

③インド太平洋

　「インド太平洋（Indo-Pacific）」という言葉を使った日本語論文を CiNii で検索すると、この語が現在のような国際政治経済の用語として使用されはじめたのは2015年からであり、それ以前はもっぱら海洋学、海洋生物学の研究に現れている。この語は本来、インド洋から太平洋にかけての地域や暖流域を指す言葉である。その地域はアフリカ東岸からフィリピン、インドネシアを経てオセアニアの東岸に至る。

　歴史的には、インド太平洋海域・地域は、古代からのインド洋交易の場である。その交易はムスリム商人に引き継がれたが、明の鄭和によるインド洋航海もこの系譜に位置づけられる。

　国際的地域定義としてのインド太平洋の来歴については既に見た。この地域は一般に、前述の環太平洋地域の国々に加えて、インド、パキスタン、スリランカ、バングラデシュを含むと考えられる。海洋学用語としてのインド太平洋が包摂していた東アフリカの国々については、本章では含めない。

（2）「自由で開かれた」という修飾語

　FOIP という概念の特徴は、それが単なる地理的な定義でなく、「自由

で開かれた」という修飾語が付けられていることである。「自由」「開かれた」は政治的に中立的な言葉ではなく、ある種の傾向性を持っていることは言を俟たない。

　「自由（free）」という言葉は、経済的自由とともに政治的な自由を意味する。経済的自由は、国際的な場面で使われる場合は、国際的自由貿易、自由な投資を指す。自由貿易とは、単に国境を越えて財が流通することだけでなく、それが「自由に」、すなわち権力による恣意的管理下に置かれずに行われなければならない。単なる財の流通だけでは、自由貿易と呼ぶことはできない。

　政治的自由は、近現代西欧の政治理論の主要テーマである。欧米世界における政治の近代化は、ある意味で、権力を集中した主権国家という怪物―ホッブズのリヴァイアサンはその謂いである―からの自由を確立するための闘争だと要約できる。この闘争は、政治理論の面でも実践においても、法の支配＝立憲主義、および公職者の普通選挙による選抜という形で結実した。政治的自由は「民主主義」と同義的に使われる場合が多い。

　「開かれた（open）」という形容詞は、経済の文脈でも政治の文脈でも、「自由」と親近的な意味で使われる。開かれた国際経済とは、貿易制限により閉ざされていない自由な経済であり、開かれた政治とは、専制的権力による抑圧がない自由な政治を指す。

　いうまでもなく、開かれたという言葉が地理について語られるとき、それは地理的に解放されていることを意味する。かつての「地政学」の用語を参照するなら、開かれたという言葉は海洋国家の世界観と整合的であり、一方の大陸国家の世界観はより「閉ざされた」ものである。

　「自由で開かれた」という修飾語がつくことで、FOIP はある政治的傾向性を帯びる。この地域が自由で開かれたものであると「言挙げ」することは、この地域を自由で開かれた国々が主導するという構想を含意する。中国や北朝鮮のような専制国家は、その重要性いかんに関わらず、FOIP においては周辺に追いやられる。

　FOIP という言葉を唱道しそれに唱和する国々は、程度の違いはあれ、インド太平洋地域が自由で開かれた場所である「べき」という主張に同調していることになる。FOIP という語のこのような意味合いは、この語を言挙げした日本にとって、特に重要である。

　日本放送協会（NHK）はジョー・バイデン（Joe Biden）政権成立に伴う

インド太平洋概念の動揺について、次のように報じている。少し長くなるが引用する。

しかしその FOIP が揺らいだ時があった。
トランプ（ドナルド・トランプ（Donald　Trump）、引用者注）からバイデンへ、政権交代がきっかけだ。
バイデン大統領が、去年（2020年、引用者注）11月、就任前に行った菅総理大臣との電話会談で口にしたのは「繁栄した安全な（Prosperous and Secured）インド太平洋」という表現だった。
新政権が前政権の政策を毛嫌いするのはどの国でもあることで、日本政府内には、バイデン大統領が"トランプ印"の FOIP を敬遠したという観測が流れた。
市川（外務省職員の市川恵一、引用者注）は、このときもその意義を懇切丁寧に説明して回ったという。
「"繁栄した安全な"も、もちろん最終的な目標としては大事です。ただ、それをつくりあげるためには国際秩序を形づくる基本的な理念が必要で、"自由で開かれた"は、多様性があるインド太平洋地域で最も広く受け入れられることばです。『インド太平洋に手を差し伸べることは、アメリカのリーダーシップや経済の回復にもつながる。われわれと一緒にやっていかないか』と申し上げました」
「採用は難しいよ」と難色を示す高官もいたというが、去年12月には、森外務審議官（現・外務事務次官）と知日派の元国務次官補、カート・キャンベル（Kurt　Campbell、引用者注）とのテレビ会議もセットし、日本側の考えを伝達。キャンベルはその後アジア政策を統括する「インド太平洋調整官」に就任する。政権入りも見据えた対応だった。
大統領就任直後のことし1月の日米首脳電話会談、バイデンが使ったのは「自由で開かれたインド太平洋」だった＊26。

日本が「自由で開かれた」という文言にこだわったこと、その文言がおのずから中国をけん制する含意があることを示す事例である。

（3）インド太平洋はどのような地域か
　この節では、インド太平洋とはどのような地域なのかについて、代替的

な地域定義である東アジアと比較する形で確認する。

　各地域定義の構成国については、表 1 のように設定する。東アジアは
APT のメンバー国、環太平洋は APEC 加盟国とする。インド太平洋につ
いては、それを代表する地域機構や枠組みが存在しないため、環太平洋国
家に主要な南アジア諸国を加えた。

表1　各地域定義の構成国

東アジア	環太平洋	インド太平洋
日　本	日　本	日　本
中　国	中　国	中　国
韓　国	韓　国	韓　国
北朝鮮	北朝鮮	北朝鮮
台　湾	台　湾	台　湾
インドネシア	インドネシア	インドネシア
カンボジア	カンボジア	カンボジア
シンガポール	シンガポール	シンガポール
タイ	タイ	タイ
フィリピン	フィリピン	フィリピン
ブルネイ	ブルネイ	ブルネイ
ベトナム	ベトナム	ベトナム
マレーシア	マレーシア	マレーシア
ミャンマー	ミャンマー	ミャンマー
ラオス	ラオス	ラオス
	米　国	米　国
	カナダ	カナダ
	オーストラリア	オーストラリア
	ニュージーランド	ニュージーランド
	パプアニューギニア	パプアニューギニア
	メキシコ	メキシコ
	ペルー	ペルー
	チリ	チリ
		インド
		パキスタン
		スリランカ
		バングラデシュ
		アフガニスタン
		ブータン
		モルディブ
		ネパール

　本章は、地域定義の性質について、地域構成国の政治体制、特に民主制度の確立・定着の度合いに関心を持つ。同時に、構成国おのおのの地域における「重み」を、各国の GDP で大掴みに把握する。

①フリーダムハウスの評価

　図1は、地域の民主化の程度・分布について、NGO フリーダムハウス（Freedom House）による Freedom in the world（FIW）の2022年における世界の「自由化度」で確認し、2022年の各国 GDP で重みをつけたものである。フリーダムハウスは1940年に米国で設立された人権団体で、1973年から毎年 FIW を公開している。FIW は各国

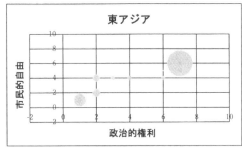

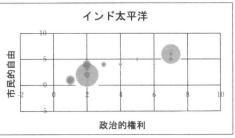

図1　東アジアとインド太平洋
Freedom House 'Freedom in the World 2022 'による比較

の自由度を、各国の専門家の意見などをもとに「政治的権利（political rights）」と「市民的自由（civil liberties）」の二指標で評価している。この二指標は、民主主義を「政治参加」と「市民の自由」の両面で評価する伝統に沿ったものである。両指標は1から7までの数値で示され、高い数値は自由度が低いことを表す。なお、図1では東アジア、インド太平洋の分布を示しており、両者の中間的な定義である環太平洋は省略している。

　図中には国名を入れなかったが、右上、すなわち自由度が低い箇所の大きなバブルは中国を示し、「インド太平洋」の左下の大きなバブルは米国である。

　一見して明らかなように、現在の東アジアの政治的分布は、政治的権利、市民的自由双方が低い点に重心がある。この中では、自由で民主的な日本や台湾、韓国は、むしろ例外的な存在である。一方インド太平洋では、二つの自由化度が高い区域に別の中心が形成され、政治的な傾向は、自由な国が優勢になる。

②V-Demの評価

　V-Dem は2014年に開始された新しい世界民主主義のデータセットであり、スウェーデンのヨーテボリ大学に設置された V-Dem Institute が作成している。V-Dem という名称は、民主主義の多様性(varies)に由来するが、その名の通り各国の政治体制を多様な観点から評価している。V-Dem は各国を、「選挙（Electoral　democracy)」、「自由民主（Liberal democracy)」、「参加（Participatory　democracy)」、「熟議（Deliberative democracy)」、「平等（Egalitarian　democracy)」の五つのハイレベル民主主義指標に基づいて評価するが、これらハイレベル指標はそれぞれ多数の下位指標を基礎として構成されている。ハイレベル指標相互はパラレルでなく、例えば選挙民主主義指標（v2x_polyarchy）は、他のハイレベル指標の構成要素でもある。

　V-Dem の詳しい説明は他の論考に譲るとして、本章では V-Dem の民主主義指標のうち、選挙民主主義指標（v2x_polyarchy）と自由度指数（v2x_liberal）を取り上げる。ハイレベル指標である自由民主、熟議などでなく自由度指数を選ぶのは、選挙民主主義指標以外のハイレベル指標はどれも v2x_polyarchy を含んでいるため、多重共線性の問題を免れないからである。

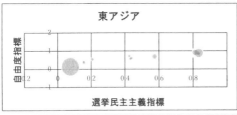

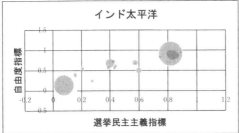

図2　東アジアとインド太平洋
2022年、V-Demによる比較

　V-Dem 各指標は0から1まで分布し、1に近いほど民主化度が高い。図2は、同指標を使った地域比較を示している。両図の左下の大きなバブルは中国で、「インド太平洋」の右上の大きなバブルは米国を示す。

　図2のメッセージは FIW を使った図1とほぼ同様である。東アジアは全体として専制的政治体制に重心があるが、インド太平洋ではこの傾向は逆転し、自由民主主義が優位な地域になる。

　この段では、インド太平洋地域が、東アジアなど他の地域定

義と比較して、どのような特徴を持つかを確認した。民主主義指標を使った分析を通して、東アジアが専制国家に重心を持つ地域であるのに対して、インド太平洋では、より大きな重心が自由民主主義の側にある地域であることが確認された。これは、インド太平洋に「自由で開かれた」という修飾語を冠し、その語にこだわった日本の立場や意図と整合的でもある。

（4）「自由で開かれたインド太平洋」の発話と受容

　この章では、自由で開かれたインド太平洋という地域定義がどのように発話され、受容されていったかを確認する。

①日本

　日本政府がどのように FOIP 概念を提唱し推進してきたについてついては、多くの先行研究がある。先行研究によると、FOIP は2006年に成立した第一次安倍政権において麻生外務大臣が提唱した「価値の外交」「自由と繁栄の弧」を淵源とし、2007年の退陣直前に安部がインドで行った「二つの海の交わり」演説において、太平洋とインド洋を結び付け、インドと日本という二つの民主国家が連携してこの海域の秩序を構築するという遠大な構想を語っている。

　　このパートナーシップは、自由と民主主義、基本的人権の尊重といった基本的価値と、戦略的利益とを共有する結合です。……
　　日本とインドが結びつくことによって、「拡大アジア」は米国や豪州を巻き込み、太平洋全域にまで及ぶ広大なネットワークへと成長するでしょう。開かれて透明な、ヒトとモノ、資本と知恵が自在に行き来するネットワークです。ここに自由を、繁栄を追い求めていくことこそは、我々両民主主義国家が担うべき大切な役割だとは言えないでしょうか。また共に海洋国家であるインドと日本は、シーレーンの安全に死活的利益を託す国です。ここでシーレーンとは、世界経済にとって最も重要な、海上輸送路のことであるのは言うまでもありません。志を同じくする諸国と力を合わせつつ、これの保全という、私たちに課せられた重責を、これからは共に担っていこうではありませんか＊27。

　この構想は、第一次安倍政権が実現を進めた日米豪印戦略対話（Quad:

Quadrilateral Security Dialogue）の局長級会合と軌を一にするものだった
が、安倍の退陣とともに一時頓挫した。

　2012年に首相として再登板した安倍は、同年「アジアの民主主義国によ
る安全保障ダイアモンド」を発表し、2016年8月、安倍首相はケニアで開
催された第6回アフリカ開発会議（TICAD: Tokyo International Conference
on African Development）の演説で、「自由で開かれたインド太平洋戦略
（Free and Open Indo-Pacific Strategy）」を対外発表した。安倍は日本の対
アフリカ援助の実績を踏まえ、こう述べている。

　　　アジアの海とインド洋を越え、ナイロビに来るとアジアとアフリカを
　　つなぐのは、海の道だとよくわかります。世界に安定、繁栄を与える
　　のは、自由で開かれた2つの大洋、2つの大陸の結合が生む、偉大な躍
　　動にほかなりません。日本は、太平洋とインド洋、アジアとアフリカ
　　の交わりを、力や威圧と無縁で、自由と、法の支配、市場経済を重ん
　　じる場として育て、豊かにする責任をにないます。両大陸をつなぐ海
　　を、平和な、ルールの支配する海とするため、アフリカの皆さまと一
　　緒に働きたい。それが日本の願いです＊28。

　竹中治堅によると、第二次政権における安倍の FOIP 構想には、法の支
配・自由貿易などの普遍的価値の実現、経済的繁栄、平和と安定の確保と
いう三つの「柱」が観察される＊29。

②米国
　米国政府高官による「インド太平洋」という言葉の使用は、2010年、ヒ
ラリー・クリントン（Hilary Clinton）国務長官の一連の演説から始まる。
演説でクリントンは、インド洋と太平洋のつながりを強調しているが、こ
れは当時オバマ政権が進めていた「リバランス」政策との関連が観察され
る。しかしオバマ政権は、「インド太平洋」という地域概念を明確に示さ
ず、輪郭がぼやけたものに留まった＊30。
　米国による FOIP 概念の受容は、トランプ政権からはじまる。2017年10
月にレックス・ティラーソン（Rex Tillerson）国務長官が「自由で開かれ
たインド太平洋」という言葉を政権首脳として初めて使用し、11月にトラ
ンプ大統領が FOIP 構想を打ち出している。これは同政権『国家安全保障

戦略』『国家防衛戦略』が中国を「現状変革国家」であり競争相手と位置付けたことと呼応しているが、**FOIP** という語を使用したことは、トランプ政権が安倍の構想を受け入れたと評価することができる*31。2018年には、米軍は「アメリカ太平洋軍（United States Pacific Command）」の名称を「インド太平洋軍（United States Indo-Pacific Command）」に変更した。

③インド

　先行研究は、インドにとってのインド太平洋戦略の淵源が、1992年に同国が開始した「ルック・イースト」政策にあると指摘する*32。この政策は、冷戦終結への対応としてインドが打ち出した対東アジア経済外交であり、主に ASEAN 諸国との関係強化を図るものだった。2014年から始まるモディ政権は、ルック・イースト政策を「アクト・イースト」政策に格上げした。伊豆山真理によると、モディ政権のアクト・イースト政策には、東アジア・東南アジア地域との経済連携だけでなく、近隣諸国への技術支援など地域での主導的役割を果たすことへの志向性とともに、日米のインド太平洋高層との親和性が観察される*33。モディ首相は2018年から頻繁にインド太平洋という用語を使用するようになったが、この背景にはインドの対中脅威感の高まりがあるという指摘がある*34。

④豪州

　2007年に安倍提案の QUAD に参加したオーストラリアは、親中的とされるラッド政権が QUAD を離脱し、中国をけん制するような日米との安全保障・経済連携は、一旦中断した。

　しかし2010年代に入ってから、中国の台頭や南シナ海における侵略的活動に対する豪州の対中脅威認識が高まるにつれ、同国のインド太平洋および QUAD への関心が強化される。2013年の国防白書はインド太平洋を「単一の戦略的弧」と指摘し、2016年の同白書はインド太平洋という語を69回使用している*35。2017年、豪州は日本の QUAD 協議再開の呼びかけを「歓迎」し、2019年には QUAD の外相級会談を実現している。

　豪州はインドとも関係を強化している。2020年、豪印は両国の関係を「包括的戦略パートナーシップ」に格上げし、相互後方支援協定、防衛科学技術実行協定を締結した。

　豪州が2021年に米英と立ち上げた安全保障協力である AUKUS も、中

国を念頭においた枠組という点で、豪州のインド太平洋戦略の一部を構成しているといえる。

　この段では、FOIP という地域定義がどのように提唱され、唱和され、受容されたかの過程を、先行研究などを通して確認した。
　日本は、インド太平洋概念の発明者ではないが、その語に「自由で開かれた」という修飾語を冠し、地域定義に政治的な意味づけを付加した。その目的は、共産党独裁の非民主国家中国が急成長し、地域を席巻する勢いで台頭することに対する牽制、抑制であった。
　FOIP を受容した米国、インド、豪州など周辺の民主国家にとっても、専制国家である中国の急成長は懸念材料であった。これらの国の中国脅威認識が強まり、顕在化することは、国々を FOIP 構成に接近させていった。
　本章の枠組みに沿って語るなら、自由で開かれたインド太平洋という発語内行為は、周辺の関係諸国によって受容されたことで、有効なものとなった。しかし、オースティンが挙げる事例と異なり、FOIP という発話を成功させたものは、既存の習慣や制度ではなく、関係国の対中脅威認識であったことが確認される。

第5節　日本は地域をどう語って来たのか

　この章では、日本政府が地域をどう語ってきたかについて、今世紀の『外交青書』『防衛白書』の分析を通して確認する。分析の手段として、自然言語処理で多く使用されるソフトウェア‘KH　Coder’を使用する。
　日本政府の白書、青書は、政府の所轄部門が外交・防衛問題を語る文書であるという意味で、日本政府自身の世界認識、状況認識を示すものと評価できる。首相、大臣など政府高官の演説も同様の性格を持ち、国会会議録は各政党の問題関心と物事の語り方、政府の見解と語り方を伝える資料として重要である。

（1）自然言語処理について
　本稿が政府文書分析の手法として自然言語処理を使う理由を説明したい。自然言語処理についての辞書的な説明は、次のようになる。

　　日本語や英語など人間が日常的に使っている言語（自然言語）をコン
　　ピュータで処理する技術、またその技術に関する研究領域。基礎技術
　　として形態素解析、構文解析、意味解析、文脈解析があり、応用技術
　　として機械翻訳、質問応答、情報抽出、情報検索、自動要約、テキス
　　トマイニングなどがある*36。

　すなわち、自然言語処理とは通常の言語表現を、広い意味で数量的・計
量的に分析することを指す。
　言語を、ただ読むのではなく計量的に分析する目的は何か。KH Coder
開発者である樋口耕一は、言語を計量分析することの意義として、データ
（対象となるテキスト）の探索によりデータの全体像がつかみやすくなるこ
と、読解における主観性を排することによる研究の信頼性・客観性の向上
の二つを挙げている*37。本稿が自然言語処理を使用する理由は、樋口が
挙げたテキストの全体的把握、そしてテキスト解釈における信頼性・客観
性の確保である。
　管見では、言語論的理論に依拠する政治学研究で、自然言語処理の方法
を利用したものは非常に少ない。本稿はそのような研究の嚆矢となること
を目指す。いまだ予備的研究に留まるという批判は甘受したい。

（2）政府文書における地域定義の出現数

　本章では、2001年度から2003年度までの『外交青書』『防衛白書』、そ
して総理大臣の国会における「施政方針演説」「所信表明演説」について、
txt 形式のコーパスを作成し、KH Coder を使った分析を行った*38。
　まず、『外交青書』『防衛白書』において、地域定義を示す語がどれだ
け出現しているかを確認した。インド太平洋という用語が政府文書に現れ
るのは2016年ころからであり、その時期の両文書における地域定義の出現
数を示すのが図3である。環太平洋、アジア太平洋はほぼ同一の地域を示
す言葉としてまとめている。
　2001年度からの『外交青書』各号では、「東アジア」、「環（アジア）太
平洋」がどちらも数十件程度出現していたが、2016年から出始めた「イン
ド太平洋」は両語を追い抜き、2021年度には212件に上っている。それと
ともに、東アジア、環（アジア）太平洋の出現数は漸減している。
　同期間の『防衛白書』では、「環（アジア）太平洋」の出現数が東アジ

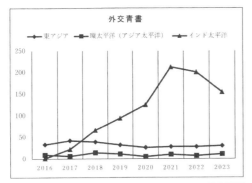

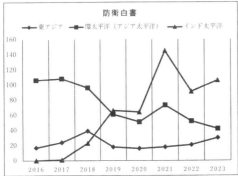

図3 『外交白書』『防衛白書』における地域用語の出現数

アを上回っているが、2017年から登場したインド太平洋が急増し、こちらも2021年度にピークを迎える。インド太平洋の「台頭」に置き換わるように、環（アジア）太平洋の使用数は減っている。

（3）『外交青書』の分析

共起ネットワークとは、共起、すなわち同じ文書に同時に現れる程度が高い語を線で結んだネットワークを意味する。KH Coder を使い、『外交青書』コーパスの共起ネットワーク図を作成した。なお、印刷の適合から、本章に図示する共起ネットワーク図は、その全体でなく一部を示している。

図4は、『青書』2001年度と2021年度を比較している。2001年度では、「アジア」は「太平洋」と共起し、「安定」「平和」「繁栄」などの語と強くつながっている。一方2021年度には、「アジア」の語はすでに消え、「インド太平洋」が登場するが、それは「実現」という国家の行動と目標を示唆するごと共起している。この図には示されていないが、2018年度からの『青書』にもインド太平洋は頻出し、「法の支配」「貿易」「投資」などの語と強くつながっている。

KH Coder の「KWIC コンコーダンス」機能を使って、特定語が文書において、どのような語のつながり、すなわち文脈の中で使われているかを見ることができる。2023年度『青書』で「インド太平洋」を確認すると、「推進」「実現」「地域の潜在力」などの語の前後で使われていることが確認される。

一方、「東アジア」は、「東アジア首脳会議（EAS）」という語の一部と

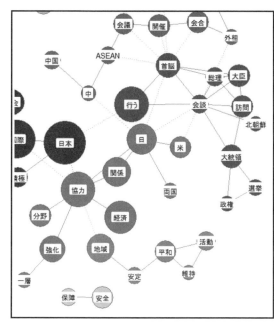

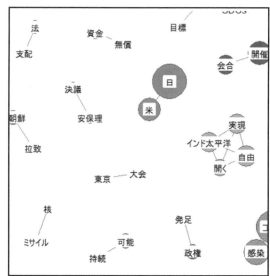

図４ 『外交青書』の共起ネットワーク

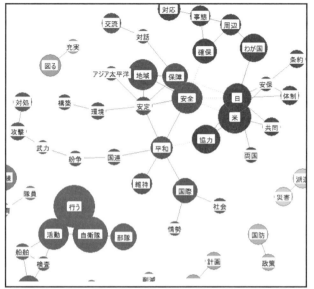

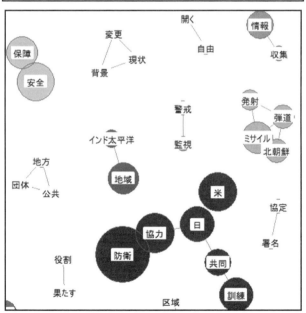

図5 『防衛白書』の共起ネットワーク

して出現するのが大半である。

（４）『防衛白書』の分析

　『防衛白書』テキストについても分析を行った。図5は『白書』の2001年度と2021年度を比較している。2001年度『白書』では、「アジア」は「太平洋」とともに、「地域」「安定」「環境」「構築」「平和」「維持」「国連」「対話」「交流」などの語とのつながりが確認される。

　2021年度『白書』では、やはり「アジア」の文言は消えており、「インド太平洋」が「地域」と共起している。「東シナ海」「南シナ海」がつながっていることは、両海域における中国の侵略的活動への言及を示唆している。「気候」が「変動」と共起する形で防衛白書に現れるのは、現代の安全保障上の関心を示してもいる。

　『白書』でも、KWIC コンコーダンスを使って2023年度版を分析した。「インド太平洋」は、前に「自由で開かれた」、後に「地域」という語を伴い、「安全保障」「中国の威圧的な行動」「同盟」「ビジョン」などの語が続く。防衛相としては、インド太平洋地域の具体的な安全保障上の懸念、脅威に言及していることが分かる。

　「東アジア」については16件がヒットするが、インド太平洋の一部として扱われることが多い。顕著なのは、「インド太平洋、とりわけ東アジアにおいて、力による現状変更の試みを」という形で、中国による東アジア地域の脅威を強調する文の中で使われる例が目立つ。

（５）総理大臣国会演説の分析

　2001年から2023年までの総理大臣の国会における「施政方針演説」「所信表明演説」について、単独のテキストは短いため、2001〜05年、2006〜10年、2011〜15年、2016〜20年、2021〜23年の5つのコーパスにまとめて分析した。

　共起ネットワークについては、2006〜2010年の演説では、「東アジア」と「共同（体）」が共起し、アジア太平洋と「繁栄」「平和」、さらに「国際社会」「我が国」のつながりが確認できる。一方2020〜23年の演説では、「インド太平洋」が「自由・開く」「同盟」「米（国）」「繁栄」と大きなつながりをつくっていることが確認される（図6）。

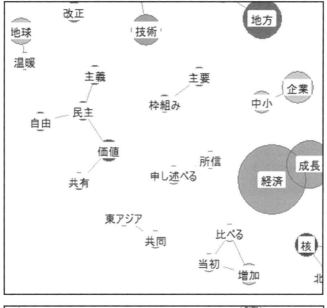

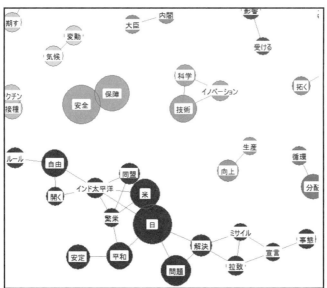

図6 総理大臣国会演説の共起ネットワーク

　KWIC コンコーダンスを使った分析では、2001〜05年演説のコーパスでは、「東アジア」が16件登場し（「北東アジア」として現れる5件を除く）、経済連携、共同体、サミットなどの語を伴うが、「太平洋」は「島サミット」を伴う2件しか出てこない。2006〜10年演説のコーパスでは、「東アジア」が30件、うち12件が「東アジア共同体」として現れるが、「太平洋」は6件のみである。これが2021〜23年の首相演説コーパスでは、3年弱の間ではあるが、「東アジア」はわずか1件、「私は、ウクライナは明日の東アジアかもしれないとの強い危機感から、力による一方的な現状変更の試みは世界のいずれの…」という文脈で出現するのみだが、「インド太平洋」は26回、多くは「自由で開かれた」を前に置き、「実現」「推進していきます」など前向きな語が続く形で現れている。

（6）小括
　本節では、今世紀に入ってからの『外交青書』『防衛白書』の分析を、KH Coder を使用したコーパスの自然言語処理を通して行った。両文書において、2016年度から「インド太平洋」「自由で開かれたインド太平洋」の用例が急増し、それまで多かった「東アジア」「アジア太平洋」を凌駕し、置き換わる形で使われたことが確認された。
　両文書の共起ネットワーク分析では、今世紀初めの政府文書では、「東アジア」と安定、平和、協力、交流が結び付けられた議論が目立ったが、20年後の2021年度には、東アジアの代わりに「インド太平洋」が多用され、インド太平洋が地域定義として確立し、また FOIP の実現推進が謳われるようになった。東アジアについては、同地域における中国の侵略的活動や脅威が強調されている。
　これらの結果が示唆するのは、次のことである。第一に、2001年の時点で「東アジア」の一員として、他の東アジア諸国と「平和」に「交流」「協調」することを標榜していた日本は、いまや「インド太平洋」を「自由で開かれた」地域にするために、より積極的な役割を果たそうとしている。これは、日本に対する周辺国、特に中国の脅威が高まっているという認識と軌を一にする動きである。政府文書においても、中国の具体的脅威が語られるようになったのは、この変化を反映している。

おわりに

　本章は、「自由で開かれたインド太平洋」という新しい地域定義が、提唱者であった日本自身のアイデンティティや国際的な役割の認識をどう変容させたかについて、ブザン／ヴェーヴァの地域的安全保障複合体理論を援用して考察した。そして、同理論から導かれる仮説、すなわち FOIP という「新しい地域」に自分を置くことで、日本が「自己安全保障化」的な制約を安全保障政策に課して来た自己認識を克服し、より積極的な防衛と外交を志向するようになったという仮説を、政府文書や首相演説の分析を通して検証した。検証結果は、この仮説を反証するものではない。

　インド太平洋の中の日本は、東アジアの中の日本と同じではない。日本が直面する厳しい外交・安全保障環境に対応し、より積極的な外交防衛活動を進めるためには、日本自身の自己定義の変更が必要であった。日本にとって、東アジアから FOIP への地域定義の変革は、日本自身の自己改革のために必要であり、また有効であったと評価することができるのではなかろうか。

　本稿における政府文書の自然言語処理分析は、まだ初歩的な段階に留まっているが、日本の国会会議録や諸外国の文書に分析対象を拡大するとともに、分析のための理論仮説をより精緻に構築することで、より有効な分析が可能になるのではないだろうか。この点については、今後の研究課題としたい。

註
1　国境線の不可侵性は国際法上の「建前」であり、国家はしばしば、自国の都合で国境線を勝手に設定し、引き直す。現在のロシア＝ウクライナ戦争のように、国境線の全面的変更を求める侵略戦争が行われることもある。
2　大庭三枝『重層的地域としてのアジア──対立と共存の構図』有斐閣、2014年、1頁。同書は、国際関係論における地域論を踏まえた2010年代はじめまでのアジア地域研究として、重要である。
3　J・L・オースティン（著）、飯野勝己（訳）『言語と行為──いかにして言葉でものごとを行うか』講談社、2019年。
4　大庭前掲書、221〜288頁。
5　Alexander Wendt, *Social Theory of International Politics* (Cambridge: Cambridge University Press, 1999), p. 1.

6 地域的安全保障複合圏理論については、Barry Buzan and Ole Wæver, *Regions and Powers: The Structure of International Security* (Cambridge: Cambridge University Press, 2003)の Part I に詳述されている。なお、RSC 理論を援用したインド太平洋秩序の先駆的研究として、納家政嗣「海洋秩序、地域安全保障複合体と日本」、国際問題研究所『アジア（特に南シナ海・インド洋）における安全保障秩序』2013年がある。

7 ブザン／ヴェーヴァの安全保障化理論については、Barry Buzan, Ole Wæver, and Jaap de Wilde, *Security: A New Framework For Analysis* (Boulder: Lynne Rienner, 1998)を参照。

8 Thierry Balzacq, "A Theory of Securitization: Origins, Core Assumptions, and Variants," Balzacq ed., *Securitization Theory: How Security Problems Emerge and Dissolve* (London: Routledge, 2011).

9 Alexander Wendt, *Social Theory of International Politics* (Cambridge: Cambridge University Press, 1999).

10 この点については、納家「海洋秩序、地域安全保障複合体と日本」にも説明がある。

11 ヴェーヴァの安全保障化理論は、オースティン理論というより、哲学者デリダのオースティン批判に親近的である。この問題については、岡本至「安全保障化理論の再構成――より一般的な安全保障分析のために」小田桐確編『安全保障化の国際政治――理論と現実』有信堂高文社、2023年、197〜215頁、に詳述している。

12 Buzan and Wæver, *Regions and Powers*, pp. 128-143.

13 Karl Deutsch, "Security communities," James Rosenau ed., International Politics and Foreign Policy: A Reader in Research and Theory (New York: Free Press, pp. 98-105).

14 *Region and Powers*, pp. 144-182.

15 *Region and Powers*, p. 146. 邦訳は引用者による。

16 *Region and Powers*, p. 147. 邦訳は引用者による。

17 *Region and Powers*, p. 152. 邦訳は引用者による。

18 戦後日本の安全保障政策における「自己安全保障化」については、岡本至「戦後日本の『自己安全保障化』防衛政策――憲法という言語行為規範」小田桐確編『安全保障化の国際政治』217〜235頁、を参照。

19 岡本隆司『中国の論理――歴史から解き明かす』中公新書、2016年、37頁。

20 岡本『中国の論理』39頁。

21 ここで示した言語行為の社会における受容の条件は、ユルゲン・ハーバーマス（Jürgen Habermas）の「コミュニケーション的行為」における発言の妥当性

条件（真実性、正当性、誠実性）に基づいている、J・ハーバーマス(著)、河上倫逸他(訳)『コミュニケイション的行為の理論(中)』未來社。

22 CiNii 検索による。https://cir.nii.ac.jp/　2023年10月26日閲覧。

23 中華世界システムに関する文献は数多い。代表的なものとして、濱下武志『近代中国の国際的契機——朝貢貿易システムと近代アジア』東京大学出版会、1990年。

24 浜中慎太郎「RCEP 署名は何を意味するか——地経学的見方」アジア経済研究所『IDE スクエア——世界を見る眼』2020年。https://www.ide.go.jp/Japanese/IDEsquare/Eyes/2020/ISQ202020_039.html（2023年10月26日閲覧）。

25 井本将来「環太平洋連帯の展開と PECC の設立——外相大来佐武郎の役割に焦点を当てて」『同志社法学』74巻6号、2022年。

26 NHK 政治マガジン「自由で開かれたインド太平洋誕生秘話」2021年6月30日、https://www.nhk.or.jp/politics/articles/feature/62725.html（2023年10月26日閲覧）。

27 「二つの海の交わり」安倍首相のインド国家における演説、平成19年8月22日。https://www.mofa.go.jp/mofaj/press/enzetsu/19/eabe_0822.html（2023年10月26日閲覧）。

28 TICAD VI 開会に当たって・安倍晋三日本国総理大臣基調演説（2016年8月27日）。https://www.mofa.go.jp/mofaj/afr/af2/page4_002268.html（2016年8月27日）。外務省サイト（2023年10月22日閲覧）。

29 竹中治堅「『自由で開かれたインド太平洋』構想と日本の統治機構」、竹中治堅編『「強国」中国と対峙するインド太平洋諸国』千倉書房、2022年、98頁、107～108頁。

30 中山俊宏「アメリカ外交における『インド太平洋』概念——オバマ政権はそれをどのように受容したか」日本国際問題研究所『インド太平洋時代の日本外交——スイング・ステーツへの対応』2015年、41～48頁。

31 竹中「『自由で開かれたインド太平洋』構想と日本の統治機構」109頁。

32 長尾賢「インドにとっての『インド太平洋』戦略とは何か」『国際安全保障』第46巻第3号、2018年、71～92頁、伊豆山真理「インドの地域主義外交における中国要員——アクト・イーストを中心に」竹中編『「強国」中国と対峙するインド太平洋諸国』139～168頁。

33 伊豆山「インドの地域主義外交における中国要員」151～152頁。

34 長尾「インドにとっての『インド太平洋』戦略とは何か」。

35 佐竹知彦「豪州の対中政策とインド太平洋」竹中編『「強国」中国と対峙するインド太平洋諸国』169～186頁。

36 『図書館情報学用語辞典 第5版』丸善出版、2020年。

37　樋口耕一『社会調査のための計量テキスト分析――内容分析の継承と発展を目指して　第2版』ナカニシヤ出版、2020年、101〜102頁。

38『外交青書』は外務省ホームページ　https://www.mofa.go.jp/mofaj/gaiko/bluebook/index.html（2023年10月31日閲覧）から、『防衛白書』は防衛省ホームページ　https://www.mod.go.jp/j/press/wp/（２０２３年１０月３１日閲覧）および http://www.clearing.mod.go.jp/hakusho_web/?_ga=2.242875650.1673528240.1699097629-1700834660.1694398564（2023年10月31日閲覧）から、総理大臣の「施政方針演説」「所信表明演説」は「リサーチ・ナビ」ホームページ「日本―施政方針演説、所信表明演説」　https://rnavi.ndl.go.jp/jp/guides/post_562.html（2023年10月31日閲覧）から引用。

第 3 部

インド太平洋をめぐる地域・事例研究

第5章

NATOの対中戦略と「インド太平洋」のグローバル化

小田桐　確

はじめに

　北大西洋条約機構（NATO: North Atlantic Treaty Organization）がインド太平洋地域への関与を模索し始めている。焦点は中国である。2019年12月のロンドン首脳宣言で初めて中国について「機会と挑戦」として言及すると、2022年6月のマドリード首脳会合で採択した「戦略概念」では、中国について「システミックな挑戦」と明記した＊1。また、インド太平洋にも初めて言及し、「欧州大西洋の安全保障に直接影響する」として、日本など同地域のパートナー諸国（米国の同盟諸国）との提携強化を謳った。同首脳会合には、岸田文雄首相が日本の首相として初めて出席した。2023年7月のビリニュス首脳会合では加盟国間で最終合意に至らなかったものの、NATO 東京事務所の開設に向けた動きも見られた。

　NATO 諸国によるインド太平洋への関心の高まりの背景には、中国の台頭と大国間競争の復活という国際政治構造の変化が存在する。これは単にインド太平洋地域内での米中の力関係の変化というにとどまらない。世界規模での覇権争いの可能性を秘める。さらに巨視的に見れば、欧州大西洋からインド太平洋への力の重心の移動であり、19世紀以来の世界史的な現象として理解できる。第二次世界大戦後、国際政治の主舞台であった欧州大西洋で生まれ、ソ連との対峙やテロとの戦いを通じて世界大で影響を及ぼしてきた NATO が、今日、長く国際政治の脇役と認識されてきたインド太平洋への参画を模索し始めたことは、そうした重心の移行を端的に表している。

　だが、同盟としての NATO の本来任務は集団的な領域防衛であり、想定される敵対国は隣接するソ連・ロシアであった。また、1990年代以降、域外国の安定化やテロ対処を目的に NATO 域外に部隊を派遣し軍事活動

に従事してきたとはいえ、その対象は地中海周辺や中東など欧州に近接した地域に限られていた。米国とカナダが大西洋国家であると同時に太平洋国家であり、一部の欧州加盟国が太平洋に海外領土を有するにもかかわらず、NATO としてインド太平洋に潜在的脅威を想定し、現地に提携相手国を求め、具体的な措置を検討するということは、2010年代末までなされなかったのである。

　では、近年、欧州大西洋とインド太平洋の連結性が意識されるようになったのはなぜか。NATO にとって中国の経済的・軍事的台頭はいかなる意味で安全保障問題であり、いかに対処しうるのか。本章では、NATO の対中認識と対中戦略について、戦略概念や首脳会合の声明文等の公文書を基に考察する。第1節では、2022年に策定された最新の戦略概念の内容、そこに至る経緯とその後の展開について確認する。第2節では、NATO の対中脅威認識、その背後にある米国の対中姿勢と米欧間・欧州諸国間の利害対立について論じる。第3節では、中国が直接・間接に欧州大西洋地域にもたらしうる潜在的脅威への NATO としての措置について、軍事的な抑止・防衛に加え、政治同盟としての機能、インド太平洋のパートナー諸国との協力関係を含めて検討する。最後に、欧州大西洋とインド太平洋の連結がもたらす国際政治構造上の意味合いについて、「安全保障化（securitization）」と「地域的安全保障複合体（RSC: regional security complex）」の概念・枠組みを参照して整理し、結びとする。

第1節　NATOの対中認識

（1）2022年戦略概念

　「戦略概念」とは、NATO の主要任務と戦略を示した公式文書のことである。北大西洋条約（1949年4月）に次ぐ重要文書とされる。1950年に初めて策定されて以降、概ね10年ごとに更新されてきた。冷戦期には機密文書とされていたが、5回目（1991年11月）以降は公開されている*2。2022年6月のマドリード首脳会合で採択された戦略概念が最新版である。NATO 加盟国にとり、今後10年間の行動指針となる。以下では、2022年戦略概念の特質を指摘する。

　第一に、現状の戦略環境について、「欧州大西洋地域は平和でない」（第6項）との認識を示した点である。その上で、「ロシア連邦は、同盟国の安

全保障と欧州大西洋地域における平和と安定に対する最も重大で直接の脅威である」（第8項）と明記する。冷戦後に出された過去3回の戦略概念では、集団防衛を主任務として維持しながらも、ロシアとのパートナーシップを模索してきた。とりわけ、対テロ戦争を受けた前回2010年の戦略概念では、「欧州大西洋地域は安定しており、通常戦力による脅威を受けていない」との認識の下、ロシアはミサイル防衛などで協調すべき「戦略的パートナー」として位置づけられていた。それを受けて、関心は、欧州周辺地域での不安定性を取り除く危機管理（域外活動）に移っていた。それに対して、2022年戦略概念では、大国間競争の復活を前提に、集団防衛体制（抑止と防衛）の強化に再び重点が置かれたといえる。

　第二に、中国への言及がなされた点である。これは、NATO の戦略概念としては史上初である。また、2022年戦略概念の中で、ロシアのほかに国名が挙げられているのは、中国だけである。具体的には、中国の国名が明示されているのは、第13、14、18項である。第13項では、「中華人民共和国の表明された野心と威圧的な政策は、我々の利益や安全保障、価値に挑戦している」との対中基本認識を示す。続けて、「中国は、グローバルな足跡を増やし、パワーを投射するために広範な政治的、経済的、軍事的な手段を採用している」として、中国がもたらす挑戦の地理的広がりと多分野性を示唆している。軍拡、ハイブリッド・サイバー作戦、偽情報、重要技術・産業部門、重要インフラ、戦略物資、供給網の支配を列挙し、「経済的梃子を利用して戦略的依存を創出し影響力を高めようとしている」と分析する。その上で、中国は「宇宙、サイバー、海洋領域におけるものを含めて、ルールに基づく国際秩序を転覆しようと努めている」との警戒感を示す。さらに、「ロシアと中国の戦略的パートナーシップの深まりとルールに基づく国際秩序を損なう試みの相互強化は、我々の価値と利益に反している」として、中ロ連携への警戒感を示している。

　続く第14項でも、冒頭の一文を除き、中国を NATO への挑戦として捉える記述が続く。典型的には、「我々は、中国が欧州大西洋の安全にもたらすシステミックな挑戦（systemic challenge）に対処するために同盟国として責任をもって共に働く」と決意を表明している＊3。続けて、NATO 諸国の強靭性を高めて中国の威圧的な戦術に備える旨を述べたのち、「我々は、我々の共有された価値と、航行の自由を含むルールに基づく国際秩序のために立ち上がる」と表明して、この項を締め括っている。また、軍

備管理に関する第18項でも、中国の国名を挙げて、核戦力の増強について言及している。

　そのほか、直接中国を取り扱わない他の項でも、国名が明示されてはいないものの、英語の複数形で表されており、ロシアに加えて中国を含むと解釈できる箇所がいくつかある。たとえば、第7項では、「権威主義的アクター（authoritarian actors）が我々の利益、価値、民主的生活様式に挑戦している」との現状認識を示している。また、サイバー空間の文脈（第15項）では「悪意のあるアクター（malign actors）」、宇宙の文脈（第16項）では「戦略的競争相手と潜在的敵国（strategic competitors and potential adversaries）」という表現で中国を暗示している。中国は、NATO にとって切迫した脅威であるロシアとは峻別されながらも、それに準ずる危険な存在として評価されていることがわかる。

　このように、2022年戦略概念において、中国は多岐にわたり安全保障上の困難をもたらす国として描かれている。ただし、次の三点に留意が必要である。まず、文書全体の構成の中での位置づけであるが、ロシアの記述に特化した第8、9項と中国の記述に特化した第13、14項の間には、テロ、アフリカ・中東、人間の安全保障に関する三つの項が挟まっている。条項の順序が問題認識の重要性を表すとすれば、NATO の安全保障にとっての中国の重要度は、テロなどよりも下位に置かれていることになる。NATO 全体の議題の中で、「中国の台頭がもたらす挑戦」は、さほど優先順位は高くないのかもしれない。

　また、ロシアに対する表現とは異なり、中国に対しては脅威や敵国という表現を明示的には用いていない。この点について、首脳会合後の記者会見でイェンス・ストルテンベルグ（Jens Stoltenberg）事務総長が次のように言明した。「中国は我々の敵国ではないが、中国がもたらす深刻な挑戦について明確でなければならない」*4。要するに、NATO から見て、中国が突きつける諸問題は、ロシア由来の諸問題とは性格が異なるとの認識である。とはいえ、2022年戦略概念の中で、中国の名指しを避けながらも、実質的に潜在的脅威を意味すると読める箇所があることは、既述の通りである。

　さらに、第13項で中国に関する厳しい評価を示したのち、続く第14項の冒頭では一転して、対中関与政策の可能性に言及している。すなわち、2022年戦略概念における対中姿勢は、強硬策一辺倒という訳ではない点に留

意が必要である。とはいえ、対中協調の模索は、「中国に建設的に関与する用意がある」との一節で終了し、第14項の残りの記述はすべて、中国の挑戦に立ち向かう NATO の決意表明に充てられている。専ら中国の挑戦に関する条項（第13項）が関与を含む条項（第14項）の前に置かれていること、分量的にも挑戦に関する記述量が圧倒的に多いことを踏まえれば、戦略概念における中国関連の主旨が「挑戦」にあることは明白である。

　2022年戦略概念の特質としては、第三に、協調的安全保障の一環として、「インド太平洋」に初めて言及した点を指摘できる。背景には、「我々が直面する脅威は、グローバルであり相互連結している」（第6項）との情勢認識がある。その上で、「パートナーシップは、グローバルコモンズを保護し、我々の強靱性を向上させ、ルールに基づく国際秩序を支えるために重要である」（第42項）、「我々は、ルールに基づく国際秩序を支持することにおける同盟の価値と利益を共有するパートナーとの絆を強化する」（第44項）との方針を示す。具体的には、第45項で各地域との連携に言及するが、その中で、「インド太平洋は、同地域における発展が欧州大西洋の安全に直接影響しうることを考えると、NATO にとって重要である。我々は、地域を跨ぐ挑戦と共有された安全保障利益に対処するために、インド太平洋における新たなそして既存のパートナーとの対話と協力を強化する」と述べている。ここで、複数形の挑戦（challenges）と言い表されているものの一つが、中国であろう。パートナーの国名は挙げられていない。

（2）対中認識の変遷と定着

　冷戦終結以降の3回の戦略概念（1991年、1999年、2010年）において、中国への言及はなかった*5。NATO の公文書において中国への言及が初めてなされたのは、2019年12月のロンドン首脳会合で出された共同宣言であった*6。この中で、「中国の影響力増大と国際政策は、我々が同盟として共同で対処する必要がある機会と挑戦をもたらしている」と述べている。先に詳説した2022年戦略概念における「挑戦」という言い回しに比べると、ロンドン宣言では、「挑戦」とともに「機会」が入っていること、しかも、「機会」が「挑戦」の前に置かれていることがわかる。2019年当時、中国の台頭が NATO にもたらす安全保障面の様々な問題を意識し始めながらも、それと同じかそれ以上に、依然として対中関与政策への期待が高かっ

たことを示唆する。換言すれば、2020年以降、NATO 諸国の対中認識が急速に悪化し、表現が厳しくなったといえる。

　また、ドナルド・トランプ（Donald J. Trump）政権からジョセフ・バイデン（Joseph R. Biden, Jr.）政権への交代後間もなく開かれた2021年6月のブリュッセル首脳会合の共同声明では、NATO を「歴史上最強で最も成功した同盟」と表現し、結束を再確認している。その中で、中国については、「中国の影響力拡大と国際政策は、我々が同盟として共同で対処する必要がある挑戦をもたらしうる」と述べている＊7。1年半前のロンドン宣言とほぼ同じ文言であるが、「機会」が消えていることがわかる。その一方で、「中国の表明された野心と自己主張の強い行動が、ルールに基づく国際秩序と同盟の安全保障に関わる地域へのシステミックな挑戦をもたらしている」と2022年戦略概念と類似の表現を用いた言及が見られる。すなわち、2022年戦略概念の原型はすでに前年のブリュッセルで出されていたのであり、翌年の文書はこの基調を引き継ぐものであったといえる。

　同様に、2022年戦略概念発表後初の首脳会合が翌2023年7月にビリニュスで開かれたが、この共同声明においても、「中華人民共和国の表明された野心と威圧的な政策は、我々の利益や安全保障、価値に挑戦している」「広範な政治的、経済的、軍事的な手段を採用している」「ルールに基づく国際秩序を転覆しようと努めている」などと、前年の戦略概念と同様の文言で中国に言及している＊8。また、各論では、サイバー、宇宙、重要技術や資源、供給網の支配などを列挙しており、文章の構成も同型である。戦略概念に示された対中認識が NATO 内で定着しつつあると捉えてよかろう。

第2節　中国をめぐる同盟内政治

　NATO にとって、中国はどのような意味で「挑戦」なのか。特に、欧州の NATO 諸国から見ると、中国とは、いかなる問題として捉えられるのか。ストルテンベルグ事務総長は、2019年12月のロンドン首脳会合に際して、「我々は、中国が我々に近づいてきているという事実に対処しなければならない」と強調した＊9。また、NATO の専門家会合が2020年11月に発表し、2021年6月のブリュッセル首脳会合で承認された改革指針『NATO2030 ──新時代に向けた団結』は、中国を「フルスペクトラム

なシステミック・ライバル」「安全保障領域と経済領域に跨がるシステミックな挑戦」と規定し、様々な備えを提言した＊10。本節では、地理的にも分野的にも多面的な性格を持つ中国の台頭をめぐる NATO 加盟国間の認識の異同について論じる。

（1）挑戦としての中国
①欧州大西洋での挑戦
　中国が欧州大西洋地域に及ぼしうる各種の潜在的脅威やリスクについて検討する。

　まず、北大西洋地域の国々が中国から直接の武力行使を受ける事態が想定される。欧州諸国の領土が中国からの武力攻撃によって直ちに脅かされる蓋然性は低いにせよ、軍事能力面で言えば、潜在的な可能性として想定しうる。また、中国と NATO 加盟国の米国は太平洋を挟んで向かい合っており、台湾海峡危機などをきっかけに両国間で米国本土を巻き込む武力衝突が生じる可能性は否定できない。

　軍の現代化を進める中国は、自国の周辺地域を超えた投射力を持つ大国になりつつある。特に戦略核戦力の増強を進めており、長距離ミサイルや原子力潜水艦、航空母艦を保有する。主たる標的は米国と考えられるものの、欧州の大半の地域は米国東海岸よりも地理的には中国に近く、北大西洋地域全域を射程に収めている。「核同盟」である NATO が中国の核軍拡を懸念し、対中核抑止を視野に入れることは、荒唐無稽ではない。2022年戦略概念も、中国の核戦力増強に言及し懸念を示している。

　通常戦力に関して言えば、中国の海洋進出が欧州の近隣に及んでおり、NATO 加盟国の北方や南方で徐々に軍事的プレゼンスを拡大している。中国政府は、2018年、「北極政策白書」を公表した。ロシアと共同で天然ガス開発プロジェクトを進める一方、「氷上シルクロード」を通じて中国と欧州を接続する目標を掲げ、北極海航路の開拓を進めている。その一方で、バルト海、地中海では、ロシアと合同で海軍の軍事演習を行った。さらには、2017年、空母が寄港できる保障基地を東アフリカのジブチに開設した。インド洋やスエズ運河を睨む要衝である。習近平政権が掲げる「一帯一路」の沿岸の国々では、中国政府系企業が港湾施設を租借・接収するなどしている。こうした中国の動きは、民間船舶ばかりでなく NATO 諸国の艦船の航行を妨げる恐れがある。

サイバーや宇宙など「新領域」にも中国の軍事的影響が及んでいる。ま
ず、中国は、対衛星兵器など対宇宙能力を開発しつつあり、NATO の人
工衛星を脅かす可能性がある。実際、2007年1月には衛星破壊実験を実施
した。また、NATO 加盟国は、中国からのサイバー攻撃の対象となって
いる＊11。さらには、NATO 諸国を直接狙ったソーシャルメディアでの偽
情報の流布による攪乱の可能性がある。こうした認知領域での情報操作は、
選挙時の政治的混乱や外交上の宣伝に限らず、戦争中になされる可能性も
ある。戦時には、これら新領域の非伝統的な手段は、単独で用いられると
は限らない。これら新しい手段の間での組み合わせは無論のこと、伝統的
な軍事的手段とも組み合わせて、複合的なハイブリッド戦として展開され
る可能性が高い。
　いずれにせよ、宇宙、サイバー、偽情報といった安全保障の新領域では、
中国発の脅威が地理的な制約を越えて米欧に達することを意味する。地理
的要因の無効化が進むことで、中国から物理的距離を隔てた NATO 加盟
国であっても、中国による各種の攻撃から直接に危害・損害を受ける恐れ
が高まってきた。域内の社会システムが脆弱化することへの警戒である。
　また、中国が欧州に対して直接攻撃を仕掛けるわけではなくとも、ロシ
アとの軍事協力や外交的支援を通じて、間接的に欧州諸国の安全を危うく
する恐れがある。中ロ間には、すでに2001年設立の上海協力機構（SCO:
Shanghai Cooperation Organization）があり、中央アジアの安定化やテロ対
策での協力が進められてきた。また、先述の通り、海底資源の共同開発や
海軍の合同軍事演習を欧州近海で実施している。そのほか、極超音速兵器、
対宇宙能力、対潜能力などの機密性の高い技術に関する防衛産業協力を拡
大している。両国は、1990年代半ば以降、戦略的パートナーシップの関係
にあるが、2022年2月4日の共同声明では、両国首脳が「無限の友情」を誓
い、NATO 拡大反対を表明した＊12。その直後に勃発したウクライナ戦争
に際し、中国は、NATO の責任であると非難した＊13。2023年3月には、
「新時代の包括的戦略協力パートナーシップ」の「深化」で合意している。
ロシアを介した中国の影が欧州に及んでいる。
　これまでの NATO 諸国の戦略は、ロシアが加盟国の領土的一体性への
唯一の脅威であり、そのロシアに有力な同盟相手はおらず孤立していると
の前提に立っていた。それに反し、中国の中立化は、ロシアが欧州で軍事
行動を行う際に、背後の東方で第二戦線が開かれて二正面戦争に陥る危険

性を考慮せずに済むことを意味する。その結果、ロシアのリスク計算式が変わり、ロシアが機会主義的な行動に出る恐れがある。それどころか、中国が中立的姿勢にとどまらず、ロシアの実質的な後方補給基地としての役割を果たす可能性が危惧される。ロシアが中国という能力のある同志国によって支援を受ける事態であり、NATO の防衛計画を複雑化する。

　さらには、欧州における中国の経済活動がもたらす過度な対中依存は、中国の威圧的な経済政策に対する脆弱性を生むだけでなく、潜在的には NATO 諸国の防衛態勢にも影響しうる。希少資源など貿易面での依存にとどまらず、第5世代移動通信システムなどのデジタル通信から港湾施設、道路、鉄道まで重要インフラへの中国政府系企業による投資・取得、人工知能や量子技術などの先端技術、半導体などの供給網の支配に関し、NATO の欧州加盟国は中国に大きく依存している*14。こうした中国への依存は、経済社会基盤の混乱に加え、防衛を支える国内基盤を脅かしうる。軍事技術や装備にも影響し、意思決定や作戦に影響する可能性がある*15。また、軍の機動性や即応性を弱め、危機時における外交的・軍事的対応能力を損なう恐れがある。中国側はむしろ、意図的にこうした効果を狙い、「民軍融合戦略」を採っていると考えられる。

②欧州大西洋域外での挑戦

　中国が北大西洋地域にもたらしうる脅威は潜在的可能性として想定されるが、特に欧州に関して言えば、現時点では長期的課題にとどまり、必ずしも切迫しているわけではない。むしろ、他地域への中国の影響力の浸透や関与の拡大により、NATO の利益が損なわれる状況がより現実的であろう。NATO 加盟国の経済にとって、インド太平洋の安定は最重要の要請である。ここでは、インド太平洋の事案が欧州に及ぼす影響について検討する。

　まず、中国周辺の公海における中国海軍の活動範囲の拡大とプレゼンスの高まりは、それ自体、欧州・極東間の貿易ルート、航行の自由の障害となる可能性がある*16。また、インド太平洋で武力紛争が発生すれば、同地域の国々と欧米諸国の間の貿易や供給網に重大な障害をもたらし、経済的に大きな損失をもたらす。たとえば、台湾有事が発生すれば、先端半導体のような重要物資の供給が滞るであろう。あるいは、南シナ海での紛争により同海域の通行が困難になれば、迂回ルートを利用せざるを得ず、輸

送コストの増大が生じる。さらに、インド洋、南シナ海、台湾海峡、東シナ海には、「航行の自由作戦」実施のため、米国以外にも英仏などのNATO諸国が艦船を派遣することがある。こうした状況では、台湾周辺や南シナ海で中国軍との偶発的な衝突が生じたり、現地の武力紛争にNATO各国の艦船が巻き込まれたりする恐れを排除できない。その意味で、インド太平洋海域における中国軍の活動とそれがもたらす事態は、単なる地域紛争にとどまらず、NATO諸国を含むグローバルな関心事となる。

　さらには、中国の台頭と影響力の拡大は、NATOが掲げる価値観や政治経済体制を脅かす面がある。北大西洋条約の前文では、民主主義、自由や法の支配といった価値を擁護する決意を謳っている＊17。また、第2条でも、「自由な諸制度を強化すること」に言及している＊18。中国は、こうした点でNATOとは相反する価値観をもち、それに基づいて行動している。まさに「システミックな挑戦」とは、国内政治的には自由民主主義や人権規範に反する強権体制の影響力拡大、国際的には「ルールに基づく秩序」に対する「力による現状変更」の試みといった意味合いを含む。とりわけ、「体制上の挑戦」という訳語では、この点が強調される。航行の自由に関しては、経済面でのNATO諸国への影響について先述したが、そうした面に加えて、価値規範の次元での齟齬を典型的に表しているといえる。むろん、NATOは第一義的には集団防衛を目的とする軍事機構であるが、同時に政治同盟としての性格を併せ持つ＊19。その意味で、リベラル国際秩序に対して中国がもたらす脅威は、NATOの議題になりうるのである。

（2）加盟国間の利害対立
①米国の対中戦略

　NATOにおける対中脅威認識の形成には、米国の意向が強く反映される。太平洋国家であり、かつ、グローバルな覇権国である米国にとって中国の挑戦は、自国や太平洋の同盟諸国の安全保障に直結する問題であり、強く警戒するのは当然である＊20。

　2009年1月発足のバラク・オバマ（Barack H. Obama）政権は、2011年以降、アジア回帰のリバランス政策を掲げ、中東からアジアへの軸足の移動を推進した。2017年1月に引き継いだトランプ政権は、翌2018年2月、政策文書「インド太平洋の戦略的枠組み」を策定し、退任間際の2021年1月15

日に機密解除した＊21。ここでは、中国を最大の脅威と位置づける一方、「自由で開かれたインド太平洋」を掲げ、日豪印などの国々と協力や連携を図っていく方針を明確化した。その直後に就任したバイデン大統領は、2月4日に外交演説を行い、中国を「最も重大な競争相手」と規定した。翌2022年2月公表の「インド太平洋戦略」では、インド太平洋と欧州大西洋の間に「橋を架ける」と述べている＊22。中国への対抗を念頭に、NATOと太平洋のハブ・アンド・スポーク・システムの連携強化を目指す思惑が読み取れる＊23。太平洋と大西洋の二正面戦略の中で、前者を優先する姿勢を示したといえる＊24。

②欧州加盟国の対中姿勢

　米欧間、欧州諸国間では対中姿勢に温度差がある＊25。中国を様々な領域に跨がる「最も重大な競争相手」と見なす米国は、同盟の利益や結束を脅かす中国の政策に対し、一致して行動するよう同盟国に求めてきた。実際、2019年のロンドン宣言や2022年戦略概念で表明された NATO の対中戦略は、インド太平洋へのリバランスを掲げつつ、太平洋と大西洋二正面での同時対処を模索する米国の戦略に概ね合致する。NATO における米国の支配的な立場に鑑みれば、欧州の観点からのみ中国を捉えることはできない。確かに、戦略概念の策定は、中国台頭の意義をめぐり加盟国の間で一定の収斂が生まれたことを示しており、少なくとも理念のレベルでは合意形成に成功したといえる。とはいえ、脅威認識の共有は、対処方針についての一致を必ずしも意味しない。中国の脅威に対抗する程度や方法に関しては、加盟国間で具体策の違いが見られる。その背後には、中国をめぐる加盟国間の利害対立がある。

　まず、米国と欧州同盟国の間には貿易や技術に関する中国との協力の程度をめぐり亀裂がある。欧州諸国は、中国と貿易、投資、技術面の協力で密接な関係にある。中国と対立を深めることは、二国間の経済関係を害する恐れがある。これらの国々では、中国をめぐって、経済と安全保障のジレンマ、トレードオフが生じる。結果として、各国レベルでは経済的事情を優先する傾向が見られる。特に、新型コロナウィルスの流行、ウクライナ戦争を経て、こうした傾向に拍車がかかっている。というのも、新型コロナ流行からの経済再建、また、ウクライナへの大規模支援の継続により、各国とも財政的な余力がなくなっているなかで、経済立て直しに向けて、

中国との貿易・投資の重要性が高まっており、対中関係の悪化を避けたいからである。また、ロシアの軍事的脅威が切迫するなか、欧州での対ロ集団防衛を重視し、資源の拡散を忌避する傾向が見られる。中国がロシアへの接近を深め、対ロ支援を本格化する事態を避けたい思惑もあろう。さらに言えば、気候変動、感染症対策、軍備管理・不拡散、テロ・海賊対策などの地球規模課題への対処に当たっては、中国の協力が不可欠である[*26]。国家安全保障との兼ね合いでグローバル課題をどの程度重視するかに応じて、中国との距離の取り方が変わってくることになる。これらを勘案したときに、深刻な対立を避け、中国を過度に挑発しないよう NATO に慎重な姿勢を求める加盟国が存在することは不思議ではない。中国の台頭とそれがもたらす脅威が多面的な現実であることを如実に示している。

　あるいはまた、米国からの欧州の自律、多極化世界の実現という観点からも、中国との良好な関係を志向する国があろう。米国とは一線を画する中国との良好な関係は、フランスのエマニュエル・マクロン（Emmanuel Macron）政権や欧州連合（EU: European Union）が掲げる「戦略的自律」に適う。ゆえに、対中抑止と関与の間でバランスをとろうと模索する。こうした一部欧州諸国の姿勢を端的に表すのが、ドイツのアンゲラ・メルケル（Angela Merkel）首相の発言である。メルケル首相は、2021年6月のマドリード首脳会合後、記者団に対し、中国のサイバー活動やロシアとの協力などに触れ、「中国の軍事力台頭はもちろん問題だ」とし、中国を潜在的な脅威として見なすことが重要になると述べた上で、「過度に評価してはならない。適切なバランスを見出す必要がある」と語り、中国政府に対してドアを閉ざさずに「バランス」をとる必要があると呼び掛けた[*27]。

　欧州諸国間でも、対中姿勢は一枚岩ではない。中国との経済関係の親密度や対ロシア脅威認識の高低に応じて、対中認識には差が見られる。一つには、欧州内の経済格差を反映している面がある。東欧や南欧など一部のNATO 諸国は、他の加盟国と比べてより一層中国への依存度が高い。台頭する中国との貿易や投資の拡大、また、中国からの経済支援の継続が死活的利益となろう。逆に、他の加盟国は、それを脅威と見なすかもしれない。NATO 加盟国の半数以上が、中国主導の「一帯一路」関連の合意に署名し、公式パートナーとなっている。これらの国々では、エネルギー、鉄道、道路、港湾などで中国の投資が行われている。また、ロシアの脅威の切迫性によっても、中国への姿勢が異なる。ロシアに地理的に近接する

加盟国ほど、対ロ抑止・領域防衛という NATO 本来の任務への資源の集中を求め、対中対処による資源の分散に消極的である。

　そうしたなか、2019年のロンドン首脳宣言では、中国を「機会と挑戦」と定義する文言が盛り込まれたが、これはトランプ政権からの圧力に応じたものとされる＊28。欧州諸国が米国に配慮する形となったが、欧州諸国が米国のインド太平洋政策を受け入れ、表面上旗幟を鮮明にした背景には、米国の欧州への関与を引き続き確保したいとの思惑があろう＊29。他方で、2019年ロンドン宣言以後の公式文書では、中国の潜在的脅威を認めながらも、過度な対中対決を回避する文言が挿入されている。つまり、中国をある程度抑えつつ、良好な関係を期待する文言となった。中国台頭の評価をめぐり異なる見方に立つ加盟国間の妥協の産物であることが読み取れる＊30。

　中国に対する姿勢の温度差は、インド太平洋地域への NATO としての関与をめぐる見解の相違にも見られる。これが典型的に表出したのが、NATO 東京連絡事務所の開設問題である。事務所の新設案は、NATO のストルテンベルグ事務総長が主導し、受け入れ側となる日本政府に提案していた。日本の拠点を足がかりに、韓国、豪州、ニュージーランドといった民主主義国との安全保障協力を円滑に進める狙いがあった＊31。事務総長は、2023年5月に設置方針を正式表明し、2024年の設置を目指した。だが、2023年7月のビリニュス首脳会合では加盟国間の合意に至らず、決定が先送りされることになった。

　東京事務所の開設が最終決定に至らなかったのは、中国との経済関係を重視するフランスが反対を表明したからである。NATO の意思決定は全加盟国の同意が原則であり、フランスの反対により、決定に必要な全会一致の同意が得られなくなった。マクロン大統領は首脳会合後の記者会見で「インド太平洋地域は北大西洋地域ではない。NATO は地理的拡大を試みるべきではない」と明言した＊32。同大統領は、首脳会合直前の4月、多数の財界人を同伴して訪中し、習近平国家主席と会談して、エアバスの大型受注などの商談を進展させた。中国は、東京事務所の設置案に猛反発している＊33。そうしたなか、中国を過度に刺激して外交や貿易に悪影響が及ぶのを避けたいと見られる＊34。米国からの自律性を考慮した面もあろう＊35。この訪中に際し、マクロン大統領は、台湾情勢に関して「最悪なことは欧州が米国に追随しなければならないと考えることだ」などと発言している＊36。いずれにせよ、インド太平洋地域への関与をめぐる加盟国

間のコンセンサスの欠如を表す一件である。

第3節　中国の挑戦に対するNATOの挑戦

　2022年戦略概念の採択は、台頭する中国に対して、同盟として何らかの対処が必要だとの認識が共有されたことを表す。とはいえ、戦略概念には、中国の力の増大に対してどのように対処するのかという具体的な方策は盛り込まれていない。では、加盟国間の利害対立が見られるなか、NATOはいかなる対中政策を追求するか。NATOによるグローバルな対中アプローチとは何か。2022年戦略概念などから示唆される可能性を整理したい。

（1）　NATOによる対応
①欧州大西洋での集団防衛
　同盟としてのNATOの本義は軍事的機能であり、なかでも北大西洋地域の集団防衛である。北大西洋条約第5条では、加盟国に対する「武力攻撃」があった場合に、軍事的手段を含めて相互に援助することを謳っている。冷戦後、NATOは、対ロ協調を進めながらも、抑止・防衛という基本任務を維持してきた。では、NATOに備わる抑止・防衛の機能は、中国に対して適用されるか。むろん、第6条で対象地域と定められている米国本土、カナダ、欧州が中国によって直接武力攻撃を受ければ、集団防衛を発動する要件を満たし、NATOとして当然反撃することになる。ただし、第5条が適用される地理的範囲は、脅威が「どこから来るものか」を限定するわけではない＊37。北大西洋域外からもたらされる脅威であっても、加盟国に危害が生じる恐れがあれば、NATOとして対処可能である。欧州が直接攻撃された場合は無論のこと、太平洋を跨いで米国本土が中国から攻撃を受けた場合、カナダと欧州のNATO加盟国は、集団防衛に加わることになろう。
　「核同盟」であるNATOが、北大西洋地域を射程に収める中国の戦略核戦力の増強を懸念するのであれば、単に言葉で表明するのみならず、何らかの措置を実行すべきということになる。また、サイバー攻撃や宇宙からの攻撃、ハイブリッド攻撃に関しては、2022年戦略概念（第25、27項）に明記されている通り、北大西洋条約第5条（集団防衛）の適用対象となる可能性が認められている＊38。つまり、「新領域」の攻撃が武力攻撃事態に

相当すると認定されれば、集団的自衛権が発動されることになる。

②欧州大西洋の強靭化と政治協議

　2022年戦略概念は、安全保障を幅広く捉えており、包括的なアプローチを示唆している。その一つとして、中国の行動による社会システムの脆弱化に対し、NATO 加盟国自身の強靭性を高めることに優先順位を置いている。具体的には、供給網の見直し、技術移転の阻止と人工知能など先端技術への投資の増加、重要インフラ投資の審査と評価の厳格化などにより、対中依存を低減して脆弱性を緩和し、防衛基盤の強靭性を確保することが含まれる。これらは、能力の維持・発展（北大西洋条約第3条）、そのための経済協力（同第2条）に関わり、中国を念頭に実行した場合でも結果としてロシアに対する備えにもなる。逆も真なりである＊39。

　ただし、こうした面で主要な役割を果たすのは、NATO というよりも、各加盟国あるいは EU であろう＊40。NATO としてできることは、中国の行動を監視すること、そして、加盟国間の政治調整の場となることである。すなわち、情報交換と共有を通じて、中国の行動に関する共通認識の形成を促し、加盟各国の強靭化を図ることである＊41。これは、戦略的・地政学的挑戦に直面した際の政治的協議について定めた北大西洋条約第4条に基づく NATO の役割であるといえる。

③インド太平洋における域外活動の可能性と限界

　インド太平洋地域への関与の仕方とそれが米国の同盟関係全般に及ぼす影響について検討する。この地域で NATO として直接の作戦行動をとる可能性は現時点では低い。そもそも条約上、対象地域外である。北大西洋条約第6条は、「北回帰線以北の北大西洋地域の加盟国領土」を集団防衛（第5条）の地理的範囲として規定している。これには西海岸までの米国本土は含まれるが、ハワイやグアムは入らないと解釈されている。英仏の海外領土も、集団防衛の適用外である。ましてや、アジアの特定国（たとえば日本）の防衛に NATO がコミットする事態は想定し難い。

　よって、NATO としてインド太平洋に部隊を派遣して軍事活動を行うとすれば、域外の危機管理（非5条任務）ということになる＊42。冷戦後、NATO は、地中海沿岸や中東といった欧州に比較的近接した地域で域外活動に当たってきた。だが、インド太平洋での軍事活動について、加盟国

間のコンセンサスは成立していない。ストルテンベルグ事務総長は、2020年6月の声明で、中国の影響力が欧州のみならず、サイバー空間、北極圏、アフリカにまで及ぶなか、NATO は「よりグローバルなアプローチをとる必要性がある」と述べた*43。だが、これは、NATO 軍の部隊を南シナ海に派遣するなど、その軍事的プレゼンスをグローバルに示すことを意味するわけではない*44。

　条約上の法的な問題とは別に、能力面で見ても、NATO が軍事的に実行可能なことは限られる。2022年戦略概念における航行の自由への言及は、NATO が欧州大西洋地域の外部で何らかの役割を果たすことを暗示している。だが、米国のほかに、インド太平洋での活動に必要な軍事能力、つまり、展開能力や機動性を備え、高度に精確かつ近代的な兵器を装備した遠征部隊を有しているのは英、仏、カナダなど一部の加盟国に限られる。他の加盟国には、たとえ意欲があっても、アジアに戦力を展開する投射力や補給能力に限界がある*45。艦船の派遣などの直接的な軍事行動は、能力があり、かつ、歴史的関係の深い国々、特にインド太平洋に海外領土を持つ国に限られるだろう。軍部隊の展開に関しては、前面に出るのはNATO ではなく、加盟各国である。

　そう考えると、情勢認識において中国に言及があったことをもって、NATO に対中バランサーとしての一翼を担う軍事的役割を期待することはできない。NATO のインド太平洋関与は実体を伴わない恐れがあり、軍事的な対中牽制は限定的にならざるを得ない。太平洋の同志国への寄港や航行の自由作戦への参加などにより海軍力のプレゼンスを高めるにせよ、欧州諸国はインド太平洋地域における対中抑止に信頼できる形で寄与することはできないだろう。また、米国本土が直接攻撃を受けた場合は別として、NATO の欧州加盟国がアジアで武力紛争が発生した際に軍事的に関与できるかどうかは疑わしい。台湾や南シナ海をめぐる武力紛争において可能なことは、英仏軍による米国の展開能力の補完にとどまるだろう。部隊派遣による直接の米軍支援は限定的であり、米国の軍事行動への外交的支持、財政支援、武器提供などが欧州諸国の現実的な選択肢となろう。

④ NATO 加盟国間の費用分担

　中ロ離間の期待が萎むなか、対ロ抑止と対中牽制の兼ね合いはどのように作用するか。

　先述の通り、オバマ政権以来、米国は太平洋に軸足を移動させてきた。これは、米軍という軍事資源の配分における優先順位の見直しであり、米国の太平洋への関与拡大は、欧州への関与が後退する可能性、つまり、欧州における米軍のプレゼンスの相対的な低下を含意する＊46。中国で進行中の軍事現代化は、より大きな米国の関心と資源の配分を要求するが、インド太平洋地域における対中抑止措置の重視は、欧州における対ロ抑止のための軍事的・財政的資源の低減なしには実現しえない。結果として、欧州における米国の同盟諸国は、ロシアからの威圧に対して漸弱になる恐れがある。欧州諸国は、米国からの軍事支援が限られるなか、ロシアからの脅威に対処するに当たり、より大きな戦略的責任を担うよう迫られる。

　逆に言えば、対ロ領域防衛における欧州加盟国の負担増は、太平洋方面での米中対決において、間接的な米軍支援になりうる。欧州加盟国が欧州防衛に対してより大きな負担を担い、流出する米国の力を埋め合わせることは、対中抑止・防衛や台湾危機などインド太平洋での危機管理に間接的に貢献し、太平洋での対中牽制とインド太平洋の安定に寄与することになる。欧州における米国の負担を軽減し、その余力を中国へ向けられるようにするからである。グローバルなコミットメントを維持する米国の能力が不確実であるとすれば、欧州の加盟国が欧州の安全保障を自ら提供することは合理的な行動である。トランプ政権期以来進められている NATO 内での負担分担の見直しは、こうした文脈に位置づけることができる。

　また、対米関係で言えば、コストの分担は、米国を欧州につなぎとめ、米国の関与を保証する面でも意味を見出せる。欧州の NATO 加盟国が同盟の任務への負担を果たすことで、米国からのただ乗り批判を退け、確実に自国の安全を確保できるという論理である。その一方で、欧州の戦略的自律の方針とも整合的であり、矛盾しない。欧州における米国の負担を減らし、欧州諸国が自らの軍事的役割を拡大するのであるから、欧州の自律性は高まるはずである。そういう意味で、欧州諸国や EU の利害とも一致するといえる。

（2）域外諸国との協調
①インド太平洋諸国とのパートナーシップ

　NATO は、協調的安全保障の名の下、域外国と協力する制度を設けている。2008年には、「世界におけるパートナー（partners across the globe）」

もしくは「グローバル・パートナー」と呼ばれる枠組みを設け、地域を問わずグローバルな危機管理を重視するようになった。これは、欧州や周辺地域以外の国々とのパートナーシップであり、NATO との共通の利益・価値観に基づいて、域外国との協力関係の発展を目指すものである。インド太平洋では、日本、韓国、豪州、ニュージーランドを重要なパートナーと位置づけており、「アジア太平洋パートナー（AP4: Asia-Pacific Four）」と呼ばれる*47。

　これらパートナー諸国の首脳が NATO 首脳会合に初めて招待され、拡大会合に参加したのは、2022年6月であった*48。戦略概念が採択されたマドリード首脳会合である。また、翌2023年7月のビリニュス首脳会合に際しても、これらの首脳が出席し、NATO と4カ国の間で「国別適合パートナーシップ計画（ITPP: Individually Tailored Partnership Programme）」が締結された。これは、2012年以降に4カ国と結んだ「国別パートナーシップ協力計画（IPCP: Individual Partnership and Cooperation Programme）」を格上げし、中長期の協調策をとりまとめて、対中国などの諸課題に対処するためのものであり、2023年から2026年の4年間を対象とする*49。NATO が中国の台頭に対抗するとすれば、NATO 単独での対応は難しく、日本などとの連携強化が不可欠である*50。

②日本とのパートナーシップ

　では、NATO はアジア太平洋のパートナー国にいかなる役割を期待しているのか。日本の例を見てみたい*51。

　前述の通り、日本は2008年に NATO のパートナー国となった。これが日本と NATO の公式の関係である。情報分野では2010年に情報保護協定を結んで以降、関係を深めてきた蓄積がある。また、2013年4月のアナス・フォー・ラスムセン（Anders Fogh Rasmussen）事務総長来日時に「日NATO 共同政治宣言」が発表され、翌2014年5月には、安倍晋三首相のNATO 本部（ブリュッセル）訪問に際し、先述の IPCP の署名が行われた。同計画は、「日本及び NATO は、自由、民主主義、人権、法の支配といった共通の価値を支持している。我々はこれらの共有された価値と国民の自由及び安全を擁護する決意を有している」とした上で、ハイレベル対話の強化や防衛交流の促進を謳い、実務的な協力の優先分野として、サイバー防衛、人道支援・災害救援、テロ対策、軍縮・軍備管理・不拡散、海上安

全保障、防衛科学技術などを挙げている＊52。実際、NATO の演習・セミナーへの参加や、海上自衛隊・海軍の共同訓練、人道支援などの実績が積み重ねられてきた＊53。また、2018年には、NATO 本部に日本政府代表部が開設された。そのほか、自衛官の派遣を通じた防衛交流が進んでいる。

　このように、日 NATO 協力は、対中国牽制が意識される以前から始まったが、次第に中国を含むインド太平洋情勢も議題になる。先述の通り、2022年6月の NATO 首脳会合に韓国、豪州、ニュージーランドの首脳とともに岸田首相が招待され、日本の首相として初出席した。また、2023年1月にストルテンベルグ事務総長が来日して岸田首相と会談し、連携強化を確認する共同声明を発表した＊54。

　2023年7月、ビリニュス首脳会合では、岸田首相は2度目の出席を果たした。前述の通り、東京事務所開設問題が先送りとなったが、その一方で、ITPP を締結し、具体的な連携策を盛り込んだ。有事でも相互支援が可能な関係へ格上げするための工程表と位置づける。伝統的な領域では、対中国・ロシアを念頭に防衛協力の実効性を確保するため、日本と NATO の部隊間で相互運用性の向上に向けて、防衛装備品などの規格統一を視野に入れる＊55。4年間の協力の見通しが立てば、時間やコストを要する共同技術開発が容易になると見込む＊56。また、サイバーや宇宙、偽情報対策といった新領域の各分野で、協力の具体策を示した。特にサイバー攻撃対策を重視し、強靱性の向上を目指す。これまで NATO は、加盟国やパートナー国と大規模なサイバー防衛の演習を重ねてきた。日本とも、実践形式の演習に自衛隊が参加するなど本格的な協力を検討する。そのほか、人工知能、バイオ、量子技術といった軍民両用が可能な新興・破壊的技術の分野でも協力体制の強化を図る＊57。

　日本側は、こうした NATO の姿勢を歓迎している。インド太平洋における NATO との提携関係の成立は、米国の国力とインド太平洋における軍事的プレゼンスが相対的に低下するなかで、日米同盟を補完する取り組みを模索する日本政府の方針に適うものである。2022年6月、マドリードでの NATO 首脳会合に当たってスペイン紙に掲載された岸田首相の寄稿文では、「我々は、ウクライナ危機により、欧州とインド太平洋の安全保障は不可分であることを改めて認識した」と表明している＊58。また、同年12月に閣議決定した「国家安全保障戦略」では、中国の動向について「これまでにない最大の戦略的な挑戦」と位置づける一方、法の支配に基

づく「自由で開かれたインド太平洋」の実現を目指すとし、そのために同盟国や NATO などの同志国と連携を深め「抑止力を強化」することは「死活的に重要だ」と明記した＊59。こうして見ると、中国・ロシアに関わる現状認識と、それに対処するための連携強化の方向性について、インド太平洋の当事者である日本と NATO の間に齟齬は見られない。NATO の東京事務所開設をめぐって顕在化したように、具体的な政策レベルでは日本と NATO 各国の間の利害対立が残るにせよ、インド太平洋情勢の基本認識と対処の方向性に関しては、両者の間で収斂が見られるといえよう。

おわりに

　本章で考察してきたように、NATO では2010年代末以降、対中認識が変化し、中国を欧州大西洋地域に対する挑戦（ある種の潜在的脅威）として捉える見方が台頭し、加盟国間で一定程度共有された。また、加盟国間の負担分担の見直しやパートナー国との協力強化などを通じて、中国の台頭という国際政治構造の変化に対する NATO としての対応を模索するようになった。バリー・ブザン（Barry Buzan）やオーレ・ヴェーヴァ（Ole Wæver）らコペンハーゲン学派と呼ばれる国際関係理論の概念を借用するなら、NATO 加盟国の間で、また、加盟国とパートナー国の間で、中国が「安全保障化」されたといえる＊60。欧州大西洋の領域防衛を主任務とする NATO という場で、中国に関する議論が当然のようになされるようになったことは、「中国問題」がグローバルになったということであり、国際政治の構造的変化を表している。

　だが、中国の安全保障化は、NATO 中国関係の悪化という自己充足予言になりかねない面を持つ＊61。NATO が直接・間接にインド太平洋に関わる機会が増えれば、それだけ中国と接触する機会も多くなる。日本などパートナー国と中国の間で生じる対立や紛争、あるいは、来るべき米中間のインド太平洋そしてグローバルな覇権争いに際して、NATO が紛争の当事者となる恐れがあることを意味する。インド太平洋における NATO の存在感の高まりは、二つの秩序のせめぎあいに関わらざるを得なくなる（巻き込まれる）ことを意味するのである。実際、インド太平洋情勢への関与という NATO の方向性に対し、中国は強い反発を示している＊62。米国の軍事同盟国として欧州の NATO 諸国がインド太平洋に関わるのであ

れば、対中関係の悪化は避けられまい。

　このことは、また、中国との距離感、米中の覇権争いへの関与の度合い
をめぐって、NATO 加盟国間に不和を招き、結束を難しくする恐れを生
む。NATO として軍部隊を派遣して介入するのかしないのか、介入する
とすればどの程度介入するのかといった難しい判断を迫られることになる。
中国は現在、強硬な対中認識が欧州諸国には共有されていないであろうと
の信念の下、米国を批判の的にしている＊63。加盟国間の利害対立や対中
観の相違を利用し、NATO 諸国間の分断を狙うかのようである＊64。

　さらには、中国との関係悪化は、ロシアを通じて欧州情勢にも影響を及
ぼす恐れがある。実際、NATO のインド太平洋関与の積極化を前に、そ
れに対峙する中国としては、ロシアとの戦略的パートナーシップの強化、
欧州周辺海域での軍事演習の実施、ウクライナをめぐるロシアへの実質的
な支援などを行っており、欧州情勢をめぐる NATO 諸国と中国の関係悪
化の兆しさえ見られる。

　このように、NATO のインド太平洋関与、あるいは、NATO の役割の
グローバル化は、米国とその同盟国対中国・ロシア陣営の対立という友敵
関係のパターンを明確化し、世界規模へと拡張する恐れがある。これは、
欧州大西洋とインド太平洋というこれまで相互にある程度の自律性を保ち、
各々固有のパターンを示してきた二つの地域の国際関係が、NATO を介
して連結する可能性を表す。そうであれば、地球規模での国際秩序再編の
可能性を秘めることになる。

　問題はどのように連結するかという再編の力学である。これまで、欧州
列強による植民地化や二つの世界大戦、米国の台頭と米ソ冷戦を経て、大
西洋情勢と太平洋情勢は連結し次第に連動するようになった。第二次世界
大戦後に限っても、程度の差はあれ、大西洋の NATO と太平洋のハブ・
アンド・スポーク・システムは、形成期から冷戦終結後の同盟再定義に至
るまで、一定の連動性を示してきた。ただし、これまでの力学は、再度ブ
ザンらの言葉を借りるなら、欧州大西洋とアジア太平洋（今日でいうイン
ド太平洋）という二つの「地域的安全保障複合体」のうち、前者が後者に
「浸透する（penetrate）」、さらには「被覆する（overlay）」という方向に
作用していた＊65。

　では、今日の NATO とインド太平洋の関係性も、近代以降に見られた
力学の延長として捉えられるだろうか。すなわち、欧州大西洋の NATO

がグローバルな NATO としてインド太平洋に浸透し、覆い被さり、後者の国際関係のパターンを規定してゆくのだろうか。NATO の太平洋への関心の高まりは、一見するとこのように捉えられるかもしれない。だが、本章の考察から垣間見えるのは、欧州諸国が太平洋情勢や中国要因を戦略的考慮に入れざるを得なくなり、米中対立を基調とするインド太平洋の力学に動かされる NATO の姿である。インド太平洋地域における局地的な事象であった米中対立の構図が世界規模に拡張しつつあることを意味する。インド太平洋という地域的安全保障複合体の力学が欧州大西洋という地域的安全保障複合体に浸透し、やがて被覆する端緒が見られるとは言えまいか。この見方に一定の妥当性があるとすれば、数百年ぶりに両地域間の関与のパターンが逆転し始めたことになる。

　話をここ数年の動きに戻せば、NATO がインド太平洋の秩序をつくるというよりも、インド太平洋の情勢が NATO の変質を招来しつつある面は否定できない。少なくとも、これまでとは異なる形で、二つの地域が連結し、新たなパターンが形成され始めたように見える。そこでは、インド太平洋で生まれた「自由で開かれたインド太平洋」の理念が「自由で開かれた国際秩序」として一般化され、国際政治の動因の一つとなろう。中国の台頭と焦点化は、まさに「システミックな挑戦」をもたらしているといえる。

註

1　North Atlantic Treaty Organization, "London Declaration," Issued by the Heads of State and Government participating in the meeting of the North Atlantic Council in London, 3-4 December 2019, https://www.nato.int/cps/en/natohq/official_texts_171584.htm (accessed, 1 November 2023); North Atlantic Treaty Organization, "NATO 2022 Strategic Concept," Adopted by Heads of State and Government at the NATO Summit in Madrid, 29 June 2022, https://www.nato.int/nato_static_fl2014/assets/pdf/2022/6/pdf/290622-strategic-concept.pdf (accessed, 1 November 2023).

2　広瀬佳一「新しい安全保障環境と NATO ——機能変容のはじまり」広瀬佳一編著『NATO（北大西洋条約機構）を知るための71章』明石書店、2023年、96〜99頁。

3　日本の新聞報道などでは、"systemic challenge" を「体制上の挑戦」と訳出することが多い。だが、「体制上の挑戦」という日本語からは、自由民主主義体制や

権威主義体制といった「国内政治体制」の差異にばかり焦点が当たってしまう。むろん、国内の政治体制や価値観は systemic challenge の重要な一要素であろうが、この概念はより広い内容を含むと考えられる。つまり、ここでいう system には、国内の体制だけでなく、国際的な体制あるいはグローバルな体制も含まれると解すべきであろう。こうした問題意識から、長島純は、「同盟体制全体に影響を及ぼす挑戦」と訳出している。国家間の体制に着眼した点で優れた意訳であるが、それでも、まだ狭いのではないか。というのも、同盟は一部の国家から成る部分的な国際体制にすぎない。それに対し、systemic challenge の system は、すべての国家からなる全体、あるいは、世界全体・地球全体という意味合いを併せ持つのではないか。そして、そうしたシステムに対する挑戦とは、たとえば気候変動や感染症がそうであるように、不確実性が高く国家や人々に予測不能な影響を及ぼし、アクターの戦略的な計算を複雑化するような圧力やリスクを意味しよう。このように複合的で多面的な様相を一言で表せる日本語に本章の著者は思い至らない。ひとまずカタカナで「システミック」と記すことにする。長島純「欧州を巡る NATO とロシアの因縁」『Voice』2022年11月号、https://thinktank.php.co.jp/voice/7918/（2023年11月1日閲覧）。

4 North Atlantic Treaty Organization, "Press Conference," by NATO Secretary General Jens Stoltenberg following the meeting of the North Atlantic Council at the level of Heads of State and Government (2022 NATO Summit), 30 June 2022, https://www.nato.int/cps/en/natohq/opinions_197301.htm?selectedLocale =en (accessed, 1 November 2023).

5 2001年9月11日の米国同時多発テロ事件以降、アフガニスタンと国境を接する中国は、NATO において、対テロ戦争などのグローバルな課題に関する対話を行う潜在的なパートナーと見なされていた。NATO と中国の関係は、2010年代に入り徐々に悪化する。冷戦後の NATO 中国関係の変遷について、田中亮佑「NATO の対中政策の可能性と限界——同盟機能からの検討」『国際安全保障』第49巻第3号、2021年12月、78〜96頁；田中亮佑「NATO の対中姿勢——同盟の認識の変化とあり方」広瀬編著『NATO（北大西洋条約機構）を知るための71章』322〜325頁。

6 次の論考は、「2019年ロンドン首脳会合声明は、1965年12月以来、NATO で合意された公的声明において中国に関する初の言及であった」と述べる。とすれば、2019年ロンドン宣言が中国への初の言及ではないことになる。本章の著者は、執筆時点で、「1965年12月」の件について確認を取れていない。William Alberque, "The New NATO Strategic Concept and the End of Arms Control," International Institute of Strategic Studies, 30 June 2022, https://www.iiss.org/online-analysis/online-analysis//2022/06/the-new-nato-stra

tegic-concept-and-the-end-of-arms-control (accessed, 1 November 2023). 1965年12月の閣僚会合では、ディーン・ラスク（Dean D. Rusk）国務長官とロバート・マクナマラ（Robert S. McNamara）国防長官が、中国の長距離ミサイルや核の脅威に言及したとされる。Jeffrey H. Michaels, "'A Very Different Kind of Challenge'? NATO's Prioritization of China in Historical Perspective," *International Politics*, Vol. 59 (December 2022), pp. 1045-1064, https://link.springer.com/article/10.1057/s41311-021-00334-z (accessed, 5 December 2023). また、前年12月の閣僚会合では、「閣僚たちは、フルシチョフ氏の追放と中国による原子爆弾の爆発が、同盟が直面する不確実性を増大させたことに慎重に言及（note）した」。North Atlantic Treaty Organization, *NATO Facts and Figures* (Brussels: NATO Information Service, 1969), p. 54, https://archives.nato.int/uploads/r/null/1/4/145670/0027_NATO_Facts_and_Figures_1969_ENG.pdf (accessed, 5 December 2023).

7 英語の原文では、助動詞の can を用いて断定を避けている。この点で、「機会」を含むロンドン首脳宣言の類似箇所とは異なる。North Atlantic Treaty Organization, "Brussels Summit Communiqué," Issued by the Heads of State and Government participating in the meeting of the North Atlantic Council in Brussels, 14 June 2021, https://www.nato.int/cps/en/natohq/news_185000.htm (accessed, 5 December 2023).

8 North Atlantic Treaty Organization, "Vilnius Summit Communiqué," Issued by NATO Heads of State and Government participating in the meeting of the North Atlantic Council in Vilnius, 11 July 2023, https://www.nato.int/cps/en/natohq/official_texts_217320.htm (accessed, 1 November 2023).

9 Ishaan Tharoor, "Is China NATO's New Adversary?" *The Washington Post*, 3 December 2019, https://www.washingtonpost.com/world/2019/12/03/is-china-natos-new-adversary/ (accessed, 1 November 2023).

10 The Reflection Group Appointed by the NATO Secretary, *NATO 2030: United for a New Era*, 25 November 2020, https://www.nato.int/nato_static_fl2014/assets/pdf/2020/12/pdf/201201-Reflection-Group-Final-Report-Uni.pdf (accessed, 1 November 2023).

11 2009年、ロッキード・マーティン（Lockheed Martin）社がサイバー攻撃を受け、F-35 戦闘機に関するデータが流出した件では、中国の関与が疑われている。David Alexander, "Theft of F-35 Design Data Is Helping U.S. Adversaries -Pentagon," *Reuters*, 20 June 2013, https://www.reuters.com/article/usa-fighter-hacking-idUSL2N0EV0T320130619 (accessed, 1 November 2023).

12「中ロは NATO のさらなる拡大に反対し、冷戦時代のイデオロギー的アプロー

チを放棄するよう求める」と訴えた。「『NATO 拡大反対』　中ロ首脳が結束を確認　対欧米で共同声明」『朝日新聞』2022年2月4日、https://www.asahi.com/articles/ASQ24722KQ24UHBI02P.html（2023年11月1日閲覧）。

13　2022年6月22日、習近平国家主席は、NATO の東方拡大がロシアの安全保障に脅威をもたらしているとするウラジミール・プーチン（Vladimir Putin）政権の主張を支持する姿勢を示した。「習主席『軍事同盟拡大なら必ず苦境に』…プーチン政権の NATO 巡る主張を改めて支持」『読売新聞』2022年6月22日、https://www.yomiuri.co.jp/world/20220622-OYT1T50219/（2023年11月1日閲覧）。

14　欧州の港湾能力の約1割を中国の国有企業が過半数所有しているとされる。Louise Vogdrup-Schmidt, "Chinese Investors Own 10 Percent of Europe's Ports," *Shipping Watch*, 29 January 2018, https://shippingwatch.com/Ports/article10255334.ece (accessed, 1 November 2023).

15　F-35 戦闘機の部品の一部に中国関連企業の製品が使用されていたことが確認されている。Melissa Shambach and Alex Gallo, "NATO's Strategic Awakening with China," *The Hill*, 22 July 2022, https://thehill.com/opinion/international/3568349-natos-strategic-awakening-with-china/ (accessed, 1 November 2023); A. B. Abrams, "Chinese Parts in the F-35 Highlight Concerning Trend in the US Defense Sector," *The Diplomat,* 17 September 2022, https://thediplomat.com/2022/09/chinese-parts-in-the-f-35-highlight-concerning-trend-in-the-us-defense-sector/ (accessed, 1 November 2023).

16　公海は航行の自由が保障されており、公共財的な性格を持つが、南シナ海を九段線で囲み領有権や海洋権益を主張する中国の動きは、公共財を私的財のように利用者を「排除可能」とする動きである。小野圭司『日本の防衛問題入門』河出書房新社、2023年、46頁。

17　北大西洋条約の邦訳は、以下を参照。https://worldjpn.net/documents/texts/docs/19490404.T1J.html（2023年11月1日閲覧）。

18　2022年戦略概念も、「NATO は同盟国の自由と安全を擁護することを決意する」（第1項）、「我々は、個人の自由、人権、民主主義、法の支配という共通の価値観で共に結ばれている」（第2項）と表明している。

19　国家間の同盟には価値同盟としての側面があることを論じた古典的な著作として、ハンス・J・モーゲンソー『国際政治』現代平和研究会訳、福村出版、1986年。

20　対中関与政策後の米中関係について、鈴木健人、伊藤剛編著『米中争覇とアジア太平洋──関与と封じ込めの二元論を超えて』有信堂高文社、2021年。

21　松本はる香「『インド太平洋の戦略的枠組み』政策文書の機密解除」『東亜』第

645号、2021年3月、58〜59頁。

22 鶴岡路人「日本と NATO：米国の同盟国を結ぶ新たな可能性」『nippon.com』2022年7月13日、https://www.nippon.com/ja/in-depth/d00820/（2023年11月1日閲覧）。

23 Masahiro Matsumura, "Japan Misread the Signs in Pushing Plan for a NATO Office," *NIKKEI Asia*, 19 September 2023, https://asia.nikkei.com/Opinion/Japan-misread-the-signs-in-pushing-plan-for-a-NATO-office （accessed, 1 November 2023).

24 ウクライナ戦争勃発後の2022年10月に公表された米国の「国家防衛戦略」は、実際の二正面戦争において、米国がインド太平洋を優先するであろうことを示唆している。Mark Webber, "The Strategic Concept and the US-China-Russia Strategic Triangle," Thierry Tardy, ed., *NATO's New Strategic Concept*, NDC Research Paper No. 25, September 2022, pp. 49-57, https://frstrategie.org/sites/default/files/documents/publications/autres/2022/NDC_RP_25.pdf (accessed, 1 November 2023).

25 対中政策が議題になる以前の NATO 諸国間の亀裂と志向性の違いについて、広瀬佳一「漂流の危機にある NATO」広瀬佳一編著『現代ヨーロッパの安全保障』ミネルヴァ書房、2019年、209〜226頁。

26 気候変動などシステミック・リスクをもたらす地球規模課題に対処するには中国の協力が不可欠であるが、中国自体がシステミック・リスクである。今日の世界は、中国というシステミック・リスクとの協調なしに他のシステミック・リスクを解消できないという複雑な状況に置かれている。

27 John Follain and John Ainger「NATO 首脳会議、中国の軍事力増大を懸念と声明—中国反論」『Bloomberg』2021年6月15日、https://www.bloomberg.co.jp/news/articles/2021-06-14/QUPDNVT0AFBN01（2023年11月1日閲覧）。

28 三船恵美「G7・NATO を舞台にした米中の覇権競争」『東亜』第662号、2022年8月、52〜53頁；Pierre Morcos, "NATO's Pivot to China: A Challenging Path," Center for Strategic and International Studies, 8 June 2021, https://www.csis.org/analysis/natos-pivot-china-challenging-path (accessed, 1 November 2023).

29 NATO の初代事務総長を務めた英国陸軍大将のヘイスティングズ・イズメイ卿（Lord Hastings Lionel Ismay）は、NATO の存在意義について、「ロシアを締め出して、米国を引き止め、ドイツを抑え込む」ことにあると述べた。歴史家のゲイル・ルンデスタッド（Geir Lundestad）は、米国を「招かれた帝国（empire by invitation）」と呼んだ。

30 2022年戦略概念の公表直前まで、加盟国間で文言の調整が続けられた。三船

「G7・NATOを舞台にした米中の覇権競争」。

31　NATO にとり、アジア初の連絡事務所となる。加盟国以外ではウクライナや
　　ジョージアなどに置かれている。ロシアの軍事的脅威に対抗するため、NATO
　　と関係を深めてきた国々である。

32　高畑昭男「NATO 東京事務所開設にフランスが反対：対中配慮か」
　　『nippon.com』2023年6月22日、https://www.nippon.com/ja/in-depth/d00914/
　　（2023年11月1日閲覧）。

33　2023年5月4日、中国外務省の毛寧報道官は定例会見で、「NATO がアジア太平
　　洋で東方拡大を進め、地域の問題に干渉し、地域の平和と安定の破壊を試み、
　　ブロック対立を推進することについて、地域各国は高度の警戒が求められる」
　　と述べた。「中国、NATO のアジア「東方拡大」警戒　日本拠点開設報道で」
　　『Reuters』2023年5月4日、https://jp.reuters.com/article/nato-japan-china-idJ
　　PKBN2WV0ND（2023年11月1日閲覧）。

34　「NATO 東京事務所案を先送り　きょうから首脳会議　仏反対、結論は秋以降
　　に」『日本経済新聞』2023年7月11日、https://www.nikkei.com/article/DGKKZO
　　72644940R10C23A7EA2000/（2023年11月1日閲覧）。

35　本章の著者は、この点には異論がある。対中牽制は、実は、欧州の米国からの
　　自律に寄与するのではないか。この点、後述する。

36　高畑「NATO 東京事務所開設にフランスが反対」。

37　鶴岡路人「2022年戦略概念にみる NATO の対露・対中戦略」日本国際問題研
　　究所、2023年3月23日、https://www.jiia.or.jp/pdf/research/R04_Europe/0101.pd-
　　f（2023年11月1日閲覧）。

38　田中「NATO の対中政策の可能性と限界」；長島純「NATO はロシアの侵攻に
　　どう対応したか」森本敏、秋田浩之編著『ウクライナ戦争と激変する国際秩
　　序』並木書房、2022年、167〜200頁；長島純「安全保障の新領域と NATO ——
　　サイバー、宇宙、認知、感染症、気候変動への取り組み」広瀬編著『NATO
　　（北大西洋条約機構）を知るための71章』330〜333頁。

39　田中「NATO の対中政策の可能性と限界」；田中「NATO の対中姿勢」。

40　NATO-EU 協力の重要性について、田中「NATO の対中政策の可能性と限界」。

41　2022年9月、NATO は、大使級の北大西洋理事会において、台湾の安全に対す
　　る中国の脅威について初の集中的な討議を行った。Henry Foy and Demetri
　　Sevastopulo, "NATO Holds First Dedicated Talks on China Threat to
　　Taiwan," *Financial Times*, 30 November 2022, https://www.ft.com/content/d7f
　　a2d2b-53be-4175-bf2b-92af5defa622 (accessed, 1 November 2023). また、同年
　　11月、ブカレストで催された外相会合では、中国がもたらす戦略的懸念に関す
　　る機密年次報告書を取り上げ討議した。Hans Binnendijk and Daniel S.

Hamilton, "Implementing NATO's Strategic Concept on China," Atlantic Council, 2 February 2023, https://www.atlanticcouncil.org/in-depth-research-reports/report/implementing-natos-strategic-concept-on-china/ (accessed, 1 November 2023).

42　非5条任務としての危機管理について、吉崎知典「危機管理」広瀬佳一、吉崎知典編著『冷戦後の NATO ——ハイブリッド同盟への挑戦』ミネルヴァ書房、2012年、194〜211頁；篠﨑正郎「NATO の危機管理」広瀬編著『現代ヨーロッパの安全保障』20〜37頁；篠﨑正郎「戦略概念1999——非5条任務の定式化」広瀬編著『NATO（北大西洋条約機構）を知るための71章』125〜128頁。

43　North Atlantic Treaty Organization, "Remarks," by NATO Secretary General Jens Stoltenberg on launching #NATO2030 - Strengthening the Alliance in an increasingly competitive world, 8 June 2020, https://www.nato.int/cps/en/natohq/opinions_176197.htm (accessed, 1 November 2023).

44　2021年、ストルテンベルグ事務総長は、「NATO は現在も将来も、欧州大西洋の地域同盟であり続ける」「NATO が南シナ海に進出することはありえない」と述べている。Morcos, "NATO's Pivot to China."

45　Matsumura, "Japan Misread the Signs in Pushing Plan for a NATO Office."

46　対テロ戦争に伴い域外活動の範囲を拡大（グローバル化）してきた NATO であるが、2022年2月以来のウクライナ戦争をきっかけに、欧州大西洋へ回帰（地域化）しつつあるようにも見える。だが、同戦争に伴う米国の欧州への関心の高まりや資源配分の増強は一時的な措置であろう。インド太平洋への重心の移動という中長期的な趨勢は変わるまい。現に、同戦争の帰趨には、米国の太平洋戦略と中国の対ロ後方支援の行方が大きく関わっている。二正面ながらも、優先順位は中国にある。この点は、2023年10月以降のイスラエル・パレスチナ紛争の悪化に関しても同様である。同月の米豪首脳会談に際し、米国国家安全保障会議の幹部は記者会見で、「中東の危機に集中しつつインド太平洋の重要性を示し、同盟諸国と協力して複数の重要地域に同時に取り組む米国の力を示す」と強調した。「米豪首脳、対中で連携——3正面同時対処を誇示」『産経新聞』2023年10月25日、https://www.sankei.com/article/20231025-34WGTTYOOZIMPD2363QXJ2MJ5A/（2023年11月1日閲覧）。

47　本章執筆時点で、NATO が定める「世界におけるパートナー」は、日本、韓国、豪州、ニュージーランド、イラク、アフガニスタン、パキスタン、モンゴル、コロンビアの9カ国である。

48　2022年6月の NATO 首脳会合には、当時の NATO 加盟国30カ国に加えて、主要パートナー国・機関として日本、豪州、ニュージーランド、韓国、スウェーデン、フィンランド、ジョージア、EU の首脳などが出席した。AP4 だけが招

かれたというわけではない。

49　ニュージーランドの外相は、ITPP への署名について「ニュージーランドも NATO もこれを新たな同盟方式とは認識していない」と発言している。「NATO 共同声明が中国の脅威について15回言及　しかし、アジア太平洋地域への勢力拡大は進まず」『THE NEW LENS』2023年7月27日、https://japan.thenewslens.com/article/4312/page3（2023年11月1日閲覧）。

50　NATO 加盟国の在東京大使は「パートナーの4カ国と連携を深めることが新たな脅威の本質を理解するのに不可欠だとの考えが、NATO 内で広がりつつある」と語る。「NATO、日韓豪 NZ と新協力計画　サイバー・宇宙で」『日本経済新聞』2023年6月14日、https://www.nikkei.com/article/DGKKZO71867590U3A610C2MM8000/（2023年11月1日閲覧）。

51　NATO 日本関係の歴史と現状については、長島純「日本 NATO 協力のはじまり──紆余曲折と試行錯誤を超えて」広瀬編著『NATO（北大西洋条約機構）を知るための71章』336〜339頁；鶴岡路人「『自由で開かれたインド太平洋』における日 NATO 協力──アメリカの同盟国同士のパートナーシップ」同上、345〜348頁。

52　「日 NATO 国別パートナーシップ協力計画」2014年5月6日、https://www.mofa.go.jp/mofaj/files/000037773.pdf（2023年12月5日閲覧）。2020年6月26日の改訂版では、「日本及び NATO は、自由、民主主義、人権及び法の支配という共通の価値並びに戦略的利益を共有する、信頼できる必然のパートナーである」と自己規定している。https://www.mofa.go.jp/mofaj/files/100068527.pdf（2023年12月5日閲覧）。

53　たとえば、2014年9月と11月、自衛隊と NATO 部隊（オーシャン・シールド作戦参加部隊）による海賊対処訓練がソマリア沖で実施された。また、2019年12月には、NATO のサイバー演習に日本が初めて参加した。

54　「日本と NATO、連携深化を確認　サイバーや宇宙で協力」『ニューズウィーク日本版』2023年1月31日、https://www.newsweekjapan.jp/headlines/world/2023/01/429190_1.php（2023年11月1日閲覧）。

55　日本と NATO の防衛装備をめぐっては、陸上自衛隊が一部の弾薬で NATO と同様の基準のものを採用している。航空自衛隊は、米欧各国が運用する戦闘機 F-35 を主力機として導入している。

56　日本は、2023年5月、防衛装備の保管や輸送の基準をめぐり、NATO 加盟国など34カ国が参加する「多国間産業保全ワーキンググループ（MISWG: Multinational Industrial Security Working Group）」に加入した。これは、開発・生産に関する特許を有するなど秘密性の高い防衛装備の保管や輸送について共通のルールを定める枠組みであり、正式に加入するのはアジアで初めてで

ある。「防衛装備の管理、日本がNATO主導枠組み加入」『日本経済新聞』2023年6月27日、https://www.nikkei.com/article/DGXZQOUA27B4Z0X20C23A6000000/（2023年11月1日閲覧）。

57 日本は、NATOの「平和と安全のための科学プログラム（SPS: Science for Peace and Security Programme）」に参加している。これは、安全保障の特定の分野に関する科学的研究や意見交換などを通じ、NATOとパートナー国などの協力や対話を促進する枠組みである。長島「NATOはロシアの侵攻にどう対応したか」。

58 首相官邸「岸田総理によるエル・パイス紙への寄稿文：NATO首脳会合出席に当たっての日本のヴィジョン」2022年6月28日、https://worldjpn.net/documents/texts/exdpm/20220628.O1J.html（2023年11月1日閲覧）。

59 岸田首相は、2023年5月24日の参議院本会議で「日本がNATOの加盟国・準加盟国になる計画はない」と発言した。「NATOの加盟国、準加盟国になる計画はない＝岸田首相」『Reuters』2023年5月24日、https://jp.reuters.com/article/kishida-nato-idJPKBN2XF06G（2023年11月1日閲覧）。

60「安全保障化」は、ある事象が脅威として提示され、日常の政治的手続きを超えた緊急の対応を要する問題として認識される過程を表す。Barry Buzan, Ole Wæver, and Jaap de Wilde, *Security: A New Framework for Analysis* (Boulder: Lynne Rienner Publishers, 1998). 安全保障化論は国内の政治過程を考察対象とすることが多いが、国家間の安全保障化に焦点を当てた論考として、以下を参照。永田伸吾「安全保障化としての英国の対中脅威認識形成過程――2021年英空母打撃群（CSG21）のインド太平洋展開に注目して」小田桐確編著『安全保障化の国際政治――理論と現実』有信堂高文社、2023年、79〜98頁；小田桐確「NATOにおける環境安全保障認識の形成と変容」『国際安全保障』第40巻第2号、2012年9月、125〜140頁；小田桐確「同盟と国際組織犯罪――アフガニスタンにおけるNATOの麻薬対策」『埼玉大学紀要（教養学部）』第49巻第2号、2014年3月、41〜50頁。

61 安全保障化には、友敵関係を区別し敵を排除する過程としての側面があり、そうした認識や関係性が定着する恐れがある。不安を解消しようとする行動（安全保障化）が、自己充足予言のように現実に脅威を生み出し、かえって不安の増幅を招いてしまう可能性である。Jef Huysmans, *The Politics of Insecurity: Fear, Migration and Asylum in the EU* (London: Routledge, 2006); 西海洋志「セキュリタイゼーション・ディレンマ再考――安全保障の新たな枠組み」『国際安全保障』第49巻第3号、2021年12月、19〜37頁。

62 2023年7月12日、ビリニュス首脳会合の共同声明について、中国外務省の汪文斌副報道局長は、「冷戦思考やイデオロギー的偏見に満ちており、断固反対す

る」と表明し、「NATOがアジア太平洋地域に東方進出すれば、新冷戦のような対立を引き起こすだけだ」と反発した。「中国、NATO 共同声明に反発『東方進出は新冷戦引き起こす』」『毎日新聞』2023年7月12日、https://mainichi.jp/articles/20230712/k00/00m/030/257000c（2023年11月1日閲覧）。なお、中国が米ソ冷戦終結後のNATOの拡大・強化を「冷戦思考」として批判する構図は、日米同盟の強化に対する批判と同型である。後者について、小田桐確「単極体系における同盟の機能——日米同盟による地域安定化の論理と中国」『戦略研究』第21号、2017年、49〜70頁。

63 Una Aleksandra Bērziņa-Čerenkova, "NATO and China: Navigating the Challenges," Jason Blessing, Katherine Kjellström Elgin, and Nele Marianne Ewers-Peterseds, eds, *NATO 2030: Towards a New Strategic Concept and Beyond* (Washington, DC: Foreign Policy Institute/Henry A. Kissinger Center for Global Affairs, Johns Hopkins University SAIS, 2021), pp. 47-67, https://sais.jhu.edu/sites/default/files/NATO2030AndBeyondAccessibleVersion.pdf (accessed, 1 November 2023).

64 中国がNATO加盟国間の離間を促す可能性、また、それに対抗してNATOに備わる規範的な要素を強化する必要性を指摘した論考として、Zinaida Bechná and Bradley A. Thayer, "NATO's New Role: The Alliance's Response to a Rising China," *Naval War College Review*, Vol. 69, No. 3 (Summer 2016), pp. 65-81, https://digital-commons.usnwc.edu/cgi/viewcontent.cgi?article=1162&context=nwc-review (accessed, 5 December 2023).

65 「地域的安全保障複合体」は、「安全保障化、脱安全保障化、あるいは両者の主要な過程が高度に相互連結しているため、安全保障問題が互いから切り離しては適正に分析あるいは解決されえないような諸単位の集合」と定義される。その上で、地域特有の安全保障相互依存のパターンは、脅威認識（友敵関係）と力の分布という二つの変数から形づくられるとされる。Barry Buzan and Ole Wæver, *Regions and Powers: The Structure of International Security* (Cambridge: Cambridge University Press, 2003). 域外勢力の「浸透」「被覆」については、pp. 49, 61-63.

第6章

大戦略としての「インド太平洋」概念を支える防衛外交
―主体としての日・豪・欧の空軍種の役割―

永田 伸吾

はじめに

（1）背　景

　国家の大戦略とは何か。一言でいえば「当該国家の国際秩序観」と定義
できるかもしれない。しかし、学術的な定義としては不十分だ。そこで、
川崎剛の『大戦略論』(2019年) での定義を紹介する。まず、川崎は大戦略
の本質を軍事戦略と異なり「〔平時における〕高次元の政略」と位置づけ
る*1。また、大戦略の目的を「国際秩序の維持あるいは変更をめぐるい
わば体制レベルのもの」であることを確認した上で*2、以下のように定
義する。

　　　国際社会に現存する政治秩序、つまり国際秩序の維持か打破あるいは
　　　中立、これら三つのうちいずれかを第一義的目的とし、そのような目
　　　的を共有する陣営の内部における政治的地位の向上を副次的目的とし
　　　て、制約条件や不条理的状況に対応しながらも、さまざまな政策手段
　　　を総合的に使ってこれらの目的を達成しようとする国家の計画的対外
　　　活動である*3。

　さらに川崎は、大戦略には「国際秩序戦」「戦略目的と手段」「〔地政学
的文脈での〕団体戦」の3つの前提が存在すると指摘する*4。それでは、
川崎の大戦略の定義を踏まえながら、以上の3つの前提のうち、まず「国
際秩序戦」と「〔地政学的文脈での〕団体戦」を手掛かりに、大戦略とし
ての「インド太平洋」概念とは何かを整理した上で、それを支える「戦略目
的と手段」のうち手段について検討する。

まず、「国際秩序戦」であるが、2010年代以降、第2次世界大戦後に米国主導で形成された現行国際秩序に対抗するため、中国やロシアは「探り（probing）」という形で、ユーラシア大陸周縁域（リムランド）の米国の同盟・パートナー国への挑発を続け、米国の出方を見極めていた。その結果、中国は南シナ海領有権問題で力による現状変更を推し進めた＊5。また、2014年3月に、ロシアはウクライナにハイブリッド戦争を仕掛けクリミア半島を併合することで西側との対決姿勢を明確にした。そして、2022年2月のロシアによるウクライナへの軍事侵攻は、こうした2つの勢力の対立が欧州において戦争という形で表面化したものと解釈できる。このように、現在の国際政治は、国際秩序をめぐる米国主導の現状維持勢力と中ロなど現状変更勢力との戦いと捉えることができよう。

　そして、「〔地政学的文脈での〕団体戦」であるが、ロシアによるウクライナ軍事侵攻という「今そこにある危機」に直面しているにもかかわらず、北大西洋条約機構（NATO : North Atlantic Treaty Organization）は中国の軍事的台頭と力による現状変更への警戒から、「欧州大西洋（Euro-Atlantic）」と「インド太平洋（Indo-Pacific）」の連携という形で日本を含むインド太平洋地域のパートナー諸国との安全保障協力強化を模索している。その中でも、NATO の主要国であり2010年代初頭から「インド太平洋傾斜（The Indo-Pacific　Tilt）」政策に取り組み、日本とは「準同盟」関係にある英国は、欧州諸国の中でも対中強硬姿勢を最も鮮明にしている。そうした背景から、英国は、ロシアのウクライナ侵攻を受け2023年3月に策定した外交安全保障戦略文書「2023年の統合レビューの刷新——より不安定な世界への対応（Integrated Review Refresh 2023: Responding to a More Contested and Volatile　World）」において、英国は中国による「時代を定義づける挑戦」に晒されており、さらに「インド太平洋における緊張は増大の一途を辿り、そこで紛争が起こった場合、その世界的影響はウクライナにおける紛争以上の影響をもたらす」＊6として、インド太平洋こそ国際秩序戦の地政学的主要舞台と位置づけている。その上で、「欧州大西洋」と「インド太平洋」を結び付けた「大西洋・太平洋（Atlantic-Pacific）」という新たな概念を提示することで、インド太平洋の同盟・パートナー国との連携強化を模索している＊7。

　それでは、インド太平洋は現状維持勢力と中国が雌雄を決する場として宿命づけられているのだろうか。これに対し、豪州の国際政治学者ローリ

ー・メドカーフ（Rory Medcalf）は、インド太平洋というナラティブは「強力でしばしば強圧的な中国に対して降伏も紛争に訴えることもなしに、一体どのように対応すればいいのか」というディレンマに直面した国々への助けになるとの見解を示す*8。この指摘に従えば、現状維持勢力にとっての「インド太平洋」概念は、「〔平時における〕高次元の政略」である大戦略の文脈で位置づけられることになる。

　こうした大戦略としての「インド太平洋」概念を具体化したものの1つが、安倍晋三首相が2016年8月の第6回アフリカ開発会議でその原型を提示した「自由で開かれたインド太平洋（FOIP: Free and Open Indo-Pacific）」だ。FOIP は「ルールに基づく国際秩序」を守るべき価値として強調していることから*9、「国際秩序戦」を前提にした大戦略と位置づけられよう。さらに FOIP は日本の大戦略にとどまらず、現状維持勢力にとって大義名分の旗印としての機能を果たすことになる。まず、2017年以降、米国のドナルド・トランプ（Donald Trump）政権が FOIP の概念を自国の戦略に取り入れ*10、後を襲ったジョー・バイデン（Joe Biden）政権も2022年2月に発表した「インド太平洋戦略（Indo-Pacific Strategy of the United States）」の中で FOIP の概念を取り入れた*11。また、英国は「2023年の統合レビュー刷新」の中でインド太平洋傾斜政策を「英国の国際政策の恒久的支柱」と位置づけ*12、さらに「インド太平洋における英国のアプローチの中核的教義は、多くの地域パートナーが共有する自由で開かれたインド太平洋のビジョンを支持することである」として*13、日米が主導する FOIP の下でインド太平洋政策を展開する姿勢を明確にした。このように、インド太平洋地域は、現状維持勢力の大戦略において FOIP の旗のもと「〔地政学的文脈での〕団体戦」を戦う舞台と位置づけられているといえる。

　以上を踏まえた上で、大戦略の前提である「戦略目的と手段」を「インド太平洋」概念に当てはめた場合、現行国際秩序の維持が戦略の目的であることは論を俟たない。そのため、ここでは手段について検討する。まず、インド太平洋というナラティブが大戦略の中で意味を持つには、インド太平洋の広域での軍事的プレゼンスの維持などの政策的裏付けが必要になる。例えば、日本のジブチ自衛隊恒久拠点の存在などは、FOIP が現状維持勢力に対する訴求力を有するための政策的裏付けと捉えることも可能である。また、軍事的プレゼンスの維持は、常駐という形にとどまらず、域内の同盟・パートナー国に部隊を派遣し寄港・寄航や共同・親善訓練を行うなど、

戦力投射能力を証明することでも可能である。

　このような、防衛当局が積極的に関与する同盟・パートナー国との連携強化の取組みは、外交当局の活動と相俟って各国の包括的な対外政策を形成している。その中でも、防衛当局による活動は一般に「防衛外交（defense diplomacy）」と呼ばれている。西田一平太と渡部恒雄はこれを「主に平時において、自国の外交・安全保障目的の達成に向けて、国防当局ならびに軍の有する資産を他国との協力に用い、自らに望ましい影響を及ぼすこと」と定義する＊14。要約すれば防衛外交とは「平時における軍事アセットを活用した防衛当局による外交的活動」といえよう。

　そうした防衛外交において、軍種別に見た場合、これまで主導的役割を果たしてきたのは海軍種であった。「砲艦外交（gunboat diplomacy）」や「海軍外交（naval diplomacy）」などの用語があるように、海軍種にとって外交は主要な任務であり、それは2つの大洋を包摂するインド太平洋地域において一層重要性を帯びることになった。とくに、2021年に英海軍が新空母「クイーン・エリザベス（HMS Queen Elizabeth）」を旗艦とする空母打撃群（CSG21）をインド太平洋に派遣し日本に寄港させたことは、英国のインド太平洋傾斜政策と「日英準同盟」が新たな段階に入ったことを内外に示すことになった。

　とはいえ、2つの大洋を包摂する広大なインド太平洋地域での防衛外交には、「距離の専制（tyranny of distance）」という「制約条件や不利的状況」が付きまとう。これは、インド太平洋の安全保障に関与する欧州諸国にとって切実な課題である。欧州諸国が艦艇派遣という海軍種による防衛外交を展開するにしても、日本などインド太平洋のパートナー国に到着するには数週間から月単位での期間を要する。これは、日米豪印戦略対話（Quad: Quadrilateral Security Dialogue）を構成する諸国間の相互協力においても同様である。例えば、ともに米国の同盟国で太平洋における「南北の錨」と例えられ、アジア太平洋地域秩序形成に協力してきた日豪であるが、東京とシドニーとの距離は7,800キロメートルも離れている＊15。

　そのため、インド太平洋における大戦略では、「距離の専制」をいかに克服するのかが重要課題となる。そうした課題への回答の1つが、2010年代後半以降、インド太平洋地域で活発化している空軍種による防衛外交である＊16。空軍種（航空機）は海軍種（艦艇）に比べ速度の優位性や地理的影響を受けにくいことから迅速な展開が可能になる。そのため、インド太

平洋地域における空軍種による防衛外交が活発化するのは必然といえよう。換言すれば、現状維持勢力によるインド太平洋戦略は空軍種による防衛外交によって実効性を高めるといえる。

（2）目　的

　以上の背景を踏まえ、本章は、2010年代以降、インド太平洋地域で活発化している現状維持勢力による空軍種の防衛外交の現状と課題について分析する。その際、当該地域における主要な接受国である日本と豪州の位置づけや役割に注目する。インド太平洋における米国の主要同盟国であり価値を共有する両国の空軍種は、NATO 諸国でも導入が進み「西側標準機」となりつつある F-35 統合打撃戦闘機を運用するなど共通点が多い。そのため、欧州諸国がインド太平洋に防衛外交を展開する場合、接受国となるケースが多い。同時に、両国も「準同盟」関係を構築し、さらにインドや欧州諸国との安全保障協力を強化するなど、インド太平洋における新たな同盟ネットワーク形成を主体的に担っている。こうした理由から、本章では、欧州諸国空軍によるインド太平洋防衛外交の概要と共同訓練・演習等の接受国としての日豪の位置づけを中心に議論する。

　本章の構成は以下のとおりである。第1節は、2010年代に入り空軍種による防衛外交が注目されるようになった背景を、主に海軍種との比較から概観する。その上で、インド太平洋地域で展開される空軍種の防衛外交における日豪両国の役割や位置づけを確認する。第2節は、2010年代後期から活発化したインド太平洋における空軍種の防衛外交について、英国、フランス、豪州の事例から検討する。第3節は、2021年以降のインド太平洋地域における空軍種の防衛外交について、ドイツ、フランス、イタリア、豪州の事例について検討することで、インド太平洋地域における日豪を接受国とした空軍種の防衛外交が常態化しつつあることを明らかにする。その上で、航空自衛隊が2023年以降、他国との共同訓練を FOIP 実現に向けた取り組みと位置づけていることも明らかにする。第4節では、それまでの議論を踏まえ、インド太平洋における空軍種による防衛外交の今後の展望と課題について考察する。展望については、日本周辺海空域が中ロの軍事的連携誇示の場と化し、また北朝鮮の核・ミサイル開発への対応から、日本が現状維持勢力の中で「前線国家」としての役割を今後も高めるとの見通しを示す。他方、課題については、防衛外交の主体としての空軍種の

弱点について気候変動の影響や他軍種との比較から検討した上で、今後の航空自衛隊の防衛外交への含意を導出する。

　尚、2023年1月に、インド空軍が4機の Su-30MKI 戦闘機を中核とする部隊を百里基地に派遣し、航空自衛隊と共同訓練「ヴィーア・ガーディアン（Veer Guardian）2023」を実施した。但し、本章は「距離の専制」を克服する手段に加え価値と装備の共有の観点から、大戦略としての「インド太平洋」概念を支える空軍種の防衛外交について考察することが目的である。そのため、インド太平洋域内に位置しながら、必ずしも現状維持勢力と価値を共有するわけではなく、さらにロシア製戦闘機を主力装備とするインド空軍の防衛外交については検討対象から外す。

第1節　防衛外交の主体としての空軍種、接受国としての日豪

（1）防衛外交とその主体としての空軍種

　防衛外交とは、平時における軍事力の外交的活用である。そのため、武力行使を伴うものではない。そうした防衛外交の一義的担い手は海軍種である。英国の国際政治学者ケン・ブース（Ken Booth）も著書『海軍と対外政策（*Navies and Foreign Policy*）』（1977年）の中で、海軍の役割の1つに外交的機能を挙げていることはよく知られている＊17。

　インド太平洋における現状維持勢力間の防衛外交においても、依然、海軍種は主導的な役割を担っている。とくに、国際海洋法秩序維持のための「航行の自由作戦（FONOP：Freedom of Navigation Operation）」における海軍種の重要性は論を俟たない。他方で、上述のように空軍種による防衛外交も活発化しつつある。しかし、紀元前の太古から存在した海軍種と違い、第一次世界大戦を契機に誕生した空軍種は100年余りの歴史しかもたない。そもそも、空軍種が外交的役割を期待されるようになったのも1990年代以降だ。1991年1月の湾岸戦争は軍事戦略における空軍力の重要性を決定づけた。そして1999年のコソボ紛争では、NATO が空軍力を駆使することで「強制外交（coercive diplomacy）」を実施した＊18。しかし、「強制外交」とは、武力行使によって対象国の対外政策の変更を促すことを目的としたものであり、平時における軍事力の外交的活用である防衛外交とは本質的に異なる。

　しかし、米国がイラクやアフガニスタンからの軍事的撤退を進める中で、

2010年頃から、米空軍は自らが対外政策上の重要な手段となる機会を「空軍外交（air　diplomacy）」に見出すようになった＊19。ここでいう「空軍外交」とは「非力学的作戦においてエア・パワーを国力の手段として活用することで紛争を予防するための積極的なアプローチ」＊20と定義される。「非力学的（non-kinetic）」という文言から、それまでの空軍種の外交的活用である武力行使を伴う「強制外交」とは本質的に異なるアプローチであり、防衛外交における空軍種の活用と解釈することが可能であろう。

　それでは、防衛外交における空軍種の役割・特徴はどのようなものであろうか。西田と渡部は以下のように整理する。

　　即応性と機動性に特殊な優位性があり、国際任務や災害救援・自国民救出の活動の際に要員・物資を迅速に輸送できる。他方で、高度の科学技術と長期にわたる防衛力構築の努力を有することから、対象国によって防衛外交のアプローチが異なる。たとえば、米欧や日本・豪州など装備・教育が高水準な国々の間では、戦闘機による共同訓練・演習やACSA〔引用者注：物品役務相互提供協定、Acquisition and Cross-Servicing Agreement〕などを通じた相互運用性の向上が図られている。能力形成途上の国に対しては、レーダーや中古航空機などの装備移転を行い、運用教育・能力構築支援を通じて中長期的な関係を構築していくのが一般的だ＊21。

ここで重要なのは「即応性と機動性」であろう。海軍種の場合、欧州からインド太平洋に艦艇を派遣しようとすれば、数週間から数カ月の期間を要する。例えば、2021年5月下旬に英国を出港した新空母「クイーン・エリザベス」を旗艦とする空母打撃群CSG21が日本に寄港したのは同年9月上旬である。この間、CSG21は地中海でイスラム国攻撃に参加し、また同盟・パートナー国と数々の共同訓練・演習に参加していることから、日本寄港まで約3カ月半の時間を要したことを必ずしも否定的に捉えるべきではない。しかし、海軍種ではインド太平洋戦略に付きまとう「距離の専制」を克服することには限界がある。他方、「即応性と機動性」で優位性のある空軍種であれば、数日で展開可能である。このように、空軍種はインド太平洋における「距離の専制」という大戦略上の「制約条件」に対応する上で不可欠な役割を担っているのである。

空軍種には人員・経済面でも空母打撃群に対し優位性がある。例えば、CSG21 は、空母「クイーン・エリザベス」に加え米国のミサイル駆逐艦やオランダのフリゲートを含む水上戦闘艦6隻と補助艦2隻（原子力潜水艦1隻も随伴していたと推測される）から構成され、その人員は3,700名に上った。これに対し、空軍種が共同訓練・演習への派遣に要する人員はフリゲートや駆逐艦など水上戦闘艦1隻の人員に相当する100〜300人程度だ。人員数は人件費としてコストに直結する。そもそも、米空軍が2010年頃から平時における外交機能に役割を見出した背景には、国防費減少が長期的トレンドとなることが予想されたからであった＊22。

　こうした人員・経済面に加え、海軍種にとって、空母の希少性も防衛外交上の「制約条件」となる。英国は2隻の「クイーン・エリザベス級」空母を有しているが、高頻度でのインド太平洋展開のローテーションを組むことは困難であろう。実際、CSG21 に続く英空母打撃群のインド太平洋展開は2025年に予定されていることから＊23、4年間の空白が生じることになる。こうした「制約条件」の緩和のため、2023年3月の英仏首脳会談で、両国はインド太平洋における空母打撃群の持続的展開の実証を探求することで合意した＊24。しかし、フランスの保有する空母は「シャルル・ド・ゴール（FS Charles de Gaulle）」の1隻であり、英仏協働の空母打撃群の持続的展開にどれだけ貢献するのかは実証結果を待たねばなるまい。しかも、原子力空母である「シャルル・ド・ゴール」は、2028年から2030年にかけて燃料交換など大規模整備を予定している＊25。当然、その間ローテーションを組むことは不可能である。こうした空母の希少性にともなう海軍種の「制約条件」は、防衛外交の主体としての空軍種に一定の優位性を与えよう。

（2）インド太平洋における空軍種の防衛外交と日豪の位置づけ

　再び、西田と渡部による空軍種の防衛外交上の役割・特徴に戻ると、「米欧や日本・豪州など装備・教育が高水準な国々の間では、戦闘機による共同訓練・演習や ACSA などを通じた相互運用性の向上が図られている」とある＊26。こうしたことから、欧州諸国や日豪の空軍種によるインド太平洋地域の同盟・パートナー国への防衛外交は共同訓練・演習などの形で実施される傾向がある。また、インド太平洋地域における米国の主要同盟国である日豪は、米国の主導で開発された第5世代戦闘機 F-35 を運

用すると同時に、インド太平洋地域における F-35 の整備・運用を支える国際整備拠点（MRO&U：Maintenance, Repair, Overhaul, and Upgrade）を設置している。NATO 諸国でも導入が進み「西側標準機」といっても過言ではない F-35 は、第5世代戦闘機の特徴であるステルス性に加え、卓越した高性能センサーによる情報収集能力やネットワーク機能により運用国間の相互運用性を大幅に向上させる。そのため、英伊独など F-35 を運用（を予定）する NATO 主要国の空軍種にとって、インド太平洋地域のカウンターパートとしての日豪空軍種の重要性は高まっている。

　それでは、欧州諸国や豪州にとって、空軍種による防衛外交の対象として日本はどのように位置づけられているのであろうか。上述のように FOIP は現状維持勢力が中ロの力による現状変更に対抗するための大義名分の旗印と化している。欧州諸国や豪州にとって、「法の支配」や「航行の自由」など価値や規範を共有し先進7カ国のメンバーでもある日本はインド太平洋地域における最重要の同盟・パートナー国の1つに位置づけられており、政治軍事的連携を強化することは合理的である。また、後述するように、2019年頃から日本周辺海空域は中ロの空海軍が合同演習・共同パトロールを繰り返すことで軍事的連携を誇示する舞台となっている。このように、日本は現状維持勢力にとって、FOIP の提唱者であると同時に現状変更勢力との国際秩序をめぐる戦いの「前線国家」なのである。

　日本の防衛省も、FOIP の取組みを支える防衛協力・交流ツールの1つに「部隊による協力・交流」を据え、例として「共同訓練・親善訓練、艦艇や航空機の寄港・寄航等」を挙げている＊27。さらに『令和5年度版 防衛白書』では、FOIP のもとでのパートナー国（同志国）との連携の意義について解説する中で、「FOIP 協力の新たな柱」の1つに「『海』から『空』へ拡がる安全保障・安全利用の取組」を挙げているように＊28、今後、パートナー国との空軍種を介した防衛外交が活発化することを示唆している。

　他方、豪州は、その広大な領域故に米国以外では実施が難しい大規模な多国間合同演習の主催者として、欧州各国や日本など、同盟・パートナー国の各軍種に実戦を想定した高度な訓練内容と交流の場を提供している。豪空軍の訓練として1981年に始まった「ピッチブラック（Pitch Black）」は、今日では米空軍主催の多国間合同演習「レッドフラッグ（Red Flag）」と同様、実戦を想定したシナリオで2年おきに開催される多国間合同演習

に発展した。また、1993年に始まった海軍演習「カカドゥ（Kakadu）」も2年おきに開催される豪海軍主催の合同演習に発展した。そして、2005年に始まった米豪合同演習「タリスマン・セイバー（Talisman Sabre）」も2年おきに開催される多国間合同演習に発展した。このように、高度な訓練内容とそれを可能にする広大な訓練空海域によって、インド太平洋における豪州の多国間合同演習の場としての重要性は増しているのである。

第2節　空軍種によるインド太平洋防衛外交の始動

（1）日英安全保障協力と共同訓練「ガーディアン・ノース16」

　2010年頃より静かに「インド太平洋」への回帰を模索していた英国は、2012年からその動きを本格化させた。その嚆矢となったのが、同年4月に、訪日したデイビッド・キャメロン（David Cameron）首相と野田佳彦首相による共同声明「世界の繁栄と安全保障を先導する戦略的パートナーシップ」[*29]であった。同声明の中で「世界の平和と安全保障の促進」が謳われ、以後、両国は価値の共有に基づき防衛安全保障協力を深化させていく。そうした中で、2018年4月から、英国は、北朝鮮の核・ミサイル開発への制裁措置を定めた2017年9月の国連安保理決議2375号と同12月の国連安保理決議2397号、そして1954年2月に朝鮮国連軍と日本が締結した国連軍地位協定を根拠に、在日米軍基地に艦艇を派遣した。そのような艦艇派遣の集大成が、上述した2021年9月の CSG21 の日本寄港であった。英国にとって、空母は伝統的に「スエズ以東における英国のパワーの中心および象徴」と位置付けられてきた[*30]。そのため、CSG21 の日本寄港は日英間の連携を象徴する防衛外交上の一大イベントであった。

　しかし、2012年4月から日英防衛安全保障協力が着手されていたにもかかわらず、英国の海軍種による防衛外交の本格化が2018年からとなったのは何故であろうか。実は、英国は2013年11月に発生した台風「ハイエン（平成25年台風30号）」によって甚大な被害を受けたフィリピンでの災害救援を最後に、一端、インド太平洋地域から艦艇を撤退させていた。

　この間、海軍種の不在を埋める形で英国がインド太平洋で実施したのが空軍種による防衛外交であった。2013年7月18日に、ともに戦闘機部隊である航空自衛隊第201飛行隊（千歳基地）と英空軍第3飛行隊（コニングスビー空軍基地）が姉妹飛行隊関係を結んだ[*31]。英空軍は、2015年10月20日か

ら25日にソウルで開催された国際航空宇宙・防衛産業展示会（ADEX2015）に、第70飛行隊（ブライズ・ノートン基地）所属のA400M輸送機を韓国に派遣した。その際10月23日に、同機は国外展開訓練と日英空軍種の輸送部隊間の交流を目的に航空自衛隊美保基地に飛来した。航空自衛隊にとってこれは英空軍機の初の基地への受け入れであった。こうした実績を踏まえ、翌2016年1月に東京で開催された第2回日英外務・防衛閣僚会合で、両国は同年中に英空軍が4.5世代戦闘機ユーロファイター・タイフーンを共同訓練のため日本に派遣することで合意した*32。

　この合意に基づき、日英空軍種共同訓練「ガーディアン・ノース（Guardian North）16」実施のため、英空軍は、2016年10月22日から11月9日にかけて第2飛行隊（ロジーマス基地）所属のユーロファイター4機およびそれを支援するA330MRTT（英軍名ボイジャー）空中給油・輸送機とC-17長距離輸送機から編成される部隊（人員200人）を航空自衛隊三沢基地に派遣した。航空自衛隊にとって「ガーディアン・ノース16」は日本国内での米軍以外の外国軍との初の共同訓練となり、北部航空方面隊第3航空団（三沢基地）所属のF-2戦闘機および第2航空団（千歳基地）所属のF-15戦闘機が各4機参加した。他方、英空軍にとっては、英国、豪州、ニュージーランド、マレーシア、シンガポールの防衛協力枠組みである5カ国防衛取極（FPDA：Five Power Defence Arrangements）の定例演習で同年10月4日から21日まで開催された「ベルサマ・リマ（Bersama Lima）16」への参加を含む、過去5年で最大規模の海外展開訓練であると同時に、同軍のタイフーン戦闘機によるかつてない長距離展開ミッションでもあった*33。

　日本での訓練を終えた英部隊の一部は韓国の烏山空軍基地に展開し、11月8日から10日にかけて、初の米英韓空軍合同演習「インヴィンシブル・シールド（Invincible Shield）」を実施した。そして2016年12月1日に、ワシントンで開催されたヘリテージ財団主催のシンポジウム「強固な同盟の価値——米国の日英との同盟関係を見る（The Value of Strong Alliances: Looking at U.S. Alliances with the United Kingdom and Japan）」に、佐々江賢一郎駐米日本大使と参加したキム・ダロック（Kim Darroch）駐米英国大使は、2020年代以降の新空母のインド太平洋展開に加えて「ガーディアン・ノース16」に参加したタイフーンが、帰路、南シナ海の上空を飛行したことにも言及した*34。

こうした実績を踏まえ、翌2017年1月に日英 ACSA が締結された。このように、2013年から2018年にかけて、インド太平洋地域に英海軍のプレゼンスがない中で、英空軍が防衛外交を展開することで、日英安全保障協力の深化を促す役割を果たしたのである。

（2）フランス空軍大規模戦力投射ミッション「ペガーズ2018」

フランスは米国に次ぐ世界第2位の排他的経済水域を有する。そして、その9割以上を、13の海外県・地域圏・準県のうち7つが存在するインド太平洋地域に有する。その地域の総人口は165万人に達し、3つの軍管区に8,300人の部隊が駐留する＊35。そうした背景からインド太平洋国家を自称するフランスは、2018年からインド太平洋戦略に着手する。まず、2018年5月2日に、豪州訪問中のエマニュエル・マクロン（Emmanuel Macron）大統領が、シドニーのガーデン・アイランド海軍基地で行った演説の中でインド太平洋戦略の概略を発表した＊36。それを受けて同年10月には、「フランスのインド太平洋戦略（France's Indo-Pacific Strategy）」を策定することで（2022年2月に最新版に更新）＊37、フランスは欧州で初めてインド太平洋戦略を成文化した国にとなった。

そしてフランスは、こうしたインド太平洋戦略を行動で裏付けるかのように、早速、空軍種による防衛外交を展開する。フランス空軍は2018年8月19日から9月4日にかけて、インド太平洋地域への大規模戦力投射ミッション「ペガーズ（Pégase）2018」を実施した＊38。フランス空軍にとって「ペガーズ2018」は、2004年に「ピッチブラック」参加のため6機の第4世代戦闘機ミラージュ2000を豪州に派遣して以来の大規模戦力投射ミッションであった＊39。「ペガーズ2018」任務部隊は、3機の第4.5世代戦闘機ラファールと各1機の A400M 戦術輸送機、C-135FR 空中給油機、A310 要員輸送機から編成された（人員100人、貨物40トン）。但し、同部隊は7月27日から8月17日にかけて豪州で開催された多国間合同演習「ピッチブラック2018」に参加するために、フランス本土を7月20日に発進していた。そのため、実質的に「ペガーズ2018」はフランス本土発進から任務が始まっていた。部隊は「ピッチブラック」終了後、インドネシア、マレーシア、ヴェトナム、シンガポール、インドに寄航の後、アラブ首長国連邦アル・ダフラの第104フランス空軍基地を経由してフランスに帰投した。

任務期間中の8月24日には、7月29日と8月5日にインドネシアのロンボク

島で相次いだ大地震への災害救援のため、部隊から A400M 輸送機が投入され25トンの救援物資を運んだ＊40。また、8月26日から29日にかけて部隊はヴェトナムに寄航した。これは1954年のフランスのインドシナ撤退以来、初のフランス空軍部隊のヴェトナム飛来であるとともに、仏越国交樹立45周年と仏越戦略パートナーシップ締結5周年を記念するイベントでもあった＊41。そして、インドは2016年9月にフランスとラファール36機を購入する契約を結んでいたことから、「ペガーズ2018」任務部隊のインド寄航はそうした両国間の防衛協力の進展を内外に示すものとなった。このように「ペガーズ2018」は当初想定されていなかった災害救援も含め、フランスのインド太平洋戦略を支える防衛外交としての役割を果たしたのである。

（3）日豪準同盟と共同訓練「武士道ガーディアン2019」

　2007年3月13日、安倍晋三首相と豪州のジョン・ハワード（John Howard）首相との間で「安全保障協力に関する日豪共同宣言」＊42が署名された。これは、日本にとって米国以外の国との初の安全保障協力を成文化したものであった。そして、共同宣言署名から間もない2007年6月には初の日豪外務・防衛閣僚協議が開催され、さらに2010年5月に、日豪両政府は ACSA に署名した（2013年1月発効）。これは、日本にとって米国以外の国との初の ACSA 締結であった。

　この間、日豪双方で政権交代が起こった。豪州では2007年12月の総選挙で与党自由党・国民党連合が敗北し労働党政権が成立した。日本では2009年8月の総選挙で与党自由民主党が敗北し民主党政権が成立した。両政権ともリベラルな対外政策を掲げていたことから、当初、日豪安全保障協力も停滞する可能性も指摘されていた。しかし、両国の安全保障協力は新政権下でむしろ進展した＊43。とくに重要な点は、両国の安全保障協力が「ルールに基づく国際秩序」の維持・強化を目的としたものに収斂したことであった＊44。このように、両国は価値の共有に基づく現状維持勢力として協働する路線を選択したのであった。これについては、日本側では野田佳彦首相が大きな役割を果たした。上述のように、野田は2012年4月に日英共同声明を発表し、英国と価値の共有に基づく安全保障協力に着手した。民主党野田政権は後の FOIP に継承される重要な多国間安全保障協力の礎を築いたといえよう。

　また、2011年3月11日に発生した東日本大震災に際し、豪州のジュリア

・ギラード（Julia Gillard）首相は空軍が4機保有するC-17輸送機中3機を日本に派遣した。在日豪大使館に豪州政府からC-17派遣の通知があったのは地震発生後1時間以内であったことが指摘されているように＊45、ギラードの意思決定は迅速であった。3月14日に72人の緊急援助チームを運んだ最初の1機は、その後25日まで支援物資の他、陸上自衛隊第15旅団（那覇）の空輸にも従事した＊46。さらに22日には、2機が福島第一原子力発電所被災事故対応の高圧放水ポンプ輸送のため横田飛行場に緊急派遣された＊47。これは日豪間の「距離の専制」を克服した、人道支援・災害救援（HA/DR: Humanitarian Assistance/Disaster Relief）における豪空軍による防衛外交として捉えることが可能であろう。日本の防衛関係者は、こうした豪州政府の対応を高く評価した＊48。

　その後、日本では2012年12月の総選挙で自由民主党が圧勝し、安倍晋三が再び首相に返り咲いた。そして安倍政権によって2015年9月に成立した平和安全法制の内容を踏まえ、2017年1月に日豪は新たなACSAに署名した（2018年9月発効）。

　新ACSA発効などを踏まえ、両国は「準同盟」と呼ばれるまでに安全保障協力を強化していく。その成果の1つが、2019年9月11日から10月8日まで航空自衛隊千歳基地で実施された日豪空軍種共同訓練「武士道ガーディアン（Bushido Guardian）2019」である＊49。同訓練は、2018年10月開催の第8回日豪外務・防衛閣僚協議での合意に基づき実施された＊50。航空自衛隊からは北部方面隊所属のF-15戦闘機10機（千歳基地）とF-2戦闘機3機（三沢基地）が参加した。豪州からは第81航空団第77飛行隊（ウィリアムタウン空軍基地）所属のF/A-18A/B戦闘機7機を始め、C-17を含む各種支援機3機から編成された部隊（人員150人）が参加した＊51。航空自衛隊にとって「武士道ガーディアン2019」は、日英共同訓練「ガーディアン・ノース16」に次ぐ、日本国内での米国以外の国との共同訓練であった。

第3節　空軍種によるインド太平洋防衛外交の常態化

（1）ドイツ空軍大規模展開ミッション「ラピッド・パシフィック2022」＊52
　英仏とならぶ欧州主要国のドイツは、2020年9月に「インド太平洋ガイドライン（Leitlinien zum Indo-Pazifik）」を発表し（日本語版あり）＊53、その一環として2022年8月15日から10月8日にかけて空軍による初のインド太

平洋地域への大規模展開ミッション「ラピッド・パシフィック（Rapid Pacific）2022」を実施した。「ラピッド・パシフィック2022」は、ドイツ空軍戦闘機部隊の豪空海軍主催多国間共同訓練への参加に加え、日本など寄航先であるインド太平洋地域のパートナー国との連携を目的としたドイツ空軍史上最大の長距離展開ミッションであった。

「ラピッド・パシフィック2022」任務部隊は、6機のユーロファイター戦闘機、4機のA400M戦術輸送機、3機のA330MRTT多目的空中給油・輸送機から編成された（人員250人）。その派遣部隊で最も目を引いたのが、胴体中央にドイツ国旗、左右の主翼に訪問国となる豪州・シンガポール・日本・韓国の国旗、また尾翼に「ラピッド・パシフィック2022」の行程、そして機首右カナード翼に「Air Ambassador（空の大使）」の特別塗装をそれぞれ施したユーロファイターの存在であった。その名のとおり、「ラピッド・パシフィック2022」というインド太平洋地域のパートナー国との連携を目的としたドイツ空軍の防衛外交の主役を務めた機体である。そして、「Air Ambassador」機に象徴されるように、「ラピッド・パシフィック2022」は、空軍種によるインド太平洋地域での防衛外交の本格的到来の幕開けを宣言するものであった。

英仏と違い空母を持たないドイツは「インド太平洋防衛外交」の担い手としての空軍種に一層強い期待を抱いている。ドイツ海軍は2021年8月から2022年2月にかけてフリゲート「バイエルン（Bayern）」をインド太平洋に派遣した。艦齢25年の同艦は2021年11月に東京国際クルーズターミナルに寄港したが、9月に横須賀に寄港した英国の新空母「クイーン・エリザベス」に比べればインパクトに欠けたことは否めなかった。その意味で、「ラピッド・パシフィック2022」は、ドイツにとってインド太平洋への戦略的関与の「本気度」を示す試金石となった。

「ラピッド・パシフィック2022」にとって、その名のとおりドイツ空軍のインド太平洋への迅速な展開能力の実証も重要な目的であった。そのため、最初の任務が、ノイブルク空軍基地から12,800キロメートル離れた中継地シンガポールへの24時間以内での展開であった。パイロットにとっては野心的であるとともに、アラブ首長国連邦のアブダビで交代を伴うとはいえ、難易度の高い空中給油を繰り返しながらの飛行は、生理的限界からも過酷な任務であった。

ノイブルク空軍基地を現地時間8月15日夕刻に離陸した第74戦闘航空団

所属の6機のユーロファイターは、アブダビを中継しつつ全行程で10回の空中給油を重ね、5機が現地時間8月16日夜にシンガポールに到着した。ドイツ連邦軍の公式サイトによると20時間22分3秒で展開が完了したとされている＊54。このように「ラピッド・パシフィック2022」は24時間以内でシンガポールに展開するという最初の任務を達成した（「Air Ambassador」機はアブダビで油圧系統の修理を経て8月19日夕刻にシンガポールに到着した）。

　その後、部隊は豪州北部のダーウィン空軍基地に移動し、8月中旬から9月下旬まで豪州空軍主催の多国間合同演習「ピッチブラック2022」と、豪州海軍主催の多国間合同演習「カカドゥ2022」に参加した。「ピッチブラック2022」は、初参加の日独韓を含む17カ国から約100機と人員2,500人が参加し、ダーウィン空軍基地とティンダル空軍基地、そしてブリスベン近郊のアンバーリー空軍基地を拠点に北部準州空域で8月19日から9月8日まで実施された。「カカドゥ2022」には22カ国から15隻の艦艇と34機の航空機、そして人員3,000人が参加し、豪州北部空海域で9月12日から24日にかけて実施された。

　豪州での多国間共同訓練を終えた後、派遣部隊は一端シンガポールに引き返した。その後、2022年9月28日に、ドイツ空軍総監インゴ・ゲアハルツ（Ingo Gerhartz）中将が操縦する「Air Ambassador」を含む3機のユーロファイターおよび各1機のA330MRTTとA400Mが8時間の飛行を経て航空自衛隊百里基地に飛来した。これはドイツ空軍戦闘機部隊による初の日本への飛来であった。部隊の日本訪問は、2022年4月にオラフ・ショルツ（Olaf Scholz）首相がアジアで初の訪問国に日本を選んだことと無関係ではない。このように「ラピッド・パシフィック2022」は、米国の同盟国として太平洋の「南北の錨」に喩えられる日豪が、ドイツのインド太平洋戦略においても重要なパートナーと位置付けられていることを内外に示した。百里基地では、第7航空団所属の F-2 戦闘機3機と編隊航法訓練を実施した＊55。一連の任務を終えた部隊は10月8日にノイブルク空軍基地に帰投し、「ラピッド・パシフィック2022」は成功裡に終了した。

　「Air Ambassador」機に目が行きがちな「ラピッド・パシフィック2022」であるが、ユーロファイターの迅速な長距離展開を支えた A330MRTT の役割も無視できない。同機はエアバス社製の多目的空中給油・輸送機であり、「ラピッド・パシフィック2022」でドイツが使用した機体は NATO の多国籍空中給油・輸送機材（MMF）のものであった。A330MRTT は、英

仏に加え豪州など多くのインド太平洋諸国も運用し、「ピッチブラック20
22」においても各国の A330MRTT は空中給油任務で大きな役割を果たし
た。このように、インド太平洋の安全保障に関与する国の多くが
A330MRTT を運用することは相互運用性の面で好ましい状況といえよう。

　他方で、欧州とインド太平洋諸国との相互運用性ついては、第4世代戦
闘機レベルでは課題がある。日本、韓国、シンガポールの主力戦闘機であ
る F-15 を欧州で運用している国はなく、豪州は数少ない F/A-18 の運用
国である。また、西太平洋にユーロファイターの運用国はない。ところが、
情報収集・共有能力に優れた第5世代戦闘機 F-35 の運用国は欧州とイン
ド太平洋地域の双方で増えている。ドイツは2022年3月に NATO の核共有
を担保する手段として F-35 の導入を決定した。そして「ラピッド・パシ
フィック2022」の訪問先である豪州、シンガポール、日本、韓国はいずれ
も F-35 の導入（予定）国であり、さらに第1節でも述べたように、日豪に
は同盟・パートナー国がインド太平洋地域で F-35 を維持・運用するため
の MRO & U が設置されている。そうした中で、「ラピッド・パシフィッ
ク2022」開始前日の8月14日に、時事通信の書面インタビューに応じたゲ
アハルツ中将は、ドイツが F-35 の導入を決定したことについて「日本を
含め同機導入国との連携が容易になった」と歓迎の意向を示した*56。ド
イツの F-35 導入は欧州の安全保障環境を踏まえての決定であるが、ゲア
ハルツ中将の応答は、インド太平洋諸国との連携も視野に入れた上での決
定であることを示唆するものとして興味深い。

　軍用輸送機の A400M もエアバス傘下のエアバス・ディフェンス・アン
ド・スペースが開発・製造を担当している。しかし欧州とインド太平洋諸
国との「距離の専制」を克服する軍用輸送機としては、A400M よりも航
続性能・搭載量で大きく勝る米ボーイング社製の C-17 の方が適している。
実際、英国は C-17 と A400M の両機種を運用するが、2016年に日韓での
共同訓練にユーロファイターを派遣した際には C-17 を随伴させた。他方
で、NATO には戦略空輸能力（SAC: Strategic Airlift Capability）という
C-17 を多国籍で運用する体制があるがドイツとフランスは参加していな
い。

　元々、エアバスは1970年12月に、米国製旅客機の市場寡占状況に対抗す
るためにフランスや西ドイツの主導で欧州企業のコンソーシアムとして設
立された。そのような背景もあり、独仏は米国製の機体への依存を極力さ

ける傾向がある（ドイツの F-35 導入も35機にとどまる予定である）。また、エアバスは「ラピッド・パシフィック2022」での活躍から A330MRTT をインド太平洋に適した機種と宣伝していることに加え、派遣された3機種全てが自社製の機体であることを強調するなど＊57、インド太平洋諸国を有望な軍用機市場と見做している。

　「ラピッド・パシフィック2022」の展開先である韓国には、1機の A400M が9月末に派遣された。同時期の「Air　Ambassador」機の日本への飛来に比べると、一見華やかさに欠ける。しかし、韓国は2026年までに新たな軍用輸送機の調達を計画していることから、A400M の派遣が同機の韓国へのセールスを兼ねたものであることは間違いない。このように、「ラピッド・パシフィック2022」は、空軍種による迅速な西太平洋への展開実証や日豪との連携誇示に加え、韓国への軍用輸送機のセールスも兼ねたドイツによる周到で広範な「インド太平洋防衛外交」の実践と総括できるのである。

（2）繰り返されるフランス航空宇宙軍の大規模戦略投射ミッション

　2018年に「ペガーズ2018」という大規模戦力投射ミッションを実施したフランス空軍は、2020年9月にフランス航空宇宙軍に改称した。そして、2021年6月20日から7月9日にかけて、南太平洋への大規模戦力投射ミッション「ヘイファラ・ワケア（Heifara-Wakea）」を実施した＊58。これは「ペガーズ2018」と反対に北米を経由し南太平洋の仏領ポリネシアとハワイに展開後、再び北米を経由しフランス本土に帰投するというミッションであった。任務部隊は、3機のラファール、各2機の A330MRTT と A400M で編成された（人員170人）。同任務はフランス本土から仏領ポリネシアまで17,000kmの長距離を48時間以内で展開する「ヘイファラ」と、ハワイでの米空軍との合同演習「ワケア」の2段階で構成された。「ヘイファラ」では、6月下旬にタヒチ島を拠点に現地のフランス軍と訓練を実施し、その後6月末から7月上旬にかけての「ワケア」ではハワイのヒッカム基地に展開し、米太平洋空軍第15航空団第19飛行隊所属の第5世代戦闘機 F-22A との演習を実施した。フランスが「ヘイファラ・ワケア」を成功裡に終了させたことは、恒常的に不安定さを胚胎した中東やインド洋の上空の飛行が困難になった場合でも、欧州諸国の空軍がインド太平洋に展開可能なバイパスが存在することを実証したものとして興味深い。

　翌2022年8月10日から9月18日にかけて、フランス航空宇宙軍は、インド太平洋地域への大規模戦力投射ミッション「ペガーズ2022」を実施した。これは、フランス航空宇宙軍にとっては2018年の「ペガーズ2018」以来4年ぶりのインド太平洋地域への大規模戦力投射ミッションであった。「ペガーズ2022」の任務部隊は3機のラファール戦闘機および各2機のA330MRTT と A400M で編成された（人員170人）。フランス本土から18,000キロメートルの大規模長距離戦力投射ミッション「ペガーズ2022」は、（1）仏領ニューカレドニアへの72時間以内での展開ミッション「アンリ・ブラウン（Henri Brown）」の実施、（2）豪州で開催の多国間合同演習「ピッチブラック2022」への参加、（3）インドネシア、シンガポールへの空軍外交（diplomatie aérienne）の展開とアラブ首長国連邦アル・ダフラの第104空軍基地を経由してのフランス本土への帰投の3段階から構成され、「ペガーズ2018」や「ヘイファラ・ワケア」など一連の大規模戦力投射ミッションの一部を構成しているものと位置づけられた*59。

　ここで注目されるのは、インドネシアとシンガポールへの部隊の展開が外交活動と位置づけられていることだ。2022年2月10日に、インドネシアはフランスからラファールを42機購入することで合意した。そして、6月28日に両国は戦略対話パートナーシップを補強するために防衛協力協定に署名した*60。他方、フランスは1998年から本土のカゾー空軍基地をシンガポール空軍の訓練部隊である第150飛行隊に提供し*61、2012年にはシンガポールとの関係を戦略的パートナーシップに格上げした*62。シンガポールでは、部隊到着翌日の9月15日に南洋理工科大学 S.ラジャラトナム国際研究院（RSIS: S. Rajaratnam School of International Studies）とフランス大使館の共催セミナー「ペガーズ2022ミッション――空軍外交の役割（PEGASE 2022 Mission: The Role of Air Diplomacy）」が開催され、パネリストとしてフランス側から航空宇宙軍防空作戦参謀長で任務部隊司令官のステファン・グルーン（Stéphane Groen）大将とマルク・アベンスール（Marc Abensour）駐シンガポール大使が登壇した*63。このように、インドネシアとシンガポールへの部隊展開はこうした両国とフランスとの関係強化を象徴するための外交活動と位置づけられたのである。

　さらに、フランス航空宇宙軍は、2023年6月25日から8月3日にかけて「ペガーズ2023」を実施した。任務部隊は10機のラファール、5機のA330MRTT、4機の A400M で編成された（人員320人、貨物55トン）。これ

は、インド洋から南太平洋にかけて10カ国に11回寄航し、さらに14カ国の空軍と共同・親善訓練を行うなどこれまでにない大規模戦力投射ミッションであった。長距離展開ミッションについては、フランス本土から11,000キロメートル離れたマレーシアとシンガポール、18,000キロメートル離れた仏領ニューカレドニア、そして22,000キロメートル離れた仏領ポリネシアの3段階で実施された。

　また、ミッション自体も大きく3段階に分けられていた。第１段階が、マレーシアとシンガポールへの30時間以内での展開であった。部隊はアラブ首長国連邦アル・ダフラの第104フランス空軍基地を経由してミッションを完了した。また、シンガポールでは「ペガーズ2022」と同様、部隊到着翌日の6月27日にRSISとフランス大使館の共催セミナー「インド太平洋の人道支援・災害救援における航空作戦（Air Operations in Humanitarian Assistance and Disaster Relief in the Indo-Pacific）」が開催され、フランス側からは、戦略航空コマンド副司令官で任務部隊司令官のマルク・ル・ブイユ（Marc Le Bouil）准将とミンディ・タン（Minh-di Tang）駐シンガポール大使が参加した＊64。このように、フランスにとって「ペガーズ」ミッションは外交当局と密接に連携した防衛当局による「広報外交（public diplomacy）」の側面を有しているのである＊65。

　第2段階は、7月2日から21日にかけて、グアムやハワイを拠点にほぼ重複する形で実施された米軍主催の多国間合同演習「モビリティー・ガーディアン（Mobility Guardian）2023」「ノーザン・エッジ（Northern Edge）2023-2」と米豪共催多国間合同演習「タリスマン・セイバー（Talisman Saber）2023」への任務部隊参加であった。さらに並行して、仏領ニューカレドニアや仏領ポリネシアへの部隊の一部派遣も行った。このように、フランス航空宇宙軍は本土から遠く離れた太平洋の広範囲においても同時に複数のオペレーションを展開する能力を実証したのである。

　第3段階は、7月24日から8月3日にかけてジブチの第188フランス空軍基地を経由してのフランス本国への帰投であった。この間、任務部隊は、韓国、インドネシア、日本、カタールに寄航した。日本と韓国にとっては初のフランス空軍（航空宇宙軍）戦闘機部隊の飛来であった。日本には任務部隊の内、ラファール2機と各1機のA330MRTTおよびA400Mから編成された部隊（人員120人）が派遣され、7月26日から28日にかけて航空自衛隊新田原基地で共同訓練を実施した。航空自衛隊によれば「航空自衛戦術

技量の向上及び相互理解の促進を図るとともに、『自由で開かれたインド太平洋』の実現のための日仏防衛協力の更なる深化を図る」ことが訓練の目的とされた*66。航空自衛隊からは、第5航空団（新田原基地）所属のF-15戦闘機3機、第8航空団（築城基地）所属のF-2戦闘機2機と各種新支援機が参加した*67。訓練に合わせ来日したステファン・ミル（Stéphane Mille）フランス航空宇宙軍参謀長は記者会見で「既に『ペガーズ2024』の準備をしており、我々は確実にインド太平洋地域に戻ってくる」と発言し*68、今後もフランスが大規模戦力投射ミッションを継続することを示唆した。

　そして28日には日仏の部隊が埼玉の所沢航空記念公園上空を展示飛行した。日本航空発祥の地として知られる所沢は、1919年に来日したフランス航空教育団が航空技術を指導した場でもある。展示飛行にあわせ、所沢記念公園ではフランス大使館主催行事が行われ、フィリップ・セトン（Philippe Setton）駐日フランス大使に加え、内倉浩昭航空幕僚長とミル参謀長が出席した*69。訓練期間中に会談した両者は「日仏両国が地域やグローバルな課題に対応するため、安全保障上の問題認識を共有し、FOIPの実現に積極的に関与していくことで一致」したのである*70。

（3）イタリア空軍のアジア展開ミッション

　イタリアは、英仏独とならび欧州の主要国と位置付けられている。ただし、英仏と異なりインド太平洋に直接的な利益がなく、また、ドイツのようにインド太平洋戦略を発表していないことから、そのインド太平洋戦略は注目されることはなかった。しかし、イタリアは「経済」「安全保障」「価値」の観点から、ドイツより早く「インド太平洋転回」に着手していた*71。実際、2013年にジブチに300人規模の基地を設置し*72、2017年には、イタリア海軍の対潜フリゲート「カラビニエーレ（ITS Carabiniere)」が海軍外交、航行の自由、そして防衛能力構築の促進を目的に、6カ月間にわたりインド太平洋に派遣され地域の主要14カ国を訪問し共同訓練などを実施した*73。また、イタリア空軍は、2010年代中ごろから、同国レオナルド社製のM-346高等練習機を運用しているシンガポール空軍とのパートナーシップを強化している。こうした背景から、シンガポール空軍創設50周年にあたる2018年5月には、イタリア空軍参謀長エンツォ・ヴェッチャレッリ（Enzo Vecciarelli）中将が初めてシンガポールを訪問した*74。

こうした、イタリアのインド太平洋諸国とのパートナーシップは日本にも及んでいる。2021年10月に、航空自衛隊はイタリア空軍と、同軍の国際飛行訓練学校（IFTS：International Flight Training School）でパイロット育成に関する取極を結んだ。そして2022年12月には、日英伊の次世代戦闘機共同開発計画「グローバル戦闘航空プログラム（GCAP: Global Combat Air Programme）」発足の共同首脳声明が発出された。

　GCAP の立ち上げを受け、翌2023年1月にイタリアを訪問した岸田文雄首相は、ジョルジャ・メローニ（Giorgia Meloni）首相との間で両国関係を「戦略的パートナーシップ」に格上げすることで合意した。そして、2023年6月下旬には、イタリア海軍の哨戒艦「フランチェスコ・モロシーニ（ITS Francesco Morosini）」が横須賀に寄港した。これを受けて、7月上旬に、酒井良海上幕僚長が記者会見で、既に2021年3月に軽空母「カブール（ITS　Cavour）」でのF-35B戦闘機の運用資格を取得したイタリア海軍と情報交換を進める可能性を示唆した。海上自衛隊は、「いずも型」ヘリコプター搭載護衛艦を事実上の空母に改修し、F-35B戦闘機を運用する計画である。「カブール」の満載排水量は27,100トンであり、「いずも型」のそれは26,000トンであることから、その規模は似通っている。そのため、海上自衛隊にとって、イタリアの経験から学ぶべきものは多いと推察される。

　さらに7月30日から8月14日にかけて、イタリア空軍は航空自衛隊小松基地での初の日伊共同訓練のためのアジア展開ミッションを実施した。航空自衛隊によれば「戦術技量の向上及び相互理解の促進を図るとともに、『自由で開かれたインド太平洋』の実現のための防衛協力の更なる深化を図る」ことが目的とされた[75]。派遣部隊は、第6航空団（ゲーディ空軍基地）および第32航空団（アメンドラ空軍基地）所属のF-35A戦闘機4機とそれを支援するKC-767空中給油機3機、G550CAEW早期警戒機1機など航空機10機で編成された（人員160人）[76]。イタリア空軍にとっては、早期警戒機を含むエアロスペースパワーを構成する各種高価値アセットの片道10,000キロメートルの長期距離展開実証が目的であった[77]。派遣部隊は、ドーハ（カタール）、マレ（モルディブ）を経由後、台風「カーヌン（令和5年台風第6号）」の影響によりシンガポールで足止され、当初の予定から2日遅れて8月4日に小松基地に到着した。他方、航空自衛隊にとってこの訓練は、米軍以外の外国軍のF-35戦闘機との初の国内基地での共同訓練であ

った。航空自衛隊からは、第6航空団（小松基地）所属の F-15 戦闘機4機が
参加した。訓練終了後、イタリア空軍派遣部隊は、クラーク（フィリピ
ン）、シンガポール、マレ、ドーハを経由し帰投した*78。航空自衛隊は
「イタリアのインド太平洋地域を重視する姿勢を歓迎し……日伊協力関係
を維持・強化してまいります」*79として、訓練の成果を総括した。

　このように、イタリアは欧州主要国として、静かに、しかし着実にイン
ド太平洋への関与を進めている。そうした中で、GCAP で連携を深める
日本は地域における最重要パートナーであり、両国空軍種の関係強化が、
そのような連携を担保していると評価できる。

（4）日豪部隊間円滑化協定（RAA）と空軍種による防衛外交

　2019年に、初の日豪空軍種共同訓練「武士道ガーディアン2019」が千歳
基地で実施されて以降、日豪「準同盟」は新たな段階に達していた。2022
年1月に、両国は部隊間協力円滑化協定（RAA: Reciprocal Access
Agreement）に署名した。これは、共同訓練等の円滑化のため訪問部隊の
接受国における地位を定めたものであり、日本にとって初の外国との訪問
部隊地位協定であった。そして同10月には、豪州を訪問した岸田文雄首相
がアンソニー・アルバニージー（Anthony Albanese）首相と新たな「安全
保障協力に関する日豪共同宣言」*80に署名した。

　日豪 RAA は2023年8月13日に発効した。そして、イタリア空軍との共
同訓練から間もなく、8月25日から30日にかけて、航空自衛隊は、第3航空
団（三沢基地）所属の F-35A 戦闘機4機および KC-767 空中給油機や輸送
機から編成された部隊（人員160人）によるグアムのアンダーセン米空軍基
地を経由した、豪州北部のティンダル空軍基地への機動展開訓練を実施し
た。これは、航空自衛隊にとって「オーストラリア連邦へのローテーショ
ン展開及び国外共同訓練を見据えた機動展開能力の向上を図るとともに、
本訓練を通じて相互理解を促進し、『自由で開かれたインド太平洋』の実
現のための防衛協力の更なる深化を図る」*81と同時に「長距離航法能力及
び空中給油能力の向上を図るとともに、米空軍及び豪空軍との相互運用性
の向上及び相互理解の促進を図る」ことを目的とした F-35A 戦闘機の初
の海外展開であった*82。また、この航空自衛隊の機動展開訓練は、両国
にとって日豪 RAA の初の適用事例となった。歓迎式典に参加した鈴木量
博駐豪大使はスピーチや現地メディアからのインタビューの中で、今回の

展開が日米豪の関係進化を象徴するものであることを強調することで＊83、日豪が太平洋における「南北の錨」であり続けることを示唆した。

そして、航空自衛隊の米豪機動展開と入れ替わる形で2023年8月23日から9月15日まで、小松基地で日豪空軍種共同訓練「武士道ガーディアン2023」が実施された。これは、航空自衛隊にとって「武士道ガーディアン2019」から4年ぶり2回目の国内での豪空軍との共同訓練であり、また日本国内における日豪RAAの初の適用事例となった。

航空自衛隊によれば、「武士道ガーディアン2023」の目的は「豪空軍との共同訓練を実施し、航空自衛隊の戦術技量の向上及び相互理解の促進を図るとともに、日豪空軍種間の相互運用性を向上し、『自由で開かれたインド太平洋』の実現のための防衛協力の更なる深化を図る」こととされた＊84。かつて「武士道ガーディアン2019」に豪空軍から参加したF/A-18A/B戦闘機は、第4世代戦闘機でも旧式な部類に属する。それに対し「武士道ガーディアン2023」では、第81航空団第75飛行隊（ティンダル空軍基地）所属の6機の第5世代戦闘機F-35Aと各1機のC-17輸送機、C-130輸送機、KC-30空中給油機からなる部隊（人員140人）が参加した。航空自衛隊からは、第3航空団（三沢基地）所属のF-35A戦闘機6機、第6航空団（小松基地）所属のF-15戦闘機10機、第7航空団（百里基地）所属のF-2戦闘機4機に加え、飛行教導群（小松基地）所属のF-15戦闘機6機が参加した＊85。これは、航空自衛隊にとって国内基地における米軍以外の外国軍との初のF-35同士の共同訓練となった。さらに航空自衛隊からの参加機数が多いことも特徴であった。訓練終盤の9月12日と13日には、日豪の20機の戦闘機が参加する最大規模の訓練が行われた＊86。

そして13日には、ともにF-35Aを運用する航空自衛隊第3航空団第301飛行隊と豪空軍第81航空団第75飛行隊との間で姉妹飛行隊関係が締結された＊87。これはF-35を運用する飛行隊同士での初の姉妹飛行隊関係の締結であった＊88。このように、「武士道ガーディアン2023」は、F-35の相互運用性確認などを含む高度な訓練内容を実施するとともに、FOIP実現のため日豪両空軍種が今後もF-35の運用で連携することを内外に示したのである。

第4節　空軍種によるインド太平洋防衛外交の展望と課題

（1）展　望

　これまで概観したように、2010年代後期から活発化した欧州諸国や豪州の空軍種による日本を接受国とした防衛外交は、2022年以降定着しつつある。そして、航空自衛隊は国内でこれらの国の空軍と共同訓練をする際に、2023年以降、その目的を「自由で開かれたインド太平洋（FOIP）」の文脈に位置づけることになった。FOIP が現状維持勢力の大義名分の旗印としての機能を果たしていることが窺える。2016年の「ガーディアン・ノース16」以来、英空軍は日本に部隊を派遣していないが、2023年10月5日には、来日した英空軍のリチャード・ナイトン（Richard Knighton）参謀長が内倉航空幕僚長を表敬訪問し FOIP の実現に向けた取り組みで一致したのに加え、翌6日には百里基地を訪問した＊89。また、2023年10月15日に日英RAA が発効したことも重要である。英国は2025年に再び日本に空母打撃群を派遣する計画を示しているが、その空白を埋める形での RAA を適用した「ガーディアン・ノース202X」の実施が期待される。

　他方で、川崎剛が大戦略の前提の1つに挙げる「〔地政学的文脈での〕団体戦」の観点から見た場合、欧州諸国や豪州が日本での航空自衛隊との共同訓練を実施する、より現実的な理由が見いだせる。大国間競争時代において、インド太平洋における現状変更勢力と現状維持勢力の「〔地政学的文脈での〕団体戦」の最前線が南シナ海であることは衆目の一致するところである。他方で、日本周辺海空域が、現状変更勢力である中ロが連携を誇示する舞台と化していることも見逃せない。2019年7月23日に、中国軍のH-6 爆撃機2機とロシア航空宇宙軍の Tu-95 戦略爆撃2機が日本海から対馬海峡上空を経て東シナ海上空に至る共同パトロールを実施した。これは、中ロによる初の「共同空中戦略パトロール」であり、両国は2023年6月まで「共同空中戦略パトロール」を合計6回実施した＊90。また、中ロ海軍は、2021年10月に日本海で合同演習「海上連合2021」を実施し、終了後、日本周辺海域で初の「海上共同パトロール」を実施した。こうした、中ロ海軍による日本周辺海域における合同演習と「海上共同パトロール」の実施は2023年8月まで3回確認され、両国の連携を誇示することになった＊91。

　また、北朝鮮の核・ミサイル開発も、不拡散の観点から欧州諸国や豪州にとって重大な関心事項である。2017年9月の国連安保理決議2375号およ

び同12月の国連安保理決議2397号に基づき、英国、豪州、フランスなど西側諸国は艦艇や航空機を日本周辺海空域に派遣し、北朝鮮籍船舶による「瀬取り」を含む違法な海上活動への警戒監視活動を継続的に行っている。ドイツについてはフリゲート「バイエルン」が2018年11月の日本寄港後に日本周辺海域で警戒監視活動に従事した。そうした活動にもかかわらず、北朝鮮は核・ミサイル開発を積極的に進めている。2023年5月31日には、軍事偵察衛星「万里鏡1号」を搭載したロケット「千里馬1号」の打ち上げに失敗し、同8月24日に再度打ち上げを試みるも失敗した。衛星打ち上げロケットの開発は弾道ミサイル開発に直結する。2回目の打ち上げは、8月21日から31日にかけて実施された米韓合同軍事演習「ウルチ（乙支）・フリーダム・シールド（Ulchi Freedom Shield）」の牽制を目的としたものであろう。しかし、小松基地で「武士道ガーディアン2023」の実施を予定していた豪州にとっても無視できない事態であったに違いない。そうした意味で、「ペガーズ2023」任務部隊が韓国に展開した際に、北朝鮮がフランスを非難したことは注目に値する。北朝鮮がフランスを非難することは稀なことであるが＊92、見方を変えれば、「ペガーズ2023」の東アジア展開は北朝鮮の核・ミサイル開発への牽制の側面があったと捉えることも可能であろう。

　これらを踏まえれば、2023年8月から9月にかけて小松基地で F-35A による航空自衛隊とイタリア空軍および豪空軍との共同訓練が相次いで実施された背景も推察できよう。まず、日本海を中心とする日本周辺海空域が、現状維持勢力と現状変更勢力との「〔地政学的文脈での〕団体戦」の新たな「前線」と化しているも理由の1つであろう。中ロの軍事的連携誇示や北朝鮮の核・ミサイル開発を現状維持勢力が牽制する上で日本海に面した小松基地は理想的な位置にある。

　また、上述したように、NATO 諸国でも導入が進み「西側標準機」といっても過言ではない F-35 は、第5世代戦闘機の特徴であるステルス性に加え、卓越した高性能センサーによる情報収集能力やネットワーク機能により運用国間の相互運用性を大幅に向上させる。イタリア空軍と豪空軍が航空自衛隊と相互運用性の向上と実証を目的とした共同訓練実施のために、日本に F-35A を派遣した理由も頷けよう。また、小松基地で共同訓練が実施された理由であるが、同基地が航空自衛隊最大の高高度訓練空域である日本海上空の G 訓練空域に最も近いことも理由であろう。「ラピッ

ド・パシフィック2022」任務部隊の百里基地展開や「ペガーズ2023」任務部隊の新田原基地展開時に実施された親善訓練とは異なり、より実践的な共同訓練には広い訓練空域が不可欠である。そして何より、第5世代戦闘機 F-35A の特徴である高性能センサーとネットワーク機能を発揮した訓練の実施にも広い訓練空域が不可欠である。2025年から F-35A の配備が予定されている小松基地は、今後、同盟・パートナー国空軍との共同訓練という防衛外交の舞台としてその重要性を一層増すことになろう。

（2）課　題

　第1節で引用した、西田と渡部の指摘のように「国際任務や災害救援・自国民救出の活動の際に要員・物資を迅速に輸送できる」*93ことは、空軍種の防衛外交上の強みである。そして、西太平洋地域は、台風、火山噴火、巨大地震等の大規模自然災害が頻発する地域であることから、空軍種による HA/DR という形での防衛外交の展開が最も期待されている地域であるといえる。

　実際、豪州やフランスは同地域で空軍よる HA/DR を展開した。まず、2011年3月の東日本大震災時に、HA/DR の観点から豪州政府は迅速にC-17 輸送機3機を日本に派遣した。また、フランスの「ペガーズ2018」においても任務直前に発生したインドネシアのロンボク島で相次いだ大地震の被災者救援のため、部隊から A400M を派遣し25トンの救援物資を運搬した。そして、「ペガーズ2023」では寄航地のシンガポールで、現地フランス大使館が RSIS と共催で「インド太平洋の人道支援・災害救援における航空作戦」と題するセミナーを開催した。これらは、第2・3節で述べたとおりである。今後も、装備・教育面に優れた NATO 諸国や日豪の空軍種が同地域の HA/DR で重要な役割を発揮することが想定される。

　他方で、気候変動による台風の発生頻度の増加や大型化、そして起こりうる火山の大規模噴火は、防衛外交における空軍種の優位性である「即応性と機動性」に影響を与えかねない。航空機は運用に際し気象の影響を受けやすいアセットである。実際、2023年8月のイタリア空軍派遣部隊の小松基地展開は、台風「カーヌン」の影響で当初予定より2日遅れた。結果として、貴重な訓練期間も縮小されることになった。今後、欧州諸国がインド太平洋地域に展開する際には、こうした台風がスケジュールに与える影響を織り込んだ計画作りが一層重要になろう。

最後に改めて、外交主体としての空軍種の役割について考察する。航空機は技術の粋を集めたものであり、その中でも戦闘機は際立った魅力を放つ。そのため、「ラピッド・パシフィック2022」では、「Air Ambassador」の特別塗装を施したユーロファイターが「外交官」としての役割を果たした。しかし、今後、無人機が空軍種の防衛外交の主体となりうるのかについては、まだ検討を要する課題といえよう。

　そうしてみれば、空軍種における防衛外交の主体はやはり人間であると言わざる得ない。そのため、戦闘機パイロットにも「外交官」としてのセンスが求められることになる。こうしたセンスを習得する1つの方法として、国際関係論などの修士・博士号の取得が考えられよう。しかし、パイロットは操縦技量維持のために多大な時間を割かねばならず、博士号取得のための時間を割くことが困難である[94]。また、米空軍の場合であるが、修士号を取得する場合でも、殆どが科学技術に関するものであり、かならずしも戦略的視野の育成に貢献するものではないとされる[95]。さらに、そもそも空軍種では相対的に外国の文化や言語を理解する取り組みが他軍種に比べ低調とされる[96]。

　こうした、空軍種が他軍種（とりわけ海軍種）に比べ防衛外交の実践上、不利となる点を克服するにはどのような施策が考えられようか。まず考えられるのは外交当局の支援であろう。本章第3節でも述べたように、フランス航空宇宙軍は「ペガーズ2022/2023」を明確に外交活動と位置づけていた。シンガポール展開時には現地大使館と現地シンクタンクが共催でセミナーを開催し、任務部隊司令官と駐在大使が登壇した。こうした試みは、外交当局と密接連携を取ることで空軍種の防衛外交が広報外交として実質性を持つことの例証になろう。

　航空自衛隊の防衛外交は、平和協力活動や国際緊急援助活動などを通し、主に航空輸送領域を中核に発展してきたとされる[97]。そうした中で2022年12月6日から8日にかけて、F-15 戦闘機2機をフィリピンのクラーク空軍基地に派遣した（この時、越川和彦駐フィリピン大使がクラーク基地を訪問し、フィリピン空軍主催の昼食会に参加した）。これは航空自衛隊にとって東南アジア諸国連合（ASEAN: Association of Southeast Asian Nations）加盟国への初の戦闘機の展開でもあった[98]。2016年11月の第2回日 ASEAN 防衛担当大臣会合で提示され、2019年11月の第5回日 ASEAN 防衛担当大臣会合で改訂された「日 ASEAN 防衛協力イニシアティブ（ビエンチャン・ビジョン

2.0)」に基づき、日本は対 ASEAN 防衛外交を実践している。「日 ASEAN 防衛協力イニシアティブ」は今後も改訂を続けながら、日本の対 ASEAN 防衛外交の指針となり続けよう。それに基づき、フィリピン以外の ASEAN 加盟国にも戦闘機の展開が行われよう。

　また、第3節でも述べたように、海上自衛隊は、「いずも型」ヘリコプター搭載護衛艦を事実上の空母に改修し、F-35B 戦闘機を運用する計画である。「いずも型」は海上自衛隊の「インド太平洋方面派遣（IPD: Indo-Pacific　Deployment)」の旗艦として、FOIP 実現に向けた日本の防衛外交の中核的アセットとしての役割を果たしている。但し、F-35B を運用するのは航空自衛隊である。そうした場合、航空自衛隊のパイロットにも「外交官」としてのセンスが一層求められる。そのためには、外交当局や防衛外交に習熟した海上自衛隊との協働が不可欠である。空軍種の防衛外交は包括的な対外政策の中に組み込まれてこそ意味を持つのである。

おわりに

　本章は、川崎剛の『大戦略論』を援用することで、「インド太平洋」概念を、国際秩序の現状変更を試みる中ロに対抗するための現状維持勢力である西側諸国の大戦略（「〔平時における〕高次元の政略」）と位置づけた。そして、現状維持勢力において大戦略の前提である「〔地政学的文脈での〕団体戦」の舞台としてインド太平洋が位置付けられていることを明らかにした上で、その手段である「平時における軍事力の外交的活動」としての「防衛外交」に注目した。

　軍種別で見た場合、防衛外交の一義的担い手は海軍種である。しかし、「インド太平洋」概念が欧州諸国にも波及する中で、海軍種は「距離の専制」という欧州諸国とインド太平洋地域の同盟・パートナー国間の連携を困難にする「制約条件」を十分に克服することができないでいる。そうした中で、即応性や機動性に加え、人員や経済面でも優位性を持つ空軍種がインド太平洋地域における同盟・パートナー国間の連携を支える防衛外交の主体として注目されるのは必然であった。

　実際、空軍種の防衛外交的活用は2010年頃から米空軍が注目し、2010年代後期に入ると、英仏など現状維持勢力が「距離の専制」を克服しながら「インド太平洋」概念という大戦略を支える防衛外交上の主体として空軍

種を活用し始めた。その際、一義的な接受国として位置づけられたのが、日本と豪州であった。日豪両国は欧州諸国と価値を共有するだけでなく、米国の主要同盟国であり、NATO 諸国同様能に装備・教育面で高い水準にある空軍種を保有している。また、「西側標準機」といっても過言ではない第5世代戦闘機 F-35 を運用するだけでなく、そのインド太平洋における国際整備拠点としての役割を担っている。さらに、日本は、現状維持勢力のインド太平洋戦略における大義名分の旗印である「自由で開かれたインド太平洋（FOIP）」の提唱者であった。他方、豪州は米国以外の国では提供できない高度な演習を可能にする広大な領域を有する。こうしたことからも、欧州諸国が日豪を接受国として共同訓練・演習のための部隊を派遣することは合理的といえる。さらに2007年以降、安全保障協力を深化させた日豪間においても空軍種の防衛外交は活発化している。

　2021年以降、こうした欧州諸国の空軍による対インド太平洋防衛外交は常態化していく。その背景の1つに、日本周辺空海域が中ロの軍事的連携誇示の場と化したことが挙げられる。また、相次ぐ国連決議にもかかわらず、核・ミサイル開発を諦めない北朝鮮も現状変更勢力の一員とみなされている。そうしたことから、今後も中ロや北朝鮮への牽制を目的に、欧州諸国や豪州の空軍種による日本を接受国とした防衛外交は頻度を増すことが予想される。

　また、大型台風、火山噴火、巨大地震など大規模自然災害が絶えないに西太平洋地域において、装備・教育面で高水準を保つ NATO 諸国や日豪の空軍種による HA/DR は一層重要度を増すことになろう。他方で、気象条件の影響を受けやすい航空機は大型台風や火山噴火などには脆弱である。このような事態に直面した場合、空軍種は「即応性と機動性」という他軍種への優位性を発揮できなくなる恐れがある。

　さらに、海軍種に比べ本質的に「外交活動」に不慣れな空軍種にとって外交当局や海軍種の支援は不可欠であろう。日本の防衛省も「FOIP 協力の新たな柱」の1つに「『海』から『空』へ拡がる安全保障・安全利用の取組」を挙げているが、その実現には包括的な対外政策の中に空軍種の防衛外交を位置づける必要があるといえる。

註
1 川崎剛『大戦略論──国際秩序をめぐる戦いと日本』勁草書房、2019年、8頁。

2 同上、10頁。

3 同上、11頁。

4 同上、12〜25頁。

5 詳細は以下を参照。ヤクブ・グリギエル、A・ウェス・ミッチェル著（奥山真司［監訳］、川村幸城［訳］）『不穏なフロンティアの大戦略——辺境をめぐる攻防と地政学的考察』中央公論新社、2019年。

6 HM Government, *Integrated Review Refresh 2023: Responding to a More Contested and Volatile World*, CP811, March 2023, p. 8.

7 詳細は以下を参照。Shingo Nagata, "From Global Britain to Atlantic-Pacific: The United Kingdom's Indo- Pacific Policy under the Integrated Review Refresh 2023," *Journal of Indo-Pacific Affairs*, Vol. 6, Issue. 5, pp. 146-152.

8 ローリー・メドカーフ（奥山真司・平山茂敏［監訳］）『インド太平洋戦略の地政学——中国はなぜ覇権を取れないのか』芙蓉書房出版、2022年、24頁。

9 外務省「自由で開かれたインド太平洋」2023年4月24日、https://www.mofa.go.jp/mofaj/gaiko/page25_001766.html（2023年10月28日閲覧）。

10 詳細は以下を参照。小谷哲男「アメリカのインド太平洋戦略——さらなる日米協力の余地」『インド太平洋地域の海洋安全保障と「法の支配」の実体化にむけて——国際公共財の維持強化に向けた日本外交の新たな取り組み』日本国際問題研究所、2021年6月7日、https://www.jiia.or.jp/pdf/research/R01_Indopacific/04-kotani.pdf（2023年10月28日閲覧）。

11 Executive Office of the President, *Indo-Pacific Strategy of the United States*, White House, February 2020.

12 HM Government, *Integrated Review Refresh 2023*, p. 22.

13 Ibid.

14 西田一平太・渡部恒雄「『防衛外交』とは何か——平時における軍事力の役割」渡部恒雄・西田一平太編『防衛外交とは何か——平時における軍事力の役割』勁草書房、2021年、18頁。

15 佐竹知彦『日豪の安全保障協力——「距離の専制」を超えて』勁草書房、2022年、6頁。

16 永田伸吾「欧州『対インド太平洋防衛外交』を支える『空の連携』」『新潮社フォーサイト』2022年11月8日、https://www.fsight.jp/articles/-/49299（2023年10月28日閲覧）；Shingo Nagata, "Japan at the Center of Airpower Defense Diplomacy in the Indo-Pacific," *The Diplomat*, August 18, 2023, https://thediplomat.com/2023/08/japan-at-the-center-of-airpower-defense-diplomacy-in-the-indo-pacific/ (accessed, 28 October 2023).

17 Ken Booth, *Navies and Foreign Policy* (Abingdon: Routledge, 2014, First

Published in 1977), pp. 26-49.

18 フランク・レトウィッチ（矢吹啓［訳]）『航空戦（シリーズ 戦争学入門）』創元社、2022年、166〜170頁。

19 Adam B. Lowther, "Air Diplomacy: Protecting American National Interests," *Strategic Studies Quarterly*, Vol. 4, No. 3, Fall 2010, p. 3.

20 Ibid.

21 西田・渡部「防衛外交とは何か」24〜25頁。

22 Lowther, "Air Diplomacy: Protecting American National Interests," p. 2.

23 Government of the United Kingdom, "PM to Agree Historic UK-Japan Accord Ahead of G7," 17 May 2023, https://www.gov.uk/government/news/pm-to-agree -historic-uk-japan-accord-ahead-of-g7 (accessed, 28 October 2023).

24 Government of the United Kingdom, "UK and France Commit to Greater Defence Cooperation at Paris Summit," 10 March 2023, https://www.gov.uk/go vernment/news/uk-and-france-commit-to-greater-defence-cooperation-at-paris-s ummit (accessed, 28 October 2023).

25 大塚好古「インド洋を指向！ 英仏空母の運用構想」『世界の艦船』第999号（2023年8月）、104頁。

26 西田・渡部「防衛外交とは何か」24頁。

27 防衛省・自衛隊「多角的・多層的な安全保障協力」2021年11月24日更新、https://www.mod.go.jp/j/approach/exchange/（2023年10月28日閲覧）。

28 防衛省『令和5年度版 防衛白書』2023年、362頁。

29 外務省「日英両国首相による共同声明（仮訳）――世界の繁栄と安全保障を先導する戦略的パートナーシップ」2012年4月10日、https://www.mofa.go.jp/mofa j/kaidan/s_noda/uk_1204/kyodo_seimei.html（2023年10月28日閲覧）。

30 Phillip Darby, *British Defence Policy East of Suez, 1947-1968*, Oxford University Press, 1973, p. 298.

31 防衛省『平成26年版 防衛白書』2014年、291頁。

32 外務省「第2回日英外務・防衛閣僚会合共同声明（仮訳）」2016年1月8日、https://www.mofa.go.jp/mofaj/files/000123079.pdf（2023年10月28日閲覧）。

33 防衛省『平成29年版 防衛白書』2017年、395頁。

34 *The Value of Strong Alliances: Looking at U.S. Alliances with the United Kingdom and Japan*, in Washington D.C., 1 December 2016, http://www1.heri tage.org/events/2016/12/us-uk-japan (accessed,27 April 2016). 但し、財団ホームページ上のリンク先は削除（2023年10月28日現在）。そのため、同シンポジウムを報じたロイター通信記事を併せて引用元として記載。"British Fighters to Overfly South China Sea: Carriers in Pacific after 2020-Envoy," *Reuters*, 2

December 2016, https://www.reuters.com/article/britain-southchinasea-fighter
s-idUSL8N1DW6WM (accessed, 28 October 2023).

35 在日フランス大使館「インド太平洋地域、フランスの優先課題」2022年11月7
日最終更新、https://jp.ambafrance.org/article17053（2023年10月28日閲覧）。

36 同上。

37 Ministry for Europe and Foreign Affairs of France, *France's Indo-Pacific
Strategy*, February 2022.

38「ペガーズ」の詳細は以下を参照。French Air Force, "Press File: Mission
PEGASE in the Asia-Pacific region from 19 August to 4 September 2018,"
July 2018, https://www.bruxelles2.eu/wp-content/uploads/2018/08/missionpega
se2018dosspress@def1808.pdf (accessed, 28 October 2023). 尚、2018年の段階
では「ペガーズ」の呼称であったが、2022年以降も継続することで、本章では
「ペガーズ2018」と表記する。

39 Mike Yeo, "France is Deploying Forces to the Indo-Pacific for More Than
Just a Drill," *Defense News*, 8 June 2018, https://www.defensenews.com/train
ing-sim/2018/06/07/france-is-deploying-forces-to-the-indo-pacific-for-more-than-
just-a-drill/ (accessed, 28 October 2023).

40 Pierre Tran, "French Air Force Diverts A400M Aircraft from Military
Mission for Rescue Effort," *Defense News*, https://www.defensenews.com/air/
2018/08/24/french-air-force-diverts-a400m-aircraft-from-military-mission-for-re
scue-effort/ (accessed, 28 October 2023).

41 Prashanth Parameswaran, "What's Behind France's First Vietnam Air Force
Mission?" *The Diplomat*, August 29, 2018, https://thediplomat.com/2018/08/wh
ats-behind-frances-first-vietnam-air-force-mission/ (accessed, 28 October 2023).

42 外務省「安全保障協力に関する日豪共同宣言（仮訳）」https://www.mofa.go.jp
/mofaj/area/australia/visit/0703_ks.html（2023年10月28日閲覧）。

43 詳細は以下を参照。佐竹『日豪の安全保障協力』第5章「政権交代と日豪関係」。

44 同上、137〜139頁。

45 同上、133頁。

46 外務省「世界が日本に差し伸べた支援の手――東日本大震災での各国・地域支
援チームの活躍（わかる！国際情勢 Vol.73）」2011年6月6日、https://www.mof
a.go.jp/mofaj/press/pr/wakaru/topics/vol73/index.html（2023年10月28日閲覧）；
防衛省『平成23年度版 防衛白書』2011年、22頁。

47 防衛省『平成23年度版 防衛白書』2011年、22頁。

48 佐竹『日豪の安全保障協力』133頁。

49 9月上旬には、ともに空中給油機部隊である航空自衛隊第404飛行隊（小牧基

地）と豪空軍第33飛行隊（アンバレー空軍基地）との間で姉妹飛行隊関係が締結された。航空自衛隊「オーストラリア空軍本部長の訪問について」［n.d.］、https://www.mod.go.jp/asdf/news/release/2017/0908/（2023年10月28日閲覧）

50 外務省「第8回日豪外務・防衛閣僚協議（2＋2）共同声明（仮訳）」2018年10月10日、2頁、https://www.mofa.go.jp/mofaj/files/000407336.pdf（2023年10月28日閲覧）

51 航空自衛隊幕僚監部「日豪共同訓練の実施について」2019年9月6日、https://www.mod.go.jp/asdf/news/houdou/H31/20190906.pdf（2023年10月28日閲覧）。

52 本項の内容は以下の拙論に大きく依拠する。永田「欧州『対インド太平洋防衛外交』を支える『空の連携』」。

53 ドイツ外務省「Leitlinien zum Indo-Pazifik インド太平洋ガイドライン」2020年9月。

54 Bundeswehr, „In 20 Stunden ans andere Ende der Welt," 5. September 2022, https://www.bundeswehr.de/de/organisation/luftwaffe/aktuelles/in-20-stunden-ans-andere-ende-der-welt-5490488 (accessed, 28 October 2023).

55 航空自衛隊幕僚監部「ドイツ空軍との共同訓練の実施について」2022年9月20日、https://www.mod.go.jp/asdf/news/houdou/R4/20220920-2.pdf （2023年10月28日閲覧）。

56 「『欧州超え安保構想』空自とも協力──ドイツ空軍総監」『時事ドットコム・ニュース』2022年8月14日、https://www.jiji.com/jc/article?k=2022081300328&g=int（2022年11月8日閲覧）。但し記事は削除済み（2023年10月23日現在）。

57 Airbus, "Pitch Black 2022: Behind the Scenes of Operation Rapid Pacific 2022," 31 August 2022, https://www.airbus.com/en/newsroom/stories/2022-08-pitch-black-2022-behind-the-scenes-of-operation-rapid-pacific-2022 (accessed, 28 October 2023).

58 「ヘイファラ・ワケア」の詳細は以下を参照。"Operation HEIFARA WAKEA 2021," *Scramble*, 22 June 2021, https://www.scramble.nl/military-news/operation-heifara-wakea-2021?fbclid=IwAR3kfN_pO7r832Q3gPv_A_DsAmXAnW23nQIf4uOb5gjLbh-uwjVCnBweSiQ (accessed, 28 October 2023); "HEIFARA WAKEA exercise," *Scramble*, 9 June 2021, https://www.scramble.nl/military-news/heifara-wakea-exercise (accessed, 28 October 2023).

59 Armée de l'Air et de l'Espace Française, "MISSION PEGASE 2022," Ministère des Armées, n. d., https://air.defense.gouv.fr/armee-de-lair-et-de-lespace/dossier/mission-pegase-2022 (accessed, 28 October 2023).

60 Armée de l'Air et de l'Espace Française, "PEGASE 2022: Première Phase

Valorisée En Indonésie," Ministère des Armées, 16 septembre 2022, https://www.defense.gouv.fr/air/actualites/pegase-2022-premiere-phase-valorisee-indonesie (accessed, 28 October 2023).

61 Chin Hui Shan, "French Air Base Marks 25 Years as Training Ground for RSAF Fighter Pilots and Air Crew," *The Straits Times*, 17 June 2023, https://www.straitstimes.com/singapore/french-air-base-marks-25-years-as-training-ground-for-rsaf-fighter-pilots-and-air-crew (accessed, 28 October 2023).

62 Prashanth Parameswaran, "Defense Dialogue Puts France-Singapore Security Ties into Focus," *The Diplomat*, 5 February 2019, https://thediplomat.com/2019/02/defense-dialogue-puts-france-singapore-security-ties-into-focus/ (accessed, 28 October 2023).

63 Embassy of France in Singapore, "Mission PEGASE 2022," 15 September 2022, https://sg.ambafrance.org/Mission-PEGASE-2022 (accessed, 28 October 2023).

64 Paco Milhiet, "Air Operations in Humanitarian Assistance and Disaster Relief in the Indo-Pacific," 27 June 2023, https://www.rsis.edu.sg/rsis-event-article/rsis/air-operations-in-humanitarian-assistance-and-disaster-relief-in-the-indo-pacific/ (accessed, 28 October 2023); Gary Ng, "PÉGASE 2023," MAphotoSG, 2 July 2023, https://www.maphotosg.com/pgase-2023/ (accessed, 28 October 2023).

65 マレーシアでも「ペガーズ2023」任務部隊とマレーシア空軍との訓練が行われるとともに小規模のセミナー等が開催され意見交換が行われた。Share On, "PEGASE 23 Showcased French Air and Space Force's Power Projection Capability," *Asian Defence Journal*, 5 July 2023, https://adj.com.my/2023/07/05/pegase-23-showcased-french-air-and-space-forces-power-projection-capability/ (accessed, 28 October 2023).

66 航空幕僚監部「日仏共同訓練の実施について」2023年7月18日、https://www.mod.go.jp/asdf/news/houdou/R5/20230718.pdf（2023年10月28日閲覧）。

67 同上。

68 「来たぜ！ラファール」『JWING』第302号（2023年10月）、8頁。

69 『防衛省・航空自衛隊公式 X』2023年7月28日（日本時間午後5時01分投稿）、https://twitter.com/JASDF_PAO/status/1684836506828201985（2023年10月28日閲覧）。

70 航空自衛隊「日仏共同訓練の実施とフランス航空宇宙軍参謀長の訪日」2023年8月1日、https://www.mod.go.jp/asdf/news/release/2023/20230801-2.pdf（2023年10月28日閲覧）。

71 Gabriele Abbondanza, "Italy's Quiet Pivot to the Indo-Pacific: Towards an Italian Indo-Pacific Strategy," *International Political Affairs*, September 8, 2023, https://doi.org/10.1177/01925121231190093.

72 本多倫彬「ジブチ」川名晋史編『世界の基地問題と沖縄』明石書店、2022年、137頁。

73 Abbondanza, "Italy's Quiet Pivot to the Indo-Pacific:"

74 Prashanth Parameswaran, "Singapore-Italy Defense Ties in Focus with Air Force Chief's Introductory Visit," *The Diplomat*, 18 May 2018, https://thediplomat.com/2018/05/singapore-italy-defense-ties-in-focus-with-air-force-chiefs-introductory-visit/ (accessed, 28 October 2023).

75 航空自衛隊幕僚監部「日伊共同訓練の実施について」2023年7月25日、https://www.mod.go.jp/asdf/news/houdou/R5/20230725-1.pdf（2023年10月28日閲覧）。

76 同上。

77 Aeronautica Militare Italiana, "Italia-Giappone: arrivati a Komatsu gli assetti dell'Aeronautica Militare," 5 agosto 2023, https://www.aeronautica.difesa.it/2023/08/05/italia-giappone-arrivati-a-komatsu-gli-assetti-dellaeronautica-militare/ (accessed, 28 October 2023).

78 Aeronautica Militare Italiana, "Italia-Giappone: conclusa l'esercitazione congiunta con la kōkū Jieitai giapponese," 14 agosto 2023, https://www.aeronautica.difesa.it/2023/08/16/italia-giappone-conclusa-lesercitazione-congiunta-con-la-koku-jieitai-giapponese/ (accessed, 28 October 2023).

79 航空自衛隊「日伊共同訓練の実施」2023年8月10日、https://www.mod.go.jp/asdf/news/release/2023/20230810.pdf（2023年10月28日閲覧）。

80 外務省「安全保協力に関する日豪共同宣言」2022年10月22日、https://www.mofa.go.jp/mofaj/files/100410297.pdf（2023年10月28日閲覧）。

81 航空幕僚監部「F-35A のアメリカ合衆国及びオーストラリア連邦への機動展開訓練の実施について」2023年8月14日、https://www.mod.go.jp/asdf/news/houdou/R5/20230814.pdf（2023年10月28日閲覧）

82 航空自衛隊「F-35A の米国及び豪州への機動展開訓練について」2023年9月12日、https://www.mod.go.jp/asdf/news/release/2023/20230912_2.pdf（2023年10月28日閲覧）。

83 在オーストラリア日本大使館「航空自衛隊 F-35A 歓迎式典」2023年9月5日、https://www.au.emb-japan.go.jp/itpr_ja/11_000001_01756.html（2023年10月28日閲覧）。

84 航空自衛隊幕僚監部「日豪共同訓練の実施について」2023年7月25日、https://www.mod.go.jp/asdf/news/houdou/R5/20230725-2.pdf（2023年10月28日閲覧）。

85　同上。

86　「熱く、長かった小松の夏——日豪共同訓練『武士道ガーディアン23』続報。豪空軍が離日」『JWING』第304号（2023年12月号）、9頁。

87　『防衛省・航空自衛隊公式 X』2023年9月13日（日本時間午後6時投稿）、https://twitter.com/JASDF_PAO/status/1701883418051858498（2023年10月28日閲覧）。

88　「豪空軍と空自『姉妹飛行隊』—— F35A 運用飛行隊 連携強化へ」『読売新聞オンライン』2023年9月14日、https://www.yomiuri.co.jp/local/ishikawa/news/20230913-OYTNT50111/（2023年10月28日）。

89　航空自衛隊「英空軍参謀長との懇談等について」2023年10月6日、https://www.mod.go.jp/asdf/news/release/2023/20231006.pdf（2023年10月28日閲覧）。

90　飯田将史「進展する中国とロシアの軍事協力——共同軍事演習の多様化と高度化」『NIDS コメンタリー』第271号（2023年8月29日）、7頁、http://www.nids.mod.go.jp/publication/commentary/pdf/commentary271.pdf（2023年10月28日閲覧）。

91　同上、8頁。

92　Philippe Mesmer, "In Rare Criticism, North Korea Calls French Military Exercises 'Irresponsible'," *Le Monde*, 3 August 2023, https://www.lemonde.fr/en/international/article/2023/08/03/in-rare-criticism-north-korea-calls-french-military-exercises-are-irresponsible_6078815_4.html (accessed, 28 October 2023).

93　西田・渡部「防衛外交とは何か」24〜25頁。

94　綿森昭示「政軍関係と空軍将校の役割」石津朋之・山下愛仁編著『エア・パワー——空と宇宙の戦略言論』日本経済新聞社、2019年、381頁。

95　同上、381〜382頁。

96　同上、383〜384頁。

97　武居智久・徳地秀士・松村五郎・荒木淳一「防衛省・自衛隊が行う防衛外交」渡部・西田編『防衛外交とは何か』92〜98頁。航空自衛隊に関する執筆は荒木の担当となっている。尚、当該箇所については笹川平和財団より英訳されウェブ上で公開されている。Junichi Araki, *Defense Diplomacy of Japan Air Self-Defense Force* (Tokyo: Sasakawa Peace Foundation, 2023).

98　在フィリピン日本大使館「F-15 戦闘機のクラーク訪問」2022年12月8日、https://www.ph.emb-japan.go.jp/itpr_ja/11_000001_01050.html（2023年10月28日閲覧）。

インド太平洋研究の多層化
── 地理、イシュー、理論 ──

伊藤　隆太

　現在、インド太平洋において米中覇権競争を軸として、「自由で開かれたインド太平洋（Free and Open Indo-Pacific）」戦略を推進する米国率いる自由民主主義諸国と、一帯一路構想（Belt and Road Initiative）を推進する中国との間で、国際秩序をめぐる戦いが繰り広げられている＊1。本論文集『インド太平洋をめぐる国際関係——理論研究から地域・事例研究まで』では、上記のインド太平洋をめぐる国際情勢を、国際関係論における理論研究と地域・事例研究の視点から、多角的に再考することを目指した。以下、本書を総括した後、論文集全体のインプリケーションを述べ、今後の研究課題と展望を記したい。

第1節　本書の総括

　第1部「インド太平洋の政治力学」には、インド太平洋をめぐる国際関係をマクロに概観する二つの論考を収録した。すなわち、第1章「インド太平洋戦略の地平——地理を超えて」（墓田桂）と、第2章「構造的リアリズムと米中安全保障競争」（野口和彦）である。前者は主に戦略論・地政学の視点から、後者は国際関係理論の構造的リアリズムの視点から、共にインド太平洋の国際政治力学をマクロに俯瞰したものである。いずれも経験的・理論的に重要な議論が詰まった論考だが、前者がインド太平洋にかかわる様々なイシューを体系的・網羅的に議論しようとしているのに対して、後者はインド太平洋を含む広義の国際システムにおける米中対立に焦点を当ててクリアな説明を提示しようとしているという点に、分析上の相違点を見出すことができよう。換言すれば、墓田論文はインド太平洋の現状を網羅的に俯瞰したインド太平洋研究である一方、野口論文はインド

太平洋における中心的テーマが米中戦略競争であるという問題意識に基づき、同テーマを構造的リアリズムという簡潔な理論的枠組みから分析した国際関係理論研究であるといえる。インド太平洋研究や現代国際関係に馴染みのない論者も、まずはこれら二章を読むことで、その大まかな総論をつかむことができるものと思われる。

第1章「インド太平洋戦略の地平——地理を超えて」（墓田桂）では、戦略論、中国の覇権主義、そして現在進行中の大国間競争の現実を踏まえ、日本などの民主主義諸国が推進するインド太平洋戦略の地平が模索された。本論文集の主タイトルは『インド太平洋をめぐる国際関係』であるが、本章はまさに本書の中核的なテーマであるインド太平洋をめぐる包括的な知見を示したものであるといえる。したがって、インド太平洋研究としての本論文集の中核は、第1章に集約されているといっても過言ではない。具体的には、本章では、第1節でインド太平洋に関した戦略の系譜を振り返った後、第2節では多層的に展開する政策が分析された。そして、第3節ではインド太平洋以外の地域、さらには非地理的領域に触れつつ、戦略の新たな地平が考察された。その際、空間軸を広く設定しながら、インド太平洋という地理、そして地理的な思考そのものを相対化することの意義が指摘されている。

墓田によれば、インド太平洋は大国間競争の舞台でありかつ、世界の重心が集まる地理的空間である。それゆえ、そこでは様々なアクターの戦略が投影されるという意味において、「戦略の地理（geography of strategies）」が生み出されている。クアッドを構成する日本、アメリカ、オーストラリア、インドの4か国は、それぞれにインド太平洋戦略を展開してきたが、なかでも日本の役割は大きい。安倍晋三元首相が提唱した「自由で開かれたインド太平洋（FOIP）」は、ルールに基づく国際秩序を強圧的な中国から守るためのスローガンとして重要な機能を果たしている。

インド太平洋では、中国、クアッド4か国、さらには域内外の多くの国が政策を競い合い、秩序形成を目指す多種多様な政策を実施している。日米豪印の連携を軸として、規範の定着はもとより、経済面での連携や軍事協力など、多層的な政策が展開されてきた。こうした自由民主主義国の対中政策は中国の攻勢を押し戻し、勢力均衡を保つことに寄与したものの、多くの課題に直面している。すなわち、分極化した世界のなかで、アメリカをはじめとしたクアッド諸国は中国牽制の連合を作り切れていない。

　こうした戦略環境に鑑みて、墓田は、2023年以降におけるインド太平洋戦略の課題として、戦略の地平をいかに広げていくかというテーマがあると指摘する。インド太平洋は限定された地理的概念ゆえに、それ以外の地理や空間が戦略の射程から漏れてしまう。したがって、「地理の呪縛」を超えてこそ、ルールに基づく国際秩序の維持が可能となる。その意味で、ヨーロッパやグローバル・サウスの国々との連携はますます重要となる（欧州諸国との連携については、本論文集の小田桐論文を参照）。また、インド太平洋戦略において空白をなす自国、認知領域、グローバル・ガバナンスといった空間への対応も求められる。2020年代、新型コロナ危機とウクライナ戦争を経て、時代背景は変容した。各国の立ち位置が明確になったことで展望は開けたものの、ルールに基づく国際秩序をいかにして守るかという難題はなおも残る。しかし、それだからこそインド太平洋戦略の意義は小さくないと、墓田は結んでいる。

　第2章「構造的リアリズムと米中安全保障競争」（野口和彦）では、国際システムが、冷戦後の「単極の瞬間（unipolar moment）」から米中の二極体制に変わりつつある状況において、アメリカにとるべき最適なバランシング行動が、構造的リアリズムの論理から示された。野口によれば、1極から2極へという国際システムにおける構造の変化は、アメリカに一定の行動を推奨している。すなわち、相対的に衰退するアメリカは、台頭する中国に適正なバランシング行動をとるべきなのである。このための合理的な戦略こそが、中国に対する封じ込めである。これを怠るとアメリカは国際システムにおいて代償を払うことになるだろう*2。

　歴史を振り返ると、冷戦後のアメリカは国際構造からの圧力に対して適正に行動してこなかった。単極世界において、アメリカは唯一の大国になったので、むやみにパワーを拡大する必要がなかったはずである。なぜならば、アメリカと対等に渡り合えるライバル大国が不在だったからである。にもかかわらず、アメリカは自らのリベラル・イデオロギーに合致するように世界を変革しようと、無謀なリベラル覇権主義にまい進した。アフガニスタン戦争やイラク戦争では民主主義の輸出に失敗して国力を浪費した。中国はワシントンの期待通りにリベラル国家へと変わることはなく、逆に、アメリカの安全保障を脅かす手ごわい対等な競争相手国になった。民主主義の拡大を支えるはずだった NATO の東方拡大は、ロシアの生存を脅かした結果、プーチンにウクライナ侵攻を決断させることになった。つまり、

アメリカはバランス・オブ・パワーの論理に反してリベラル覇権主義に走ってしまったために、莫大なコストを払うことになったのである。

　野口によれば、構造的リアリストからすれば、現在のアメリカも国際システムからの圧力に対して最適に応じているとはいえないという。アメリカのウクライナ支援は「過剰バランシング（overbalancing）」であり、「ロシア恐怖症」という脅威認識のインフレ、独裁者プーチンの好戦的イメージ、アメリカ社会からの支持、バイデン・チームによる軍事資源の動員といった国内要因に促されているようである。これが中国への「過少バランシング（underbalancing）」という負の結果を導いている。アメリカが、こうした最適以下の選択を続けてしまうと、単極期と同じような失敗を招くことになりかねない。ワシントンはさまざまなリアリストの忠告を無視し続けたことにより、高い代償を払い続けることになったことを今こそ思い出すべきである＊3。そして、野口は、アメリカが現在やるべきことは、中国に対する封じ込め政策を強化するとともに、ロシア・ウクライナ戦争への対応はヨーロッパ同盟国に任せることであると説き、これこそがアメリカと同盟国にとって最適の戦略であると結論づけている。墓田の論考がインド太平洋研究をアクター・地域・イシューを網羅する形で概観し今後の展望をマクロに示したものであるのに対して、野口の論考ではアメリカがとるべきバランシング行動が構造的リアリズムの視点からピンポイントで演繹的に明示されているといえよう。

　第2部「インド太平洋をめぐる理論研究」では、2つの対称的な理論的アプローチに基づき、日本と中国を事例として、インド太平洋の国際情勢の分析が試みられた。すなわち、第3章「古典的リアリズムと中国の台頭」（伊藤隆太）では、バランシングというリアリスト的アプローチによる中国の戦略の分析、第4章「インド太平洋の『地域的安全保障共同体』と日本のアイデンティティ」（岡本至）では、言語行為という社会構築的アプローチによる日本の認識分析が行われた。これら2章を、第1部の野口論文で論じられた米中戦略的競争の構造的分析と合わせて考えると、日米中というインド太平洋研究における主要なアクターに関する理論分析が多様なアプローチから可能であることが改めて理解できる。

　第3章「古典的リアリズムと中国の台頭」（伊藤隆太）では、古典的リアリズムの視点から、インド太平洋における中国のバランシング行動が理論的に分析された。インド太平洋においては、日米が主導する FOIP と中

国の BRI との間で、国際秩序をめぐる争いが展開されている。その中で、日米主導の自由民主主義諸国に相対的パワーで劣る中国は、直接的な軍事対決を避け、多様な領域にわたる非軍事的手段に基づいたバランシングしている。ところが、従来の安全保障研究は、中国の軍事的なバランシングの側面に焦点を当ててきたが、こうした非軍事的な側面の解明には至っていない。ソフト・バランシング（soft balancing）理論やハイブリッド戦争（hybrid warfare）研究も、その因果メカニズムの理論化が進んでいない。

　こうした先行研究の空白を埋めるべく、本章は、中国のインド太平洋における非軍事的なマルチドメインのバランシング行動を明らかにすることを試みた。方法論的には可能性調査（plausibility probe）に依拠して、ハイブリッド・バランシング理論という、認知・新領域的要因を理論化した新たな古典的リアリスト理論に基づき、政治、経済、情報のマルチドメインを対象として、中国の非軍事的バランシングを理論的に分析した。

　中国は、FOIP 戦略を進める自由民主連合に対抗するため、この地域で3つの因果メカニズムからなる、ハイブリッド・バランシングを行っている。第1は、政治的バランシング（political balancing）による、正当性の主張（legitimacy assertion）と秘密作戦（covert action）の実施である。中国は、南シナ海の多くの部分について、同海域の島々を徐々に軍事化し、既成事実として権威を主張することによって、管轄権と経済的権利を主張している。さらに、尖閣諸島を含む東シナ海の大部分についても、管轄権と経済的権利を宣言し、犯罪者を利用して台湾の民主化運動を弱体化させている。第2に、中国は経済バランシング（economic balancing）により、他国に選択的に経済的利益を提供することで、当該国への影響力行使を試みている。中国は直接的な軍事衝突をせずに、米国主導の FOIP 連合に対抗するため、BRI を通じてインド太平洋における影響力の拡大に努めている。第3に、中国は情報バランシング（information balancing）により、ディスインフォメーション（disinformation）を普及させ、認知戦（cognitive warfare）・情報戦（information warfare）に従事している。中国は合併や提携、買収を通じて外国メディアを弱体化させ、大規模な情報統制キャンペーンを展開し、標的国の評判を低下させるような情報を、SNS および既存メディアを利用して流布している。

　第4章「インド太平洋の『地域的安全保障共同体』と日本のアイデンティティ」（岡本至）では、「自由で開かれたインド太平洋（FOIP）」という

地理定義を、オースティン的な「言語行為」として捉えた上で、その行為の地域国際関係および日本にとっての「意味」が考察された。特に、その言語行為が主要な発話者である日本の地域理解と自己認識をどう変更させ、日本自身の地域における「役割」の再定義につながったかについて、政府文書における地域と日本の「語られ方」を分析することで明らかにした。

　地表における境界線は、人間によって恣意的に引かれている。恣意的な地表線のうち、国境線は国家自身を定義するもので、国際法により特権的な地位を与えられている。これに対して、複数の国家で構成される地域の境界線は、特段の法的制度的な基礎を持たない。地域定義の中で、欧州は共通の歴史・文化・政治体制をもつ共同体としての自覚と認識により、他地域と区分される。また、アフリカ、南北アメリカは、地理的に明確に区分し得る。しかし日本が属する地域は、「東アジア」「環太平洋」「インド太平洋」など様々な言葉で定義され、確定的な地域概念は存在しない。

　東アジア、環太平洋、インド太平洋の三者は重なり合う地域だが、メンバー構成や国の性質により、異なる性格を持つ。日中韓と ASEAN 諸国が構成する東アジアは、前近代の「華夷秩序」の伝統を受け継ぐ、専制的かつ階層的な性格を帯びる地域である。米国・カナダや豪州を含む環太平洋は、米国を中心同盟網と、その外部の中露・北朝鮮の冷戦的対立を内包する。環太平洋諸国にインドなど南アジアを加えたインド太平洋は、歴史的・制度的凝集性は希薄だが、海洋交易の伝統を共有し、「自由で開かれた」という語が冠されることで、自由民主主義的統治と法の支配に対する明確な指向性を有する。地域の超大国である中国は、自由でも開かれてもいない。各地域定義のこうした性格は、域内の政治体制構成と整合的である。それでは、FOIP 概念を推進した日本にとって、新しい地域定義はいかなる意味を持つのか。こうした点に関して、岡本では、今世紀に入ってからの日本国の『外交青書』『防衛白書』の自然言語分析を通して、日本（我が国）が語られる文脈が変化したことを示した。

　第3部「インド太平洋をめぐる地域・事例研究」には、インド太平洋をめぐる具体的な地域・事例研究を、イシューおよびトピックベースで議論した二本の論考を収録した。すなわち、第5章「NATO の対中戦略と「インド太平洋」のグローバル化」（小田桐確）、第6章「大戦略としての『インド太平洋』概念を支える防衛外交——主体としての日・豪・欧の空軍種の役割」（永田伸吾）である。これらの章は、欧州から日本、オーストラ

リアに至る、インド太平洋における現状維持勢力・自由民主主義国側における戦略の進化および発展を考察したものである。

　第5章「NATO の対中戦略と『インド太平洋』のグローバル化」（小田桐確）では、中国の台頭を契機とした、NATO によるインド太平洋地域への関与の模索に関する考察がなされた。NATO は、2019年12月のロンドン首脳宣言で初めて中国について「機会と挑戦」として言及すると、2022年6月のマドリード首脳会合で採択した「戦略概念」では、中国について「システミックな挑戦（systemic　challenge）」と明記した。また、インド太平洋にも初めて言及し、「欧州大西洋の安全保障に直接影響する」として、日本など同地域のパートナー諸国（米国の同盟諸国）との提携強化を謳った。同首脳会合には、日本の首相が初めて出席した。

　小田桐によれば、中国の台頭と大国間競争の復活という国際政治構造の変化は、単にインド太平洋地域内における米中間のパワーバランスの変化にとどまらず、世界規模での覇権争いの可能性を秘めているという。すなわち、このことを巨視的に見れば、欧州大西洋からインド太平洋への力の重心の移動であり、19世紀以来の世界史的な現象として理解できるのである。第二次世界大戦後、国際政治の主舞台である欧州大西洋で生まれ、ソ連との対峙やテロとの戦いを通じてグローバルに影響を及ぼしてきたNATO が、インド太平洋への参画を模索し始めたことは、そうした重心の移行を端的に表している。

　同盟としての NATO の本義は集団防衛機構であり、想定される敵対国は隣接するソ連・ロシアであった。また、1990年代以降、非加盟国の安定化やテロ対処を目的に域外活動に従事してきたとはいえ、その対象は地中海周辺や中東など欧州に近接した地域に限られていた。米国とカナダが大西洋国家であると同時に太平洋国家であり、一部の欧州加盟国が海外領土を有する。それにもかかわらず、NATO としてインド太平洋に潜在的脅威を想定し、現地に提携相手国を求め、具体的な措置を検討するということは、2010年代末までなされなかったのである。こうした状況を踏まえて、小田桐は近年、欧州大西洋とインド太平洋の連結性が意識されるようになったのはなぜか、あるいは、NATO にとって中国の経済的・軍事的台頭はいかなる意味で安全保障問題であり、いかにして対処しうるのだろうかと問う。そして、こうした問いに答えるべく、本章では、戦略概念や首脳会合の声明文等の公文書を基に、NATO の対中認識と対中戦略が考察さ

れた。

　第6章「大戦略としての『インド太平洋』概念を支える防衛外交――主体としての日・豪・欧の空軍種の役割（永田伸吾）では、共同訓練等の接受国としての日豪の位置づけに注目することで、インド太平洋地域における空軍種の防衛外交の現状と課題が分析された。国際秩序をめぐる中ロの力による現状変更の試みに対し、現状維持勢力にとってインド太平洋というナラティブは「強力でしばしば強圧的な中国に対して降伏も紛争も訴えることなしに、一体どのように対応すればいいのか」というディレンマに直面した国々への助けになる（ローリー・メドカーフ）＊4。こうした意味で、インド太平洋戦略は現状維持勢力による「〔平時における〕高次元の政略＊5」（川崎剛）としての大戦略であり、その代表的なものが、日本が唱道するFOIP構想である。

　他方で、こうしたナラティブが大戦略として実効性を持つには、具体的行動や政策的裏付けが不可欠である。そうした理由から、インド太平洋では現状維持勢力間で「防衛外交（defense diplomacy）」と呼ばれる、平時における軍事アセットを活用した防衛当局による外交的活動が活発化している。伝統的に「防衛外交」の主体は海軍種であるが、広大なインド太平洋地域での防衛外交には、「距離の専制（tyranny of distance）」という「制約的条件」が付きまとう。たとえば、欧州諸国が艦艇派遣という形で防衛外交を展開するにしても、日本などインド太平洋地域のパートナー国に到着するには数週間から月単位での期間を要する。そのため、2010年代後期以降、即応性と機動性で優位性をもつ空軍種が、インド太平洋地域における現状維持勢力による防衛外交の主体として存在感を高めている。

　本章は、こうした背景を踏まえ、インド太平洋地域において活発化している現状維持勢力による空軍種の防衛外交の現状と課題を考察したものである。その際、永田は当該地域における主要な接受国である日本と豪州の位置づけに注目した。両国は既に「準同盟」関係にあるのに加え、インドや欧州諸国との安全保障協力を強化するなど、インド太平洋地域における新たな同盟ネットワーク形成を主体的に担っている。また、インド太平洋における米国の主要同盟国である両国の空軍種は、NATO 諸国と比べても装備・教育面で遜色はない。そのため、欧州諸国がインド太平洋地域に防衛外交を展開する場合、両国が接受国となるケースが多い。

第2節　本論文集のインプリケーション

　以上、各章の概要を振り返ることで、本論文集がインド太平洋をめぐる国際関係を、理論・地域・事例という複合的視点から論じたものであることを再確認した。本書には以下のインプリケーションが見込まれよう。第1は、国際政治における米中対立へのインプリケーションである。野口によれば、冷戦後の一極システムから二極システムに移行する中で、アメリカは欧州や中東から手を引いて、最大の競争相手である中国の封じ込めに注力すべきであるという。冷戦後、アメリカはリベラルな国際秩序（liberal international order）を模索する中で、総論として過剰バランシング、対中戦略に関しては過小バランシングに陥っている＊6。すなわち、米国は国際システムの制約・誘因に対して最適なバランシング行動をとらないが故に、国際システムから「処罰」を受ける状況に陥っている。他方、伊藤によれば、中国はアメリカとの直接的な軍事対立を忌避して、ハイブリッド・バランシングと呼ばれる、マルチドメインの非軍事的なバランシングに従事しているという。

　これらは、理論的には、同じリアリスト的アプローチでも、構造的リアリズム（野口論文）と古典的リアリズム（伊藤論文）では、着目する視点が異なり——国際構造（国際システム）かエージェントか（国家）——、国家のバランシング行動に関して異なる因果メカニズムが措定できることを示唆している。経験的には、野口と伊藤の議論を整合的にとらえなおすと、中国の非軍事的なハイブリッド・バランシング行動により、米国は本来対応すべき対中脅威を認識していないが故に、中国への過小バランシングに陥っているという論理も想定できる。攻撃的リアリズムによれば、国家は可能な時に相対的パワーを極大化するのであり、中国はまだ米国と直接的な戦争を行い、勝利できるとは計算していないのだろう。それゆえ、中国は米国率いる FOIP 連合に対して、戦争に至らないマルチドメインの非軍事的侵略に従事し、ウクライナ戦争や中東情勢などで米国の国力が削がれているのを待っているというわけである。

　第2は、インド太平洋戦略の地理的拡大である。各国のインド太平洋戦略の拡大・深化については、墓田論文がその見取り図を示した。その中で墓田は、インド太平洋以外の地域、さらに非地理的領域に触れつつ、戦略の新たな地平を考察した。こうした墓田の見取り図が示した各論を掘り下

げた分析したものが、その後に続く各章である。空間についていえば、小田桐論文が示したように、NATO 諸国が安全保障化という因果メカニズムを媒介して、対中脅威への対処に取り組み始めたことが指摘に値する。従来、NATO はロシアを仮想敵国とみなして団結するものであったが、現代の国際システムにおける相対的パワーの分布状況に鑑みると、欧州諸国が中国に潜在的な脅威を感じることは不思議ではなかろう。

　小田桐論文は永田論文の議論にもつながる。すなわち、欧州諸国がインド太平洋地域に防衛外交を展開する場合、日本やオーストラリアが接受国となるケースが想定され、こうした意味において、FOIP を志向する現状維持国側にとって、インド太平洋戦略は、グローバルに地域を横断する軍事・外交的ネットワークと接合される。したがって、現代国際関係においてインド太平洋戦略の地平は、インド太平洋という地理的領域の域内国のみならず、域外国にも広がっていき、インド太平洋をフォーカルポイントとして、各国の戦略が交差する地政学的状況が生まれているといえよう。

　第3は、インド太平洋研究におけるイシューの多層化である。インド太平洋研究の拡大・深化は地理にとどまらない。墓田論文が副題を「地理をこえて」と的確に設定しているように、現在、各国のインド太平洋戦略は地政学における古典的な構成要素である「地理」をこえて、認知領域やグローバル・ガバナンスといった多様なイシューも含むものになっている。こうした点について、たとえば、伊藤論文で示された新たなバランシング理論（ハイブリッド・バランシング理論）は、現代安全保障における認知・新領域（認知戦、情報戦、ナラティブ、ハイブリッド戦争等）を、古典的リアリズムが措定する為政者の国政術の視点から統合的に理論化したものである*7。特にハイブリッド・バランシング理論の一類型である情報バランシングでは、指導者がいかにしてディスインフォメーションやプロパガンダに従事して、それが国家のバランシング行動にどのような影響を与えるのかが、脳科学的・心理学的知見を踏まえた形で理論的に分析された。すなわち、インターネットをはじめとする技術革新を通じて、国家のバランシング行動は、狭義の軍事的なハードバランシングをこえて、マルチドメイン（政治・経済・情報等の次元）の非軍事的なバランシング行動にまで及ぶようになったのである。

　あるいは、同じく認知的要因について、岡本論文は、FOIP というナラティブそれ自体が因果的役割を果たして、日本の対外認識に影響を及ぼす

社会構築的プロセスを、オースティンの言語行為論の視点から基礎づけた。同じ認知要因についてでも、岡本論文は言語という社会構築的要因、伊藤論文は脳科学・心理学的要因等を踏まえた理論化を試みている点に分析上の相違を見出すことができる。他方で両者は広義には、世界における真理に対して科学的方法で接近できることを措定している点において、自然主義的な態度を部分的に共有している。現在、安全保障研究において、認知要因をめぐる研究が流行しているが*8、これら2章は学際的視点から、その2つの理念型を示したものといえる。つまるところ、こうした点に鑑みると、今後のインド太平洋研究は、古典的地政学が措定する地理や軍事力といった伝統的要因のみならず、ディスインフォメーションや情報戦といった認知要因の分析も進めていく必要があることが理解できよう*9。

第3節　今後の研究課題と展望

　最後に、本論文集では議論しきれなかった今後の研究課題と展望を示して結語としたい。第1は日米が提唱する FOIP 構想の戦略的有効性に関する理論分析である。ジョン・ミアシャイマー（John J. Mearsheimer）やチャールズ・グレーザー（Charles L. Glaser）といったリアリストはしばしば、日米が採用している FOIP や LIO は国際政治において有効性を欠くとの見方を提示してきた*10。

　彼らによれば、アナーキーな国際システムにおいて、ルールやリベラル的規範といった観念的要因が効力を発揮する余地は皆無であり、物質的な相対的パワーの分布状況が国際政治の帰結を決めるというわけである。そしてこの理論的含意は、自由民主主義、経済的相互依存、国際制度により平和と繁栄が実現可能であるというリベラリズムの主張は、ミアシャイマーの言葉を借りれば「誤った約束（false promise）」だということである*11。

　他方で、古典的リアリズムの視点に立てば、アナーキーな国際政治におけるバランシング行動は一義的には軍事力に基づくハードバランシングだが、FOIP や LIO 等のナラティブを伴う現状維持国間の非軍事的なバランシングも一定程度機能しているといえるかもしれない。そのことは日本のインド太平洋戦略に観察される。第一に、日本の非軍事的バランシング行動は、対象国からの直接的な見返りを短期的に求めるものではなく、国際公共財の提供等、様々な機会的・経済的コストを前提とした長期的な投

資の形で機能している。第二に、川崎剛が『大戦略論』で論じており、永田論文がそれに依拠しているように、日本のバランシング行動は敵国への攻撃を目指すものでなく、現状維持国間でのルールに基づいた国際秩序の維持を志向するものである＊12。これは古典的リアリストのキッシンジャーが重視する現状維持国間の正統な秩序を、現代国際政治でリベラル寄りに昇華させたものといえよう。第三に、日本のインド太平洋戦略は、リベラル的な価値（言論の自由、法の支配等）を必ずしも他国の国内政治に強要しない、プラグマティックな態度が基調になっている。これは初期のFOIP と異なり、現在の日本の対外発信においては、レトリックとして民主主義や普遍的価値を強調することが減った一方、国家間の法の支配（the rule of low among nations）といった権威主義国家にも受け入れ可能なアイディアへの言及が増えたことにもみてとれよう。

　第2は、グローバル・サウスへのアプローチである。ウクライナ戦争におけるロシア擁護の姿勢にみられるように、世界における非西欧諸国は必ずしも欧米が掲げるリベラルな理念に共感していない。むしろ、彼らはしばしば戦略的にロシアや中国に接近してすらしている状況である。こうした状況下において、いかにして FOIP を掲げる日米が、グローバル・サウスの国々を味方につけられるのかは、理論的・実践的に大きな課題である。国内類推（domestic analogy）を前提として国際政治と国内政治を同じ土俵でとらえる強いタイプの FOIP 解釈は、多くの権威主義的な国内体制からなる多くのグローバル・サウスの国々の指導者にとって、脅威に映るかもしれない。さらには、こうした強いタイプの FOIP 解釈によって、インド太平洋の秩序と繁栄を実現できるというナイーブな見方は、ハードなリアリストにとっては「誤った約束」とみなされよう。他方で、ジェノサイドや言論の自由の弾圧等、国内における重大な人権侵害に目をつぶりつつ、グローバル・サウスの国々にアプローチしていく弱いタイプの FOIP 解釈は、FOIP における普遍的価値や民主主義にかかわる理念において自己矛盾をきたしているともみられかねず、国内類推を措定するハードなリベラリストからの批判にさらされるだろう。そうであれば、FOIP 戦略に内在する理念の力を過信するのでなく、あくまで権謀術数のためのレトリックとして戦略的に利用する、古典的リアリスト的なアプローチがこのディレンマへの処方箋になるかもしれない＊13。

　第3は、日本のインド太平洋戦略の展望である＊14。岸田政権は、FOIP

に加えて、しばしば「自由で開かれた国際秩序」*15や「法の支配に基づく自由で開かれた国際秩序」といったキャッチコピーを使用することが多い。これらの用語はいずれも類似したものであり、非専門家にとっては取るに足らない相違かもしれない。しかし、これは、インド太平洋研究、とりわけ日本のインド太平洋戦略を考える上では注意を払うべき事態である。なぜなら、日本およびアメリカのインド太平洋戦略はその中核となるレトリックとして FOIP を長らく使用してきたため、ここにきてあえて FOIP 概念への言及に抑制的な態度を示すことには、外交政策・戦略上何らかの意図があるのではないかと一見考えられるからである*16。

　むろん、上記の問題は現在進行形で進展しているため、現時点で決定的な答えを見出すことは難しいだろう。しかし、それにもかかわらず、墓田の最新の論考はこの問題に対する深淵かつバランスのとれた的確な答えを示唆しているように思われる。すなわち、それは、日本のインド太平洋戦略における FOIP の連続性に関して、白か黒かの見方をするのでなく、初期の安倍政権からの戦略構想における一貫性を踏まえて、シンボルとしての FOIP、実質的原理としての法の支配、地政学的課題としてのインド太平洋といった具合に、戦略構想の多層性を射程に入れた見方をとるものである*17。こうしたバランスのとれた見方をとるとき、理念・トレードマークとしての FOIP は消えることなく、より実質的な原理、地政学的課題への言及が可能になると考えられる。すなわち、FOIP はシンボルとしてインド太平洋戦略のシンボルとしてコアに位置づけられつつも、地理やイシューの拡大に対応した柔軟な展開が期待されるのである。

註

1　インド太平洋研究に関する包括的な議論に関しては、ブレンドン・J・キャノン／墓田桂［編著］、墓田桂［監訳］『インド太平洋戦略──大国間競争の地政学』（中央公論新社、2022年）；Kai He and Mingjiang Li, 'Understanding the Dynamics of the Indo-Pacific: US-China Strategic Competition, Regional Actors and Beyond', *International Affairs*, Vol. 96, No. 1 (January 2020), pp. 1-7 を参照。また、FOIP をめぐる最新の状況については、Kei Hakata, "RIP FOIP? Examining Japan's New Foreign Policy Mantra," *The Diplomat, November* 3, 2023, https://thediplomat.com/2023/11/rip-foip-examining-japans new-foreign- policy-mantra/ (accessed, 15 November 2023) を参照。

2　なお、ここで述べられている代償というのは、国際システムの制約・誘因に適

切に対処しない国家が受ける処罰（punishment）のことを指す。

3　たとえば、ヴェトナム戦争にはハンス・モーゲンソーが反対し、2003年のイラク戦争にはジョン・ミアシャイマーとスティーブン・ウォルトが反対したことは記憶に新しい。John J. Mearsheimer and Stephen M. Walt, "An Unnecessary War," *Foreign Policy*, Vol. 134 (Jan/Feb 2003), p. 50-59.

4　ローリー・メドカーフ（奥山真司・平山茂敏［監訳］）『インド太平洋戦略の地政学——中国はなぜ覇権を取れないのか』（芙蓉書房出版、2022年）24頁。

5　川崎剛『大戦略論——国際秩序をめぐる戦いと日本』（勁草書房、2019年）8頁。

6　バランシングの類型については、Randall L. Schweller, "Unanswered Threats: A Neoclassical Realist Theory of Underbalancing" *International Security*, Vol. 29, No. 2 (Fall, 2004), pp. 159-201 を参照。

7　Ryuta Ito, "Hybrid Balancing as Classical Realist Statecraft: China's Balancing Behaviour in the Indo-Pacific," *International Affairs*, Vol. 98, No. 6 (November 2022), pp. 1959-1975.

8　たとえば、Ryuta Ito, "Hubris balancing: classical realism, self-deception and Putin's war against Ukraine," *International Affairs*, Vol. 98, No. 6 (September 2023), pp. 1959-1975 を参照。

9　こうした研究の方向性については、たとえば、Ross Babbage, ed., *Stealing a March: Chinese Hybrid Warfare in the Indo-Pacific; Issues and Options for Allied Defense Planners: Case Studies* (Center for Strategic and Budgetary Assessments, 2019), pp. 36-37, https://csbaonline.org/uploads/documents/Stealing_a_March_Final.pdf (accessed, 27 October 2023) を参照。

10　Charles L. Glaser, "A Flawed Framework: Why the Liberal International Order Concept Is Misguided," *International Security*, Vol. 43, No. 4 (April 2019), pp. 51-87; John J. Mearsheimer, "Bound to Fail: The Rise and Fall of the Liberal International Order," *International Security*, Vol. 43, No. 4, (April 2019), pp. 7-50.

11　John J. Mearsheimer, "The False Promise of International Institutions." *International Security*, Vol. 19, No. 3 (January 1995), pp. 5-49.

12　川崎『大戦略論』。

13　古典的リアリズムの観点からのレトリックの使用については、たとえば、Ito, "Hybrid Balancing as Classical Realist Statecraft" を参照。道徳的な言説が国際交渉で果たす因果的役割については、Abigail S. Post, "Words Matter: The Effect of Moral Language on International Bargaining," *International Security*, Vol. 48, No. 1 (July 2023), pp. 125-165 を参照。

14　国際関係論の視点からみた日本のインド太平洋戦略については、たとえば、

Kei Koga, "Japan's 'Indo-Pacific' question: countering China or shaping a new regional order?," *International Affairs*, Vol. 96, No. 1 (January 2020), pp. 49-73; Ryoko Nakano, "Japan and the liberal international order: rules-based, multilateral, inclusive and localized," *International Affairs*, Vol. 99, No. 4 (July 2023), pp. 1421-1438 を参照。

15　たとえば、岸田首相は2023年7月、リトアニアとの首脳会談で「国際社会が歴史の転換期にある中、法の支配に基づく自由で開かれた国際秩序の維持・強化に向けて協力する」と述べている。外務省「岸田総理大臣とシモニーテ・リトアニア首相とのワーキング・ランチ」2023年7月12日、https://www.mofa.go.jp/mofaj/erp/we/lt/page1_001747.html（2023年11月27日閲覧）。

16　たとえば、2023年10月の岸田首相による所信表明演説では、「自由で開かれたインド太平洋」が消え、「法の支配に基づく自由で開かれた国際秩序」が二度繰り返された。首相官邸「第212回国会における岸田内閣総理大臣所信表明演説」2023年10月23日、https://www.kantei.go.jp/jp/101_kishida/statement/2023/1023shoshinhyomei.html（2023年11月27日閲覧）。

17　Hakata, "RIP FOIP?"

執筆者紹介

◎編著者
永田 伸吾（ながた しんご）
金沢大学人間社会研究域法学系客員研究員。
1971年生まれ。金沢大学大学院社会環境科学研究科博士後期課程修了。博士（法学）。金沢大学博士研究員、成蹊大学アジア太平洋研究センター客員研究員等を経て現職。戦略研究学会大会委員会副委員長・編集委員会委員・書評小委員会委員長。専門は国際政治・安全保障論。
著書：『安全保障化の国際政治——理論と現実』（有信堂高文社、2023年）（分担執筆）；『国際政治と進化政治学——太平洋戦争から中台紛争まで』（芙蓉書房出版、2023年）（共著）；『戦争と平和ブックガイド——21世紀の国際政治を考える』（ナカニシヤ出版、2021年）（分担執筆）、論文："From Global Britain to Atlantic-Pacific: The United Kingdom's Indo-Pacific Policy under the Integrated Review Refresh 2023," *Journal of Indo-Pacific Affair*s, 6(5), 2023（単著）；「英国の国際秩序観とそのアジア太平洋戦略——新型空母の展開に注目して」『問題と研究』第49巻第3号（2020年9月、単著）。

伊藤 隆太（いとう りゅうた）
広島大学大学院人間社会科学研究科助教。
1986年生まれ。慶應義塾大学大学院法学研究科政治学専攻後期博士課程修了。博士（法学）。慶應義塾大学大学院法学研究科助教（有期・研究奨励）、日本国際問題研究所研究員を経て現職。戦略研究学会書評小委員会委員長・大会委員、Co-Chairs of RC12 in the IPSA Research Committees. 政治学、国際関係論、インド太平洋・アジア研究等の研究に従事。
著書：『国際政治と進化政治学——太平洋戦争から中台紛争まで』（芙蓉書房出版、2023年、編著）；『進化政治学と国際政治理論——人間の心と戦争をめぐる新たな分析アプローチ（戦略研究学会編集図書）』（芙蓉書房出版、2020年、単著）、論文："A neoclassical realist model of overconfidence and the Japan-Soviet Neutrality Pact in 1941," *International Relations*, OnlineFirst (first published online December 6, 2023), pp. 1-24（単著）；"Hubris balancing: classical realism, self-deception and Putin's war against Ukraine," *International Affairs*, Vo. 98, No. 6, 2023, pp. 1959-1975（単著）；"Hybrid balancing as classical realist statecraft: China's balancing behaviour in the Indo-Pacific," *International Affairs*, Vol. 98, No. 6, 2022, pp. 1959-1975 (Shortlist of International Affairs Early Career Prize 2023)（単著）。

◎執筆者

墓田　桂（はかた けい）
成蹊大学文学部国際文化学科教授。
1970年生まれ。Faculté de Droit, Sciences économiques et Gestion, Université Nancy 2 (France), Docteur en Droit public.
外務省専門調査員（在カメルーン大使館）、外務事務官を経て現職。現在、世界経済外交大学（ウズベキスタン）高等国際研究所（IAIS）アソシエイト・フェロー、ラヴァル大学（カナダ）インド太平洋研究講座メンバー、早稲田大学国際平和戦略研究所客員研究員。これまでにアテネオ・デ・マニラ大学、オックスフォード大学、ハンガリー外務貿易研究所（IFAT）、國立清華大學（中華民国／台湾）で客員研究員を務めたほか、法務省難民審査参与員、成蹊大学学長補佐を歴任。国際政治学と安全保障研究を専門とする。
著書：『インド太平洋戦略――大国間競争の地政学』（ブレンドン・J・キャノンとの編著）（中央公論新社、2022年）; *Indo-Pacific Strategies: Navigating Geopolitics at the Dawn of a New Age* (co-edited with Brendon J. Cannon) (Routledge, 2021);『難民問題――イスラム圏の動揺、EUの苦悩、日本の課題?』（中央公論新社、2016年）、論文："How Indo-Pacific Strategies Are Entering a New Stage" (co-written with Brendon J. Cannon), *The National Interest*, March 2023; "Taiwan as an Indo-Pacific Partner: Envisioning a Coalition of Shared Values and Interests", 國防安全研究院編『國防情勢特刊』第27期（2023年5月）。

野口　和彦（のぐち かずひこ）
群馬県立女子大学国際コミュニケーション学部教授。
1965年生まれ。早稲田大学大学院アジア太平洋研究科博士後期課程修了、博士（学術）。ブリティッシュ・コロンビア大学客員准教授、東海大学教授等を経て現職。
戦略研究学会編集委員。国際関係論、安全保障論、戦略論、戦争原因論などの研究に従事。
著書：『パワー・シフトと戦争』（東海大学出版会、2010年）（単著）、『国際関係理論（第2版）』（勁草書房、2015年）（編著）、論文：「国際システムを安定させるものは何か：核革命論と二極安定論の競合」『国際政治』第203号（2021年3月、単著）;「パワー・トランジッション理論と米中関係」『国際安全保障』第39巻第4号（2012年3月、単著）; "Bringing Realism Back In: Explaining China's Strategic Behavior in the Asia-Pacific," *Asia-Pacific Review*, Vol. 18, No. 2, December 2011（単著）。

岡本　至（おかもと いたる）
文京学院大学外国語学部教授。
1961年生まれ。ジョンス・ホプキンス大学高等国際研究大学院大学（SAIS）より

Ph. D.（International Relations）取得。

東京大学社会科学研究所研究員などを経て現職。

戦略研究学会編集委員長、理事。国際関係論、国際政治経済などの研究に従事。

著書：『官僚不信が金融危機を生んだ』（弘文堂、2004年）（単著）、翻訳：マイケル・マン著『論理なき帝国』（NTT 出版、2004年）、「金融ビッグバンはなぜ失敗したのか：官僚主導改革と政治家の介入」『社会科学研究』（2005年2月、単著）；"The Failure of the Japanese 'Big Bang:' Bureaucracy-Driven Reforms and Politician Intervention," *The Japanese Economy*, vol. 33, no. 1, Spring 2005, pp. 69-106.（単著）、「安全保障上の脅威としてのデジタル人民元——監視機能と地域基軸通貨化」『戦略研究』第29号（2021年10月、単著）。

小田桐 確（おだぎり たしか）

関西外国語大学外国語学部准教授。

1974年生まれ。上智大学大学院外国語学研究科国際関係論専攻博士後期課程単位取得満期退学。上智大学特別研究員、慶應義塾大学ほか非常勤講師、明治大学兼任講師、関西外国語大学講師を経て現職。国際政治学、安全保障論などの研究に従事。

著書：『安全保障化の国際政治——理論と現実』（有信堂高文社、2023年）（単編著）；『米中争覇とアジア太平洋——関与と封じ込めの二元論を超えて』（有信堂高文社、2021年）（分担執筆）；『戦争と平和ブックガイド——21世紀の国際政治を考える』（ナカニシヤ出版、2021年）（単編著）；『ワークブック国際関係論—身近な視点から世界を学ぶ』（ナカニシヤ出版、2018年）（共編著）；*Understanding International Relations Second Edition: The World and Japan*（大学教育出版、2018年）（分担執筆）、論文：「単極体系における同盟の機能——日米同盟による地域安定化の論理と中国」『戦略研究』第21号（2017年11月、単著）。

インド太平洋をめぐる国際関係
──理論研究から地域・事例研究まで──

2024年 1月25日　第1刷発行
2024年 3月 5日　第2刷発行

編著者
永田伸吾・伊藤隆太

著　者
墓田　桂・野口和彦・岡本　至・小田桐確

発行所
㈱芙蓉書房出版
（代表　平澤公裕）
〒113-0033東京都文京区本郷3-3-13
TEL 03-3813-4466　FAX 03-3813-4615
http://www.fuyoshobo.co.jp

印刷・製本／モリモト印刷

ISBN978-4-8295-0873-2

インド・太平洋戦略の地政学
中国はなぜ覇権をとれないのか

ローリー・メドカーフ著　奥山真司・平山茂敏監訳　本体 2,800円

"自由で開かれたインド太平洋"の未来像とは……強大な経済力を背景に影響力を拡大する中国にどう向き合うのか。*INDO-PACIFIC EMPIRE: China, America and the Contest for the World Pivotal Region* の全訳版。

＊インド太平洋というグローバル経済を牽引する地域のダイナミズムが2020年代以降の世界情勢にどのように影響するのかを、地政学的観点から説明する／＊インド太平洋地域を独占しようとする中国の挑戦に断固とした態度で臨むことの重要性を、国際政治、外交・安全保障、経済、技術など多角的観点から説く

〔訳者〕髙橋秀行・後瀉桂太郎・長谷川淳・中谷寛士

習近平の軍事戦略
「強軍の夢」は実現するか　浅野亮・土屋貴裕著　本体 2,700円

軍事力を強化し、「強軍目標」を掲げて改革を進める中国をどう捉えるのか。習近平政権2期10年の軍事改革を詳細に分析し、これまでの指導者との違い、今後の改革の行方を探る。

＊中国の軍事戦略は、戦争形態の変化に伴ってどのように変化してきたか／＊人民解放軍が中国共産党から離反しないのはなぜか／＊経済成長が限界に近づき、逓減していく中で、軍事力を増大し続けることができるのか

国際政治と進化政治学
太平洋戦争から中台紛争まで　　伊藤隆太編著　本体 2,800円

社会科学と自然科学を橋渡しする新たな学問「進化政治学」の視点で、国際政治における「紛争と協調」「戦争と平和」を再考する！気鋭の若手研究者7人が"方法論・理論"と"事例・政策"のさまざまな角度から執筆した新機軸の論文集。〔執筆者〕長谷川眞理子・蔵研也・永田伸吾・須田道夫・岡山幸弘・中村康男

米中の経済安全保障戦略

新興技術をめぐる新たな競争　　　村山裕三編著　本体2,500円

激化する米中間の技術覇権競争を経済安全保障の観点から分析する
次世代通信技術（5G）、ロボット、人工知能（AI）、ビッグデー
タ、クラウドコンピューティング……。新たなハイテク科学技術、
戦略的新興産業分野でしのぎを削る国際競争の行方と、米中のはざ
まで日本がとるべき道を提言する。

〔執筆者〕村山裕三・鈴木一人・中野雅之・土屋貴裕

現代日本の資源外交　　　　　柳沢崇文著　本体 3,200円

国家戦略としての「民間主導」の資源調達

石油危機以降、エネルギー安全保障が国家的課題となったにもかか
わらず、なぜ日本のエネルギー調達は「民間主導」が維持されてき
たのか？　中国との資源獲得競争、ウクライナ危機による世界的な
エネルギー供給不安の中、日本の資源外交はどうあるべきか？　イ
ランやロシアにおける資源開発の事例分析や、ドイツ・イタリアの
エネルギー政策との比較を通じて検討する。

ドイツ敗北必至なり　　　　高川邦子著　本体 2,700円

三国同盟とハンガリー公使大久保利隆

ハンガリーから正確な独ソ戦況を伝え、ドイツ降伏時期を予測した
外交官がいた！「親独的ではない日本人外交官」としてナチス・ド
イツや東條首相の不興を買った大久保の行動を、米国と英国の公文
書館に残る外交電、当事者の日記・回想録などを駆使して描写。

外務省は伏魔殿か

反骨の外交官人生と憂国覚書　　　飯村　豊著　本体 2,300円

2001年、機密費横領事件で国民の怒りが外務省に向けられている中、
田中眞紀子外務大臣から国会で「伏魔殿」と名指しされ大臣官房長
を更迭された著者が、ポピュリズムの嵐に巻き込まれた、この「騒
動」の真相を明らかにする。